2017年版全国一级建造师执业资格考试应试指南

建设工程经济应试指南

本书编委会 编写

中国建筑工业出版社

图书在版编目（CIP）数据

建设工程经济应试指南/《建设工程经济应试指南》编委会编写. —北京：中国建筑工业出版社，2017.5
2017 年版全国一级建造师执业资格考试应试指南
ISBN 978-7-112-20540-0

Ⅰ.①建… Ⅱ.①建… Ⅲ.①建筑经济-资格考试-自学参考资料 Ⅳ.①F407.9

中国版本图书馆 CIP 数据核字(2017)第 053302 号

责任编辑：蔡文胜　张国友　赵梦梅
责任校对：李欣慰　关　健

2017 年版全国一级建造师执业资格考试应试指南
建设工程经济应试指南
本书编委会　编写
*
中国建筑工业出版社出版、发行(北京海淀三里河路 9 号)
各地新华书店、建筑书店经销
北京红光制版公司制版
北京建筑工业印刷厂印刷
*
开本：787×1092 毫米　1/16　印张：13　字数：313 千字
2017 年 4 月第一版　2017 年 4 月第一次印刷
定价：**32.00** 元
ISBN 978-7-112-20540-0
(29840)

出 版 说 明

自2004年至今，我国建造师执业资格制度已经建立10余年，实行建造师执业资格制度后，我国大中型施工项目的项目负责人必须由取得注册建造师资格的人士担任。10余年来，虽然通过认定及考试取得一、二级建造师执业资格的专业人士已逾百万，但仍远远满足不了社会需要，每年报名参加考试的人数仍在快速增长。近3年全国一级建造师执业资格考试部分科目报名人数统计见下表：

全国一级建造师执业资格考试部分科目报名人数统计 （单位：万人）

考试科目	2014年	2015年	2016年
建设工程经济	104.7	103	93
建设工程项目管理	109.4	112	90
建设工程法规及相关知识	99.4	111	75
建筑工程管理与实务	58.7	57	43
市政公用工程管理与实务	31	33	30
机电工程管理与实务	24.2	24	19
公路工程管理与实务	8.2	8	6.7
水利水电工程管理与实务	4.6	5	5.3
港口与航道工程管理与实务	0.7	0.6	0.5

在考生人数快速增长的同时，一级建造师考试通过率却一直维持在较低水平。为了满足广大考生应试复习需要，帮助考生更好地把握考试重点，更好地适应考试，我们组织相关专家编写了这套《全国一级建造师执业资格考试应试指南》。本次出版的应试指南涵盖了所有的综合科目和主要的专业科目，分别为：

- 《建设工程经济应试指南》
- 《建设工程项目管理应试指南》
- 《建设工程法规及相关知识应试指南》
- 《建筑工程管理与实务应试指南》
- 《市政公用工程管理与实务应试指南》
- 《机电工程管理与实务应试指南》
- 《公路工程管理与实务应试指南》
- 《水利水电工程管理与实务应试指南》
- 《港口与航道工程管理与实务应试指南》

《应试指南》丛书在编写过程中，对近年的考试真题进行了详细分类和统计，在此基础上，以考试大纲和考试用书为依据，提炼出了考试大纲要求的核心知识点，同时辅以针对知识点的同步练习题。每部分内容均包括以下四个模块（部分科目编写体例稍有不同）：

【近年考情分析】——统计考试数据，把握考试趋势。

【核心考点解析】——提炼核心考点，简明扼要讲解。

【历年真题精选】——回顾历年真题，体会命题思路。

【同步系统训练】——精编典型题目，巩固知识应用。

本套《应试指南》与我社出版的全国一级建造师执业资格考试《考试大纲》、《考试用书》、《复习题集》及《模拟试题及解析》互为补充，又环环相扣，各具特色，希望能帮助广大考生在较短的时间内，迅速把握考试的重点和方向，切实提高应试水平和解决实际工作问题的能力。

中国建筑工业出版社

2017.4

目　录

1Z101000　工程经济

1Z101010　资金时间价值的计算及应用

【近年考情分析】

近年考试题量及分值统计表　　表 1Z101010-1

年　份	单选题量	多选题量	合计分值
2012	2	1	4
2013	3	1	5
2014	5	1	7
2015	2	1	4
2016	2	0	2

【核心考点解析】

1. 利息的计算

利息的计算　　表 1Z101010-2

利息种类	特　征
单利	始终只按照本金计算利息，计算某一期利息时，不论以前周期利息是否已经支付，均只按照本金和利率计算当期利息
复利	计算某一期利息时，以前时期未偿还的本金和未支付的利息均应作为本期利息计算的基数，即“利滚利”

2. 现金流量图（表）绘制

现金流量图绘制　　表 1Z101010-3

现金流量图（表）	把技术方案的现金流量绘入一时间坐标图（表）中，表示出各现金流入、流出与相应时间的对应关系	现金流量的三要素，即：现金流量的大小（现金流量数额）、方向（现金流入或现金流出）和作用点（现金流量发生的时点）。应当以适当的方式体现在现金流量图（表）中——现金流量图绘制要点

3. 资金等值计算和应用

资金等值计算　　表 1Z101010-4

等值计算公式	表达式	计算式	应　用
一次支付终值	$F=P(F/P,i,n)$	$F=P(1+i)^n$	现在一笔资金乘以该系数得到其终值

续表

等值计算公式	表达式	计算式	应　用
一次支付现值	$P=F(P/F,i,n)$	$P=\frac{F}{(1+i)^n}=F(1+i)^{-n}$	未来一笔资金乘以该系数就可求出其现值
等额系列支付终值	$F=A(F/A,i,n)$	$F=A\frac{(1+i)^n-1}{i}$	将等额支付系列一次性折算到该等额支付系列时期的终点，即等额支付系列的最后一个时期期末
等额支付系列现值	$P=A(P/A,i,n)$	$P=A\frac{(1+i)^n-1}{i(1+i)^n}$	将等额支付系列一次性折算到该等额支付系列时期的起点，即等额支付系列第一个时期的期初

4. 名义利率和有效利率

名义利率和有效利率　　表 1Z101010-5

利率类型	特　征
名义利率	利率周期通常以年为单位。名义利率 r 是指计息周期利率 i 乘以一年内的计息周期数 m 所得的年利率
有效利率	有效利率是指资金在计息中所发生的实际利率，包括计息周期有效利率和年有效利率： 计息周期有效利率 i，$i=\frac{r}{m}$ 即年有效利率 $i_{eff}=\left(1+\frac{r}{m}\right)^m-1$

【历年真题精选】

1.（2015）某借款年利率为 8%，半年复利计息一次，则该借款年有效利率比名义利率高（　　）。

A. 0.16%　　B. 1.25%　　C. 4.16%　　D. 0.64%

【答案】A

【解析】本题考核的是年有效利率的计算，计算公式 $i_{eff}=\left(1+\frac{r}{m}\right)^m-1$。其中 r 表示收付周期的名义利率，m 表示收付周期内的计息次数。根据本题条件可计算年有效利率：

$$i_{eff}=\left(1+\frac{r}{m}\right)^m-1=\left(1+\frac{8\%}{2}\right)^2-1=8.16\%$$

因此年有效利率比名义利率高 8.16%−8%=0.16%。故本题正确选项为 A。

2.（2016）某施工企业从银行借款 100 万元，期限 3 年，年利率 8%，按年计息并于每年末付息，则第 3 年末企业需偿还的本利和为（　　）万元。

A. 100　　B. 108　　C. 124　　D. 126

【答案】B

【解析】本题考查的是单利计息本利和的计算。如题意按年计息并于每年末付息，则每年利息的计算仅用最初本金来计算，而不计入先前计息周期中所累积增加的利息，即通常所说的“利不生利”的计息方法。计算公式 $F=P+I_n=P(1+n\times i_{单})$，其中 P 代表本金，n 表示计息周期（因为题意中说明按年计息并于每年末付息，所以第三年的本利和计算利息时 $n=1$），$i_{单}$ 表示计息利率。

则第三年需偿还的本利和 $F=P+I_n=P(1+n\times i_{单})=100\times(1+8\%)=108$ 万元。故本题答案为 B。

3.（2015）关于利率高低影响因素的说法，正确的有（　　）。

A. 利率的高低首先取决于社会平均利润率的高低，并随之变动

B. 借出资本所承担的风险越大，利率越低

C. 资本借出期间的不可预见因素越多，利率越高

D. 借出资本期限越长，利率越高

E. 社会平均利润率不变的情况下，借贷资本供过于求会导致利率上升

【答案】ACD

【解析】本题考查的是利息与利率的概念。利率的高低首先取决于社会平均利润率的高低，并随之变动。在通常情况下，社会平均利润率是利率的最高界限；在社会平均利润率不变的情况下，利率高低取决于金融市场上借贷资本的供求情况；借出资本要承担一定的风险，风险越大，利率也就越高；通货膨胀对利息的波动有直接影响；借出资本的期限长短，期限越长，利率越高。故答案为 ACD。

4.（2015）某企业第 1 年年初和第 1 年年末分别向银行借款 30 万元，年利率均为 10%，复利计息，第 3～5 年年末等额本息偿还全部借款。则每年年末应偿还金额为（　　）万元。

A. 20.94　　B. 23.03　　C. 27.87　　D. 31.57

【答案】C

【解析】本题考核的是等额支付系列现金流量的计算，该企业现金流量图为：

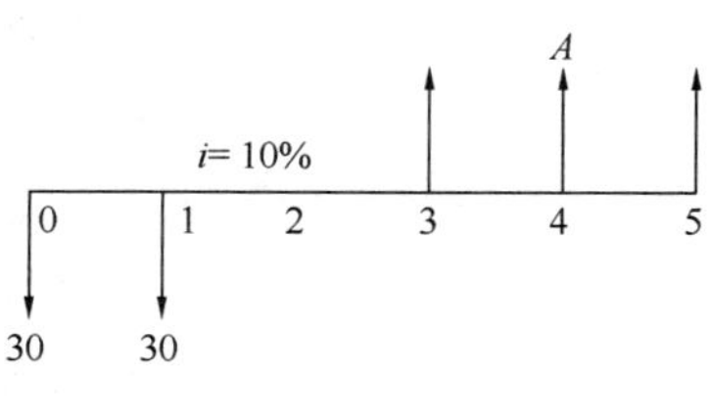

第 2 年年末的终值 $=30\times(1+10\%)^2+30\times(1+10\%)=69.3$ 万元

根据现值 P 和年金 A 的关系：

$$P=A\frac{(1+i)^n-1}{i(1+i)^n}$$

则第 3～5 年年末等额支付的年金 A 为：

$$A=P\frac{i(1+i)^n}{(1+i)^n-1}=69.3\times\frac{10\%\times(1+10\%)^3}{(1+10\%)^3-1}=27.87 \text{ 万元}$$

故本题正确选项为 C。

5.（2012）关于现金流量图绘制规则的说法，正确的是（　　）。

A. 对投资人来说，时间轴上方的箭线表示现金流出

B. 箭线长短与现金流量大小没有关系

C. 箭线与时间轴的交点表示现金流量发生的时点

D. 时间轴上的点通常表示该时间单位的起始时点

【答案】C

【解析】本题注意答案 D，现金流量图中某一点表示的是该时期的终点，例如，时间点为 3，表示第 3 期期末，而不是期初，故 D 不正确。

答案为 C。

6. (2016) 某施工企业拟从银行借款 500 万元，期限 5 年，年利率 8%，按复利计息，则企业支付本利和最多的还款方式是（　　）。

A. 每年末偿还当期利息，第 5 年末一次还清本金

B. 每年末等额本金还款，另付当期利息

C. 每年末等额本息还款

D. 第 5 年末一次还本付息

【答案】D

【解析】本题考核的是不同计息方式及还款方式下本利和的计算。

(1) 每年末偿还当期利息，第 5 年末一次还清本金：

$$F = P + I_n = P(1 + n \times i_{单}) = 500 \times (1 + 8\% \times 5) = 700 \text{ 万元}$$

其中，F 表示还本付息总额，P 代表本金，I_n 表示 n 个计息周期所付的单利总利息，$i_{单}$ 表示计息利率。

(2) 每年末等额本金还款，另付当期利息：

第一年还本付息总额 $F_1=500\div5+500\times8\%=140$ 万元；

第二年还本付息总额 $F_2=500\div5+400\times8\%=132$ 万元；

第三年还本付息总额 $F_3=500\div5+300\times8\%=124$ 万元；

第四年还本付息总额 $F_4=500\div5+200\times8\%=116$ 万元；

第五年还本付息总额 $F_5=500\div5+100\times8\%=108$ 万元。

则，支付本利和 $F=F_1+F_2+F_3+F_4+F_5=140+132+124+116+108=620$ 万元。

(3) 每年末等额本息还款，其等额支付系列现金流量——年金与现值关系示意图如下：

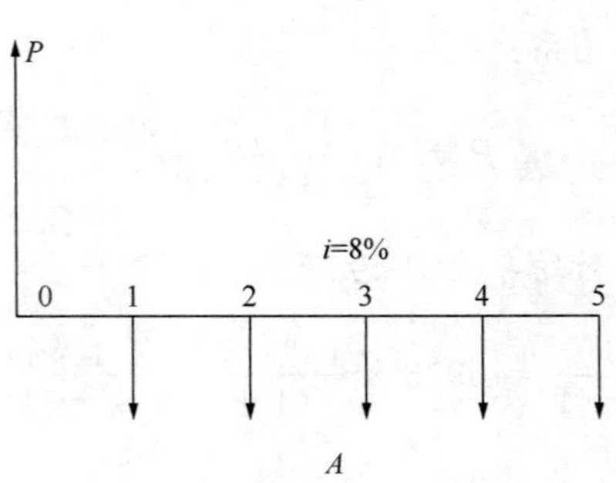

其中，P 表示本金；A 表示年金，发生在（或折算为）某一特定时间序列各计息期末（不包括零期）的等额资金序列的价值；i 表示计息期复利率。

则根据计算公式 $A=P\dfrac{i(1+i)^n}{(1+i)^n-1}=500\times\dfrac{8\%(1+8\%)^5}{(1+8\%)^5-1}=125.23$ 万元；

因此，还本付息总额 $F=125.23\times5=626.15$ 万元。

（4）第5年末一次还本付息：$F=P(1+i)^n=500\times(1+8\%)^5=734.66$ 万元。

因此D>A>C>B，故本题答案为D。

7.（2013）某施工企业向银行借款250万元，期限2年，年利率6%，半年复利计息一次，第二年末还本付息，则到期企业需支付给银行的利息为(　　)万元。

A. 30.00　　B. 30.45　　C. 30.90　　D. 31.38

【答案】D

【解析】复利计息情况下，要注意名义利率和有效利率的应用。6%为年名义利率，要按照计息期实际利率计算，有两种处理方法：一是直接按计息期利率计算；二是按年实际利率计算。

方法一：按计息期利率计算，共4个周期。

利息为 $250\times(1+6\%/2)^4-250=31.38$ 万元

方法二：按年实际利率计算。

年实际利率 $=(1+6\%/2)^2-1=6.09\%$

两年利息 $=250\times(1+6.09\%)^2-250=31.38$ 万元

答案为D。

8.（2013）某施工企业投资200万元购入一台施工机械，计划从购买日起的未来6年等额收回投资并获取收益。若基准收益率为10%，复利计息，则每年末应获得的净现金流入为(　　)万元。

A. 200×（A/P，10%，6）　　B. 200×（F/P，10%，6）

C. 200×（A/P，10%，7）　　D. 200×（F/P，10%，7）

【答案】A

【解析】本题考查已知现值求年值。购入施工机械所投资的200万元是现值，未来6年等额收回，每年收回额就是年值。

答案为A。

9.（2013）考虑资金时间价值，两笔资金不可能等值的情形是(　　)。

A. 金额相等，发生在不同时点

B. 金额相等，发生在相同时点

C. 金额不等，发生在不同时点

D. 金额不等，但分别发生在期初和期末

【答案】A

【解析】由于资金时间价值计算，一笔资金等值计算到另一个时点时，其数值必定发生变化，所以在备选答案中，只有选项A是绝对成立的，其他选项可能成立可能不成立。

答案为A。

10.（2014）甲公司从银行借入1000万元，年利率为8%，单利计息，借期4年，到期一次还本付息，则该公司第四年末一次偿还的本利和为（　　）万元。

A. 1160　　B. 1320　　C. 1324　　D. 1360

【答案】B

【解析】按单利进行计算，本利和＝1000×（8%×4＋1）＝1320 万元。

答案为 B。

11.（2013） 关于现金流量图绘图规则的说法，正确的有（　　）。

A. 箭线长短要能适当体现各时点现金流量数值大小的差异

B. 现金流量的性质对不同的人而言是相同的

C. 箭线与时间轴的交点表示现金流量发生的时点

D. 横轴是时间轴，向右延伸表示时间的延续

E. 时间轴上的点通常表示该时间单位的起始时点

【答案】ACD

【解析】现金流量分为现金流入和现金流出，流入和流出是站在特定的角度而言的，所以 B 不正确；现金流量图中某一点表示的是该时期的终点，例如，时间点为 5，表示第 5 期期末，而不是期初，因此 E 不正确。

答案为 ACD。

12.（2014） 某投资者 6 年内每年年末投资 500 万元。若基准收益率为 8%，复利计息，则 6 年末可一次性回收的本利和为（　　）万元。

A. $500\times\frac{(1+8\%)^6-1}{8\%}$　　B. $500\times\frac{(1+8\%)^6-1}{8\%\times(1+8\%)}$

C. $500\times\frac{8\%}{(1+8\%)^6-1}$　　D. $500\times\frac{8\%\times(1+8\%)}{(1+8\%)^6-1}$

【答案】A

【解析】本题为等额支付系列现金流量的终值计算。即将等额支付系列一次性折算到该等额支付系列时期的终点。

$$F=A\,\frac{(1+i)^n-1}{i}$$

答案为 A。

13.（2014） 某项目建设期 2 年，建设期内第 1 年贷款 700 万元，第 2 年贷款 600 万元，年内均衡发放，且只计息不还款，年利率为 8%。则编制该项目的投资估算时，建设期利息总和为（　　）万元。

A. 155.84　　B. 114.94　　C. 110.24　　D. 104.00

【答案】C

【解析】建设期利息是指项目借款在建设期发生并计入固定资产的利息。为了简化计算，在编制投资估算时通常假定借款均在每年年中支用，借款第一年按半年计息，其余各年份按全年计息。

计算公式为：

各年应计利息＝（年初借款本息累计＋本年借款额/2）×年利率

第 1 年应计利息＝$\frac{1}{2}\times700\times8\%=28$ 万元

第 2 年应计利息$=\left(700+28+\frac{1}{2}\times600\right)\times8\%=82.24$ 万元　建设期利息总和为 110.24 万元。

答案为 C。

【同步系统训练】

1. 某企业向银行短期借款 100 万元，借款期 6 个月，年利率 12%，按月复利计息，到期一次性偿还本息，则企业应支付的利息是（　　）万元。

A. 6.000　　B. 6.057　　C. 6.152　　D. 6.341

【答案】 C

【解析】 本题为复利计息，年利率 12%为名义利率，由于按月计息，月实际利率为 1%，半年期复利计息按下式计算利息：

$100\times(1+1\%)^6-100=6.152$ 万元

答案为 C。

2. 现金流量的构成要素有（　　）。

A. 现金流量大小　　B. 现金流量方向

C. 时间轴　　D. 现金流量发生时点

E. 现金流量的来源

【答案】 ABD

【解析】 现金流量由三个要素组成，即大小、方向和时间。时间轴是绘制现金流量图的工具，不属于现金流量要素；作为经济分析和评价的现金流量，关注的是流入还是流出，而不是现金流量的来源，E 也不是正确选项。

答案为 ABD。

3. 企业向银行借入资金 200 万元，复利计息，自借款当期期末开始，采用等额本金偿还方式还款，则计算每期应还款额度的系数为（　　）。

A. $(A/F, i.n)$　　B. $(F/A, i.n)$　　C. $(A/P, i.n)$　　D. $(F/P, i.n)$

【答案】 C

【解析】 等值计算的系数有不同的表达方式和用途，本题中，现在发生一次性支付(借款)，此后等额回收，应使用资金回收系数。

答案为 C。

4. 名义利率 12%，每季复利计息一次，则年实际利率为（　　）。

A. 12.00%　　B. 12.49%　　C. 12.55%　　D. 12.68%

【答案】 C

【解析】 名义利率 r 是指计息周期利率 i 乘以一年内的计息周期数 m 所得的年利率。即：

$$r=i\times m$$

很显然，计算名义利率时忽略了前面各期利息再生的因素。通常所说的年利率都是名义利率。

若用计息周期率来计算有效利率，并将年内的利息再生因素考虑进去，这时所得的年利率称为年有效利率（又称年实际率）。

$$年实际利率\ i_{eff}=\left(1+\frac{r}{m}\right)^m-1=\left(1+\frac{12\%}{4}\right)^4-1=12.55\%$$

答案为C。

5. 关于年有效利率和名义利率的说法，正确的有（　　）。

A. 当每年计息周期数大于1时，名义利率大于年有效利率

B. 年有效利率比名义利率更能准确反映资金的时间价值

C. 当每年计息周期数等于1时，年有效利率等于名义利率

D. 名义利率一定，计息周期越短，年有效利率与名义利率差异越小

E. 名义利率为r，一年内计息m次，则计息周期利率为$r\cdot m$

【答案】 BC

1Z101020　技术方案经济效果评价

【近年考情分析】

近年考试题量及分值统计表　　表1Z101020-1

年　份	单选题量	多选题量	合计分值
2012	7	1	9
2013	2	2	6
2014	3	1	5
2015	3	1	5
2016	4	1	6

【核心考点解析】

1. 经济效果评价的内容和指标体系

经济效果评价的内容和指标体系　　表1Z101020-2

经济效果评价的内容	经济效果评价的内容一般包括方案盈利能力、偿债能力、财务生存能力等评价内容； 在实际应用中，对于经营性方案，经济效果评价是从拟定技术方案的角度出发，分析拟定技术方案的盈利能力、偿债能力和财务生存能力； 对于非经营性方案，经济效果评价应主要分析拟定技术方案的财务生存能力
经济效果评价指标体系	经济效果评价指标分为确定性分析和不确定性分析，确定性分析指标分盈利能力分析和偿债能力分析； 盈利能力分析要将静态分析和动态分析相结合，静态分析指标与动态分析指标的差别是计算分析指标时是否考虑资金时间价值

2. 经济效果评价指标

经济效果评价指标应用 **表 1Z101020-3**

评价指标	含 义	评价准则	应 用
投资收益率	技术方案建成投产达到设计产能后一个正常生产年份的年净收益额与技术方案投资的比率	将计算出的投资收益率（R）与所确定的基准投资收益率（R_c）进行比较。若 $R \geqslant R_c$，则技术方案可以考虑接受；若 $R < R_c$，则技术方案是不可行的	衡量技术方案获利水平的评价指标。 投资收益率又具体分为：总投资收益率（ROI）、资本金净利润率（ROE）
投资回收期	技术方案静态投资回收期是在不考虑资金时间价值的条件下，以技术方案的净收益回收其总投资（包括建设投资和流动资金）所需要的时间，一般以年为单位	将计算出的静态投资回收期 P_t 与所确定的基准投资回收期 P_c 进行比较。若 $P_t \leqslant P_c$，表明技术方案投资能在规定的时间内收回，则技术方案可以考虑接受；若 $P_t > Pc$，则技术方案是不可行的	也称返本期，是反映技术方案投资回收能力的重要指标。 指标容易理解，计算也比较简便，在一定程度上显示了资本的周转速度。资本周转速度越快，静态投资回收期越短，风险越小，技术方案抗风险能力强。 因投资回收期没有反映投资回收之后的情况，它只能作为辅助评价指标，或与其他评价指标结合应用
财务净现值（$FNPV$）	指用一个预定的基准收益率（或设定的折现率）i_c，分别把整个计算期间内各年所发生的净现金流量都折现到技术方案开始实施时的现值之和	评价技术方案盈利能力的绝对指标。当 $FNPV > 0$ 时，技术方案财务上可行；当 $FNPV = 0$ 时，说明该技术方案基本能满足基准收益率要求的盈利水平，技术方案财务上还是可行的；当 $FNPV < 0$ 时，技术方案财务上不可行	反映技术方案在计算期内盈利能力的动态评价指标。 $FNPV > 0$ 时，说明该技术方案除了满足基准收益率要求的盈利之外，还能得到超额收益。 $FNPV = 0$ 时，说明该技术方案基本能满足基准收益率要求的盈利水平。 $FNPV < 0$ 时，说明该技术方案不能满足基准收益率要求的盈利水平
内部收益率	财务内部收益率其实质就是使技术方案在计算期内各年净现金流量的现值累计等于零时的折现率	财务内部收益率计算出来后，与基准收益率进行比较。若 $FIRR \geqslant i_c$，则技术方案在经济上可以接受；若 $FIRR < i_c$，则技术方案在经济上应予拒绝	优点是避免了像财务净现值指标，须事先确定基准收益率这个难题。 财务内部收益率计算比较麻烦；对于具有非常规现金流量的技术方案来讲，其财务内部收益率在某些情况下甚至不存在或存在多个内部收益率

3. 基准收益率确定

基准收益率的含义和测定　　表 1Z101020-4

基准收益率含义	也称基准折现率，是企业或行业投资者以动态的观点所确定的、可接受的技术方案最低标准的收益水平。其在本质上体现了投资决策者对技术方案资金时间价值的判断和对技术方案风险程度的估计，是投资资金应当获得的最低盈利率水平，它是评价和判断技术方案在财务上是否可行和技术方案比选的主要依据
基准收益率的影响因素	在政府投资项目以及按政府要求进行财务评价的建设项目中采用的行业财务基准收益率，应根据政府的政策导向进行确定； 在企业各类技术方案的经济效果评价中参考选用的行业财务基准收益率，应在分析一定时期内国家和行业发展战略、发展规划、产业政策、资源供给、市场需求、资金时间价值、技术方案目标等情况的基础上，结合行业特点、行业资本构成情况等因素综合测定； 在中国境外投资的技术方案财务基准收益率的测定，应首先考虑国家风险因素； 确定基准收益率的基础是资金成本和机会成本，而投资风险和通货膨胀则是必须考虑的影响因素

4. 偿债能力分析

偿债能力分析应用　　表 1Z101020-5

偿债能力分析作用	为了满足债权人的要求，需要编制企业在拟实施技术方案建设期和投产后若干年的财务计划现金流量表、资产负债表、企业借款偿还计划表等报表，分析企业偿债能力
偿债资金来源	偿还贷款的资金来源主要包括可用于归还借款的利润、固定资产折旧、无形资产及其他资产摊销费和其他还款资金来源
偿债能力分析指标	偿债能力指标主要有：借款偿还期、利息备付率、偿债备付率、资产负债率、流动比率和速动比率； 偿债能力分析指标的计算和判别准则

【历年真题精选】

1.（2015）某常规技术方案的净现值函数曲线如图所示，则该方案的内部收益率为（　　）。

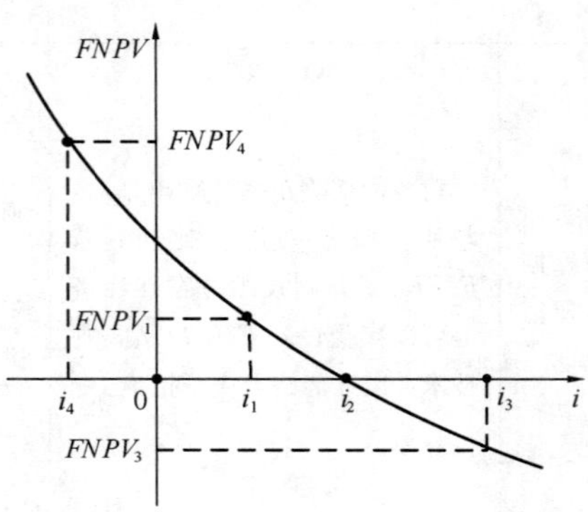

A. i_1　　B. i_2　　C. i_3　　D. i_4

【答案】 B

【解析】 本题考核的是对财务内部收益率的理解。对常规技术方案，财务内部收益率其实质就是使技术方案在计算期内各年净现金流量的现值累计等于零时的折现率，即 $FNPV=0$ 时所对应的折现率，即为图中的 i_2。故本题正确选项为 B。

2.（2015） 某项目各年净现金流量如下表。设基准收益率为 10%，则该项目的财务净现值和静态投资回收期分别为（　　）。

年份	0	1	2	3	4	5
净现金流量（万元）	−160	50	50	50	50	50

A. 32.02 万元，3.2 年　　B. 32.02 万元，4.2 年

C. 29.54 万元，4.2 年　　D. 29.54 万元，3.2 年

【答案】 D

【解析】 本题考核的是净现值和静态投资回收期的计算。财务净现值计算公式为：

$$FNPV=\sum_{t=0}^{n}(CI-CO)_t(1+i_c)^{-t}$$

$$FNPV=-160\times\frac{1}{(1+10\%)^0}+50\times\frac{1}{(1+10\%)}+50\times\frac{1}{(1+10\%)^2}+50\times\frac{1}{(1+10\%)^3}+50\times\frac{1}{(1+10\%)^4}+50\times\frac{1}{(1+10\%)^5}=29.54\text{ 万元}$$

静态投资回收期可根据累计净现金流量求得，也就是在技术方案投资现金流量表中累计净现金流量由负值变为零的时点。本题逐年累计净现金流量如下表：

年份	0	1	2	3	4	5
净现金流量（万元）	−160	50	50	50	50	50
累计净现金流量（万元）	−160	−110	−60	−10	40	90

累计现金流量第 3 年末为负值，第 4 年出现正值。则静态投资回收期 $=3+10\div50=3.2$ 年。故本题正确选项为 D。

3.（2016） 某项目建设投资为 5000 万元（不含建设期贷款利息），建设期贷款利息为 550 万元，全部流动资金为 450 万元，项目投产期年息税前利润为 900 万元，达到设计生产能力的正常年份年息税前利润为 1200 万元，则该项目的总投资收益率为（　　）。

A. 24.00%　　B. 20.00%

C. 17.50%　　D. 15.00%

【答案】 B

【解析】 本题考核的是总投资收益率的计算。总投资收益率（ROI）表示总投资的盈利水平，其计算公式为：

$$ROI=\frac{EBIT}{TI}\times100\%$$

式中　$EBIT$——技术方案正常年份的年息税前利润或运营期内平均息税前利润；

TI——技术方案总投资（包括建设投资、建设期贷款利息和全部流动资金）。

因此，该项目的总投资收益率为：

$$ROI=\frac{EBIT}{TI}\times100\%=\frac{1200}{5000+550+450}\times100\%=20.00\%$$

故本题答案为B。

4.（2016）根据国家财税规定，企业可以用来偿还投资借款的资金来源是（　　）。

A. 利润、折旧、应交税金　　B. 折旧、摊销费、应付工资

C. 利润、折旧、摊销费　　D. 未分配利润、应付工资、折旧

【答案】C

【解析】本题考核的是对偿债资金来源的理解。根据国家现行财税制度的规定，偿还贷款的资金来源主要包括可用于归还借款的利润、固定资产折旧、无形资产及其他资产摊销和其他还款资金来源。故本题答案为C。

5.（2016）某技术方案具有常规现金流量，当基准收益率为12%时，财务净现值为-67万元；当基准收益率为8%时，财务净现值为242.76万元；当基准收益率为6%时，财务净现值为341.76万元。则该技术方案的内部收益率最可能的范围为（　　）。

A. 小于6%　　B. 大于6%，小于8%

C. 大于8%，小于12%　　D. 大于12%

【答案】C

【解析】本题考核的内部收益率的计算。对常规技术方案，财务内部收益率其实就是技术方案在计算期内各年净现金流量的现值累计等于零时的折现率。根据题意，该技术方案的净现值函数曲线如图。其中，$FNPV$表示财务净现值；i表示基准收益率。

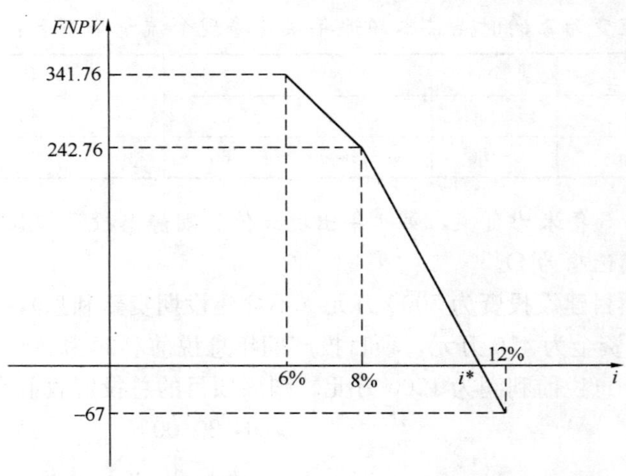

由图可知，财务净现值（$FNPV$）等于零时，基准收益率的取值范围是介于8%与12%之间。故本题答案为C。

6.（2016）技术方案经济效果评价中的计算期包括技术方案的（　　）。

A. 投资前策划期　　B. 投资建设期

C. 投产期　　D. 达产期

E. 后评价期

【答案】BCD

【解析】本题考核的是对技术方案计算期的理解。技术方案的计算期是指在经济效果评价中为进行动态分析所设定的期限，包括建设期和运营期。其中，运营期分为投产期和达产期两个阶段。故本题答案为BCD。

7.（2016）某投资方案建设期为1年，第1年初投资8000万元，第2年初开始运营，运营期为4年，运营期每年末净收益为3000万元，净残值为零。若基准收益率为10%，则该投资方案的财务净现值和静态投资回收期分别为（　　）。

A. 1510万元和3.67年　　B. 1510万元和2.67年

C. 645万元和3.67年　　D. 645万元和2.67年

【答案】C

【解析】本题考核的是财务净现值和静态投资回收期的计算。根据题意，该投资方案现金流量表如下：

某投资方案净现金流量表（单位：万元）

年份	0	1	2	3	4	5
净现金流量	−8000	0	3000	3000	3000	3000
累计净现金流量	−8000	−8000	−5000	−2000	1000	4000

（1）财务净现值（$FNPV$）是用一个预定的基准收益率（或设定的折现率）i_c，分别把整个计算期内各年所发生的净现金流量都折现到技术方案开始实施时的现值之和，其计算公式为：

$$FNPV=\sum_{t=0}^{n}(CI-CO)_t(1+i_c)^{-t}$$

式中　$FNPV$——财务净现值；

$(CI-CO)_t$——技术方案第t年的净现金流量；

i_c——基准收益率；

n——技术方案计算期。

因此，该投资方案的财务净现值

$$FNPV=\frac{-8000}{(1+10\%)^0}+\frac{0}{(1+10\%)^1}+\frac{3000}{(1+10\%)^2}+\frac{3000}{(1+10\%)^3}+\frac{3000}{(1+10\%)^4}+\frac{3000}{(1+10\%)^5}$$

$FNPV=645.09$万元。

（2）投资方案静态投资回收期是在不考虑资金时间价值的条件下，以技术方案的净收益回收其总投资（包括建设投资和流动资金）所需要的时间，一般以年为单位。静态投资回收期可根据累计净现金流量求得，也就是在技术方案投资现金流量表中累计净现金流量由负值变为零的时点，其计算公式为：

$$P_t=T-1+\frac{\left|\sum_{t=0}^{T-1}(CI-CO)_t\right|}{(CI-CO)_T}$$

式中 $\left|\sum_{t=0}^{T-1}(CI-CO)_t\right|$——技术方案（$T-1$）年累计净现金流量的绝对值；

$(CI-CO)_T$——技术方案第 T 年的净现金流量；

P_t——技术方案静态投资回收期；

T——技术方案各年累计净现金流量首次为正或零的年数。

因此，该投资方案的静态投资回收期 $P_t=4-1+|-2000|\div3000=3.67$ 年。

故本题答案为C。

8.（2012）对于非经营性技术方案，经济效果评价应主要分析拟定方案的（　　）。

A. 盈利能力　　B. 偿债能力

C. 财务生存能力　　D. 抗风险能力

【答案】C

9.（2012）某技术方案的总投资1500万元，其中债务资金700万元，技术方案在正常年份年利润总额400万元，所得税100万元，年折旧费80万元，则该方案的资本金净利润率为（　　）。

A. 26.7%　　B. 37.5%　　C. 42.9%　　D. 47.5%

【答案】B

【解析】资本金净利润率是投资收益率的具体应用之一。技术方案资本金净利润率（ROE）表示技术方案资本金的盈利水平。技术方案盈利水平正常年份的年净利润或运营期内年平均净利润＝利润总额－所得税；技术方案资本金为总投资减去负债资金。

资本金净利润率＝(400－100)/(1500－700)×100%＝37.5%

答案为B。

10.（2012）关于技术方案财务净现值与基准收益率关系的说法，正确的是（　　）。

A. 基准收益率越大，财务净现值越小　　B. 基准收益率越大，财务净现值越大

C. 基准收益率越小，财务净现值越小　　D. 两者之间没有关系

【答案】A

11.（2012）技术方案的盈利能力越强，则该技术方案的（　　）越大。

A. 投资回收期　　B. 盈亏平衡产量

C. 速动比率　　D. 财务净现值

【答案】D

【解析】依据备选答案中各指标的判别准则反向思维，只有D符合题意。

12.（2012）某常规技术方案，$FNPV$（16%）＝160万元，$FNPV$（18%）＝－80万元，则方案的 $FIRR$ 最可能为（　　）。

A. 15.98%　　B. 16.21%　　C. 17.33%　　D. 18.21%

【答案】C

【解析】采用插入法计算。

内部收益率＝16%＋[160/(160＋80)]×(18%－16%)＝17.33%

正确答案C。

13.（2012）要保证技术方案生产运营期有足够资金支付到期利息，方案的利息备付率最低不应低于（　　）。

A. 0.5　　B. 1　　C. 3　　D. 5

【答案】B

【解析】利息备付率是技术方案借款偿还期内各年企业可用于支付利息的息税前利润（*EBIT*）与当期应付利息（*PI*）的比值。其中经营期利息可以在税前进入成本，用于支付利息后再计算所得税，所以要保证能够偿还利息，指标最低为1。

正确答案为B。

14.（2012）某技术方案的净现金流量如下表。则该方案的静态投资回收期为（　　）年。

现金流量表

计算期（年）	0	1	2	3	4	5	6
净现金流量（万元）	—	−1500	400	400	400	400	400

A. 3.25　　B. 3.75　　C. 4.25　　D. 4.75

【答案】D

【解析】逐年累计净现金流量如下表：

计算期（年）	0	1	2	3	4	5	6
净现金流量（万元）	—	−1500	400	400	400	400	400
累计净现金流量（万元）	0	−1500	−1100	−700	−300	100	500

累计现金流量第4年末为负值，第5年出现正值。

静态投资回收期＝4＋300/400＝4.75年

正确答案为D。

15.（2012）关于基准收益率的说法，正确的有（　　）。

A. 基准收益率是投资资金应获得的最低盈利水平

B. 测定基准收益率应考虑资金成本因素

C. 测定基准收益率不需要考虑通货膨胀因素

D. 债务资金比例高的项目应降低基准收益率取值

E. 基准收益率取值高低应体现对项目风险程度的估计

【答案】ABE

16.（2013）某技术方案投资现金流量的数据如下表所示。则该技术方案的静态投资回收期为（　　）年。

技术方案投资现金流量表

计算期（年）	0	1	2	3	4	5	6	7	8
现金流入（万元）	—	—	—	800	1200	1200	1200	1200	1200
现金流出（万元）	—	600	900	500	700	700	700	700	700

A. 5.0　　B. 5.2　　C. 5.4　　D. 6.0

【答案】C

【解析】逐年累计净现金流量如下表：

计算期（年）	0	1	2	3	4	5	6	7	8
净现金流量（万元）	—	−600	−900	300	500	500	500	500	500
累计净现金流量（万元）	0	−600	−1500	−1200	−700	−200	300	800	1300

累计现金流量第5年末为负，第6年出现正值。

静态投资回收期＝5＋200/500＝5.4年

正确答案为C。

17.（2013）对于特定的投资方案，若基准收益率增大，则投资方案评价指标的变化规律是（　　）。

A. 财务净现值与内部收益率均减小

B. 财务净现值与内部收益率均增大

C. 财务净现值减小，内部收益率不变

D. 财务净现值增大，内部收益率减小

【答案】C

18.（2013）下列投资方案经济效果评价指标中，可用于偿债能力分析的有（　　）。

A. 投资收益率　　B. 利息备付率

C. 投资回收期　　D. 流动比率

E. 借款偿还期

【答案】BDE

19.（2015）根据我国现行财税制度，可以用来偿还贷款的资金来源有（　　）。

A. 固定资产折旧费　　B. 无形资产摊销费

C. 其他资产摊销费　　D. 减免的营业税金

E. 盈余公积金

【答案】ABCD

【解析】本题考查的是偿债资金来源。根据国家现行财税制度的规定，偿还贷款的资金来源主要包括可用于归还借款的利润、固定资产折旧、无形资产及其他资产摊销费和其他还款资金来源。而其他还款资金具体是指按有关规定可以用减免的营业税金来作为偿还贷款的资金来源。故答案为ABCD。

20.（2014）某技术方案总投资1500万元，其中资本金1000万元，运营期年平均利息18万元，年平均所得税40.5万元。若项目总投资收益率为12%，则项目资本金净利润率为（　　）。

A. 12.00%　　B. 12.15%

C. 13.95%　　D. 16.20%

【答案】B

【解析】技术方案资本金净利润率（*ROE*）表示技术方案资本金的盈利水平，按下式计算：

$$ROE=\frac{NP}{EC}\times 100\%$$

式中 NP——技术方案正常年份的年净利润或运营期内年平均净利润，净利润＝利润总额－所得税；

EC——技术方案资本金。

资本金净利润率＝（1500×12%－18－40.5）/1000＝12.15%

答案为 B。

21.（2014）关于财务内部收益率的说法，正确的是（　　）。

A. 财务内部收益率是一个事先确定的基准折现率

B. 财务内部收益率大于基准收益率时，技术方案在经济上可以接受

C. 财务内部收益率受项目外部参数的影响较大

D. 独立方案用财务内部收益率评价与财务净现值评价，结论通常不一致

【答案】B

22.（2014）对于完全由企业自有资金投资的技术方案，自主测定其基准收益率的基础主要是（　　）。

A. 资金成本　　B. 资金机会成本

C. 投资风险　　D. 通货膨胀

【答案】B

【同步系统训练】

1. 某项目建设投资 3000 万元，全部流动资金 450 万元。项目投产期年息税前利润总额 500 万元，运营期正常年份的年平均息税前利润总额 800 万元。则该项目的总投资收益率为（　　）。

A. 18.84%　　B. 23.19%　　C. 26.67%　　D. 25.52%

【答案】B

【解析】本题考核的是总投资收益率的计算。计算公式为：

$$ROI = \frac{EBIT}{TI} \times 100\%$$

其中 $EBIT$ 表示正常年份的年息税前利润或运营期内年平均息税前利润，TI 表示总投资（包括建设投资、建设期贷款利息和全部流动资金）。因此该项目的总投资收益率为：

$$\frac{800}{3000+450} \times 100\% = 23.19\%$$

故本题正确选项为 B。

2. 下列经济评价指标中，属于动态评价指标的有（　　）。

A. 财务净现值　　B. 内部收益率

C. 投资收益率　　D. 基准收益率

E. 资本金利润率

【答案】AB

【解析】投资收益率为静态评价指标，资本金利润率也是静态评价指标。财务净现值和内部收益率计算应考虑资金时间价值，属于动态评价指标。应注意基准收益率不是评价指标，而是基本参数。

正确答案为AB。

3. 某技术方案净现金流量如下表，基准收益率10%，该技术方案的净现值为（　　）万元。

年份	1	2	3	4	5
净现金流量（万元）	−1000	500	500	400	400

A. 364.9　　B. 401.4　　C. 441.5　　D. 800.0

【答案】 B

【解析】 本题考核的是净现值的计算，要注意的是第一项现金流量−1000万元，发生在第1期，应理解为第1期期末，即当期折现期数 n 为1，否则计算会出错。

净现值 $=-1000\times(1+10\%)^{-1}+500\times(1+10\%)^{-2}+500\times(1+10\%)^{-3}+400\times(1+10\%)^{-4}+400\times(1+10\%)^{-5}=401.4$ 万元

正确答案为B。

4. 某技术方案建设投资1000万元，建设期利息50万元，流动资金150万元，正常生产年份净利润240万元，年利息20万元，则总投资收益率为（　　）。

A. 20.00%　　B. 20.87%　　C. 21.67%　　D. 22.61%

【答案】 C

【解析】 总投资收益率是投资收益率指标的一种具体表现形式，计算总投资收益率时，利息应作为总投资收益的一种表现形式计算；同时总投资包括建设投资、建设期利息和流动资金。因此计算式为：

$$(240+20)/(1000+50+150)\times100\%=21.67\%$$

正确答案为C。

5. 某技术方案的现金流量如下表，则方案的投资回收期为（　　）年。

年份	1	2	3	4	5	6	7
现金流入（万元）	—	—	600	600	600	600	500
现金流出（万元）	1000	500	200	200	200	200	200

A. 5.00　　B. 5.25　　C. 5.75　　D. 6.00

【答案】 C

【解析】 首先计算各年净现金流量和逐年累积净现金流量，如下表：

年份	1	2	3	4	5	6	7
现金流入（万元）	—	—	600	600	600	600	500
现金流出（万元）	1000	500	200	200	200	200	200
净现金流量（万元）	−1000	−500	400	400	400	400	300
累计净现金流量（万元）	−1000	−1500	−1100	−700	−300	100	400

从表中可见，累计净现金流量在第6年出现由负转正，即第5年末尚有部分现金流未回收，本题中应当使用第6年净现金流量400万元回收第5年末尚未回收的300万元，不

能使用当年的现金流入或者年末累计现金流量计算。

投资回收期＝5＋300/400＝5.75 年

正确答案为 C。

6. 下列经济效果评价指标中，属于盈利能力动态分析指标的有（　　）。

A. 总投资收益率　　B. 资本金净利润率

C. 财务净现值　　D. 财务内部收益率

E. 速动比率

【答案】 CD

1Z101030　技术方案不确定性分析

【近年考情分析】

近年考试题量及分值统计表　　表 1Z101030-1

年份	单选题量	多选题量	合计分值
2012	2	1	4
2013	2	1	4
2014	3	2	7
2015	2	0	2
2016	2	0	2

【核心考点解析】

1. 不确定性与不确定性因素产生的原因

不确定性与不确定性因素产生的原因　　表 1Z101030-2

不确定性及其影响	不确定性与风险不同。风险是指不利事件发生的可能性，其中不利事件发生的概率是可以计量的；而不确定性是指人们在事先只知道所采取行动的所有可能后果，而不知道它们出现的可能性，或者两者均不知道，只能对两者做些粗略的估计，因此不确定性是难以计量的。 不确定性因素的变动可能会影响技术方案经济效果评价结论，甚至出现相反的情况，比如不确定性因素变动导致初始评价可行的方案变得不可行。技术方案不确定性分析是指研究和分析当影响技术方案经济效果的各项主要因素发生变化时，拟实施技术方案的经济效果会发生什么样的变化，以便为正确决策服务的一项工作
不确定性因素产生原因	1. 所依据的基本数据不足或者统计偏差 2. 预测方法的局限，预测的假设不准确 3. 未来经济形势的变化 4. 技术进步引起的年营业收入、年经营成本等指标与实际值发生偏差 5. 无法以定量来表示的定性因素对项目效果的影响 6. 其他外部影响因素

2. 不确定性分析方法

不确定性分析方法　　表 1Z101030-3

分析方法	含义	基本原理	应用
盈亏平衡分析	也称为量本利分析，就是将技术方案投产后的产销量作为不确定因素，通过计算技术方案的盈亏平衡点的产销量，据此分析判断不确定性因素对技术方案经济效果的影响程度，说明技术方案实施的风险大小及技术方案承担风险的能力	将成本分解为固定成本、变动成本和半变动成本，并确定产销量、销售价格、营业税金和附加等要素的基础上，构建量本利模型。线性盈亏平衡分析基本模型为： 利润＝产销量×单价－单位变动成本×产销量－固定总成本－营业税金及附加（营业税金及附加按照产销量或销售收入计算）	线性盈亏平衡基本模型由6个参数组成，假定其中5个按经济评价时预计和依据的指标计算，另外一个因素为变量，可以计算出该变量的值。例如：设利润为0，产销量为变量，其他参数按经济评价依据的数值，代入模型可以计算产销量盈亏平衡点，产销量盈亏平衡点与设计生产能力比较，可以计算盈亏平衡生产能力利用率。 同样，可以计算其他参数（如销售价格、单位变动成本等）的盈亏平衡点；还可以拓展用于目标利润（利润设置为目标数）下的产销量等分析
敏感性分析	分析各种不确定性因素发生增减变化时，对技术方案经济效果评价指标的影响，并计算敏感度系数和临界点，找出敏感因素	技术方案经济效果评价中，有些因素可能仅发生较小幅度的变化就能引起经济效果评价指标发生大的变动；而另一些因素即使发生了较大幅度的变化，对经济效果评价指标的影响也不是太大。前一类因素称为敏感性因素，后一类因素称为非敏感性因素。决策和实施方案时，敏感因素要重点分析和控制	敏感性分析分为单因素敏感性分析和多因素敏感性分析，重点是单因素敏感性分析。具体应用的要求： （1）敏感性分析的步骤； （2）敏感度系数计算及指标含义。 临界点是指技术方案允许不确定因素向不利方向变化的极限值。超过极限，技术方案的经济效果指标将不可行

【历年真题精选】

1.（2015）某项目设计年生产能力为50万件，年固定成本为300万元，单位产品可变成本为80元，单位产品营业税金及附加为5元。则以单位产品价格表示的盈亏平衡点是（　　）元。

A. 86.00　　B. 91.00　　C. 95.00　　D. 85.00

【答案】B

【解析】本题考核的是单位产品价格的盈亏平衡点。盈亏平衡点的计算一般是从销售收入等于总成本费用即盈亏平衡方程式中导出。由利润$B=0$，即可导出以单位产品价格表示的盈亏平衡点$BEP(P)$，其计算过程如下：

$$BEP(P)=\frac{C_F}{Q}+C_U+T_U=\frac{300}{50}+80+5=91.00\text{元}$$

式中C_F表示固定成本，Q表示产量，C_U表示单位产品变动成本，T_U表示单位产品营业税及附加。故本题正确选项为B。

2.（2016） 某技术方案进行单因素敏感性分析的结果是：产品售价下降 10%时内部收益率的变化率为 55%；原材料价格上涨 10%时内部收益率的变化率为 39%；建设投资上涨 10%时内部收益率的变化率为 50%；人工工资上涨 10%时内部收益率的变化率为 30%。则该技术方案的内部收益率对（　　）最敏感。

A. 人工工资　　B. 产品售价

C. 原材料价格　　D. 建设投资

【答案】 B

【解析】 本题考核的是敏感度系数的计算。敏感度系数表示技术方案经济效果评价指标对不确定因素的敏感程度，计算公式为：

$$S_{AF}=\frac{\Delta A/A}{\Delta F/F}$$

式中　S_{AF}——敏感度系数；

$\Delta F/F$——不确定性因素 F 的变化率（%）；

$\Delta A/A$——不确定性因素 F 发生 ΔF 变化时，评价指标 A 的相应变化率（%）。

其中，$|S_{AF}|$ 越大，表明评价指标 A 对于不确定因素 F 越敏感；反之，则不敏感。

因此，技术方案内部收益率对人工工资的敏感度系数 $S_1=30\%\div10\%=3.00$；

技术方案内部收益率对产品售价的敏感度系数 $S_2=55\%\div10\%=5.50$；

技术方案内部收益率对原材料的敏感度系数 $S_3=39\%\div10\%=3.90$；

技术方案内部收益率对建设投资的敏感度系数 $S_4=50\%\div10\%=5.00$

则，$S_2>S_4>S_3>S_1$，故本题答案为 B。

3.（2016） 某技术方案，年设计生产能力为 8 万台，年固定成本为 100 万元，单位产品售价为 50 元，单位产品变动成本为售价的 55%，单位产品销售税金及附加为售价的 5%，则达到盈亏平衡点时的生产能力利用率为（　　）。

A. 55.50%　　B. 62.50%

C. 60.00%　　D. 41.67%

【答案】 B

【解析】 本题考核的是用生产能力利用率表示的盈亏平衡点的计算。进行技术方案评价时，生产能力利用率表示的盈亏平衡点常常根据正常年份的产品产销量、变动成本、固定成本、产品价格和营业税金及附加等数据来计算，其计算过程如下：

$$BEP(\%)=\frac{C_F}{S_n-C_V-T}\times100\%=\frac{1000000}{80000\times50\times(1-55\%-5\%)}\times100\%=62.5\%$$

式中　$BEP(\%)$——盈亏平衡点时的生产能力利用率；

C_F——固定成本；

S_n——年营业收入；

T——年营业税金及附加。

故本题答案为 B。

4.（2012） 关于技术方案敏感性分析的说法，正确的是（　　）。

A. 敏感性分析只能分析单一不确定因素变化对技术方案经济效果的影响

B. 敏感性分析的局限性是依靠分析人员主观经验来分析判断，有可能存在片面性

C. 敏感度系数越大，表明评价指标对不确定因素越不敏感

D. 敏感性分析必须考虑所有不确定因素对评价指标的影响

【答案】 B

5.（2012） 若选定静态评价指标进行技术方案敏感性分析，可以选择(　　)作为不确定性因素。

A. 投资额　　　　B. 产品销售量

C. 产品单价　　　　D. 折现率

E. 生产成本

【答案】 ABCE

【解析】 答案 D，折现率与计算静态评价指标无关，其他因素均与静态评价指标有关，所以正确答案为 ABCE。

6.（2013） 某项目设计年产量为 6 万件，每件售价为 1000 元，单位产品可变成本为 350 元，单位产品营业税金及附加为 150 元，年固定成本为 360 万元，则用生产能力利用率表示的项目盈亏平衡点为(　　)。

A. 30%　　B. 15%　　C. 12%　　D. 9%

【答案】 C

【解析】 盈亏平衡产量＝360/(1000－350－150)＝0.72 万件

盈亏平衡生产能力利用率＝0.72/6×100%＝12%

正确答案为 C。

7.（2013） 某项目采用净现值指标进行敏感性分析，有关数据见下表，则各因素的敏感程度由大到小的顺序是(　　)。

变化幅度 因素	−10%	0	+10%
建设投资（万元）	623	564	505
营业收入（万元）	393	564	735
经营成本（万元）	612	564	516

A. 建设投资—营业收入—经营成本　　B. 营业收入—建设投资—经营成本

C. 营业收入—经营成本—建设投资　　D. 经营成本—营业收入—建设投资

【答案】 B

【解析】 根据背景资料，计算敏感度系数如下表：

变化幅度	−10%	0	10%	敏感度系数
建设投资（万元）	623	564	505	−0.94703
营业收入（万元）	393	564	735	4.351145
经营成本（万元）	612	564	516	−0.78431

将敏感度系数绝对值从大到小排序为营业收入、建设投资、经营成本。

正确答案为 B。

8.（2013）项目盈亏平衡分析中，若其他条件不变，可以降低盈亏平衡点产量的途径有（　　）。

A. 降低固定成本　　B. 提高设计生产能力

C. 降低产品售价　　D. 降低单位产品变动成本

E. 提高营业税金及附加率

【答案】AD

【解析】分析盈亏平衡模型，可以判定备选答案中，CE会导致盈亏平衡点升高，AD会导致盈亏平衡点下降，B与盈亏平衡产量没有直接联系。

正确答案为AD。

9.（2014）为了进行盈亏平衡分析，需要将技术方案的运行成本划分为（　　）。

A. 历史成本和现实成本　　B. 过去成本和现在成本

C. 预算成本和实际成本　　D. 固定成本和可变成本

【答案】D

10.（2015）关于敏感度系数 S_{AF} 的说法，正确的是（　　）。

A. $S_{AF}>0$ 表示评价指标 A 与不确定因素 F 同方向变化

B. S_{AF} 越大，表示评价指标 A 对于不确定因素 F 越敏感

C. S_{AF} 表示不确定因素 F 的变化额与评价指标 A 的变化额之间的比例

D. S_{AF} 可以直接显示不确定因素 F 变化后评价指标 A 的值

【答案】A

【解析】本题考核的是对敏感度系数的理解。敏感度系数表示技术方案经济效果评价指标对不确定因素的敏感程度。计算公式为：

$$S_{AF}=\frac{\Delta A/A}{\Delta F/F}$$

其中，$\Delta F/F$ 指不确定性因素 F 的变化率（%）；$\Delta A/A$ 指不确定因素 F 发生 ΔF 变化时，评价指标 A 的相应变化率（%）。由此可见敏感度系数提供了各不确定因素变动率与评价指标变动率之间的比例，但不能直接显示变化后评价指标的值。同时，S_{AF} 的正负决定了评价指标与不确定因素同方向或反方向变化，其绝对值大小则表明评价指标 A 对于不确定因素 F 的敏感性程度。即 $S_{AF}>0$，表示评价指标与不确定因素同方向变化；$S_{AF}<0$，表示评价指标与不确定因素反向变化。S_{AF} 绝对值越大，表明评价指标 A 对于不确定因素 F 越敏感；反之，则不敏感。故本题正确选项为A。

11.（2014）某技术方案的设计年产量为8万件，单位产品销售价格为100元/件，单位产品可变成本为20元/件，单位产品营业税金及附加为5元/件，按设计生产能力生产时，年利润为200万元，则该技术方案的盈亏平衡点产销量为（　　）万件。

A. 4.00　　B. 4.21　　C. 5.00　　D. 5.33

【答案】D

【解析】本题运用量本利基本模型即可解决问题，直接采用基本模型求取盈亏平衡产量如下。

$$盈亏平衡产量=\frac{C_F}{P-C_u-T_u}=\frac{100\times 80000-5\times 80000-2000000}{100-20-5}=5.33\ 万件$$

式中 C_F——固定成本；

C_u——单位产品变动成本；

P——单位产品销售价格；

T_u——单位产品营业税金及附加。

正确答案为D。

12.（2014）某技术方案经济评价指标对甲、乙、丙三个不确定因素的敏感度系数分别为−0.1、0.05、0.09，据此可以得出的结论有（　）。

A. 甲因素下降10%，方案达到盈亏平衡

B. 经济评价指标与丙因素反方向变化

C. 经济评价指标对于甲因素最敏感

D. 经济评价指标对于乙因素最不敏感

E. 丙因素上升9%，方案由可行转为不可行

【答案】CD

【同步系统训练】

1. 下列关于不确定性分析说法中。正确的是（　）。

A. 产量盈亏平衡点越低，项目风险越小

B. 变动成本盈亏平衡点越低，项目风险越小

C. 价格盈亏平衡点越低，项目风险越大

D. 单位税金盈亏平衡点越低，项目风险越小

【答案】A

【解析】盈亏平衡风险分析中，风险是根据求得的盈亏平衡点高低（大小）允许波动范围大小确定的，例如，价格盈亏平衡点越低，意味着产品价格只要达到较低的水平，即可实现盈亏平衡，高于该价格则可以盈利，因此，价格盈亏平衡点越低，项目风险越小。同理可以分析其他不确定性因素的特点，可以判断产量盈亏平衡点越低，项目风险越小。

正确答案为A。

2. 敏感度系数表示技术方案经济效果评价指标对不确定因素的敏感程度。具体计算方式是（　）。

A. 评价指标A的相应变化率（%）与不确定性因素F变化率（%）之比

B. 不确定性因素F变化率（%）与评价指标A的相应变化率（%）之比

C. 评价指标A的相应变化率（Δ）与不确定性因素F变化率（Δ）之比

D. 不确定性因素F变化量（Δ）与评价指标A的相应变化量（Δ）之比

【答案】A

【解析】敏感度系数是测定不确定性因素的相对指标，为了反映相对变化程度，便于分析各个不确定因素影响的大小并进行比较。所以备选答案中，应在A或B中选择，而根据敏感性分析的含义，是判断不确定性因素变动时，评价指标的变动情况，因此应该以不确定性因素变动率作为分母，所以正确表述应该是不确定性因素发生变动时，评价指标的相应变化率与不确定性因素变化率之比。

正确答案为 A。

3. 某技术方案设计年产量为 8 万件，年固定成本为 500 万元，单位产品价格预计为 200 元，单位产品变动成本为 100 元，营业税金及附加为销售收入的 6.5%，该技术方案产量盈亏平衡点为（　　）万件。

A. 2.67　　B. 5.00　　C. 5.75　　D. 8.00

【答案】 C

【解析】 本题运用量本利基本模型即可，要注意的是营业税金及附加应当按照营业收入而不是单位产品计算，直接采用基本模型求取盈亏平衡点产量如下：

盈亏平衡产量=500/（200−200×6.5%−100）×100%=5.75 万件

正确答案为 C。

4. 项目盈亏平衡分析中，若其他条件不变，可以降低盈亏平衡点产量的途径有（　　）。

A. 降低固定成本　　B. 提高设计生产能力

C. 降低产品售价　　D. 降低单位产品变动成本

E. 提高营业税金及附加率

【答案】 AD

1Z101040　技术方案现金流量表的编制

【近年考情分析】

近年考试题量及分值统计表　　**表 1Z101040-1**

年份	单选题量	多选题量	合计分值
2012	1	1	3
2013	1	1	3
2014	1	1	3
2015	2	1	4
2016	2	0	2

【核心考点解析】

1. 技术方案现金流量表的类别

技术方案现金流量表的类别　　**表 1Z101040-2**

类别	编制角度和内容	应用
投资现金流量表	以技术方案为一独立系统进行设置的。它以技术方案建设所需的总投资作为计算基础，反映技术方案在整个计算期（包括建设期和生产运营期）内现金的流入和流出	通过投资现金流量表可计算技术方案的财务内部收益率、财务净现值和静态投资回收期等经济效果评价指标，并可考察技术方案融资前的盈利能力，为各个方案进行比较建立共同的基础。可从所得税前（即息税前）和（或）所得税后（即息税后）两个角度进行考察，选择计算所得税前和（或）所得税后指标

续表

类别	编制角度和内容	应用
资本金现金流量表	从技术方案权益投资者整体（即项目法人）角度出发，以技术方案资本金作为计算的基础，把借款本金偿还和利息支付作为现金流出	用以计算资本金财务内部收益率，反映在一定融资方案下投资者权益投资的获利能力，用以比选融资方案，为投资者投资决策、融资决策提供依据
投资各方现金流量表	分别从技术方案各个投资者的角度出发，以投资者的出资额作为计算的基础	用以计算技术方案投资各方财务内部收益率； 一般情况下，投资各方的利益一般是均等的，没有必要计算投资各方的财务内部收益率。只有技术方案投资者中各方有股权之外的不对等的利益分配时（契约式的合作企业常常会有这种情况），投资各方的收益率才会有差异，此时常常需要计算投资各方的财务内部收益率，以看出各方收益是否均衡，或者其非均衡性是否在一个合理的水平
财务计划现金流量表	反映技术方案计算期各年的投资、融资及经营活动的现金流入和流出	用于计算累计盈余资金，分析技术方案的财务生存能力

2. 现金流量表构成要素

现金流量表构成要素　　表 1Z101040-3

要素	计算要求	确定原理
营业收入	技术方案实施后各年销售产品或提供服务所获得的收入。 主副产品（或不同等级产品）的销售收入应全部计入营业收入；所提供的不同类型服务收入也应同时计入营业收入	根据市场需求预测确定技术方案产品（或服务量）的市场份额，合理确定企业的生产规模，再根据企业的设计生产能力和各年的运营负荷确定年产量（服务量）。假定年生产量即为年销售量。年销售量应按投产期与达产期分别测算。 产品（或服务）价格采用以市场价格体系为基础的预测价格，有要求时可考虑价格变动因素。产品销售价格一般采用出厂价格，即：产品出厂价格＝目标市场价格－运杂费
补贴收入	某些经营性的公益事业、基础设施技术方案，政府在项目运营期给予一定数额的财政补助，以维持正常运营，使投资者能获得合理的投资收益； 对这类技术方案应按有关规定估算企业可能得到与收益相关的政府补助，应按相关规定合理估算，记作补贴收入	补贴收入同营业收入一样，列入技术方案投资现金流量表、资本金现金流量表和财务计划现金流量表

续表

要素	计算要求	确定原理
投资	建设投资、建设期利息、流动资金	投产第一年所需的流动资金应在技术方案投产前安排，为了简化计算，技术方案经济效果评价中流动资金可从投产第一年开始安排； 在技术方案寿命期结束时，投入的流动资金应予以回收
技术方案资本金	指在技术方案总投资中，由投资者认缴的出资额，对技术方案来说是非债务性资金，技术方案权益投资者整体（即项目法人）不承担这部分资金的任何利息和债务；投资者可按其出资的比例依法享有所有者权益，也可转让其出资，但一般不得以任何方式抽回	技术方案资本金主要强调的是作为技术方案实体而不是企业所注册的资金。注册资金是指企业实体在工商行政管理部门登记认缴的注册资金，通常指营业执照登记的资金总额，即会计上的“实收资本”或“股本”
经营成本	在技术方案运营期内，总成本费用＝外购原材料、燃料及动力费＋工资及福利费＋修理费＋折旧费＋摊销费＋财务费用（利息支出）＋其他费用。 经营成本是工程经济分析中的专用术语，用于技术方案经济效果评价的现金流量分析	经营成本作为技术方案现金流量表中运营期现金流出的主体部分，是从技术方案本身考察的，在一定期间（通常为一年）内由于生产和销售产品及提供服务而实际发生的现金支出。经营成本＝总成本费用－折旧费－摊销费－利息支出。或：经营成本＝外购原材料、燃料及动力费＋工资及福利费＋修理费＋其他费用。 经营成本与融资方案无关。因此在完成建设投资和营业收入估算后，就可以估算经营成本，为技术方案融资前分析提供数据

【历年真题精选】

1.（2016）某技术方案估计年总成本费用为 8000 万元，其中外购原材料、燃料及动力费为 4500 万元，折旧费为 800 万元，摊销费为 200 万元，修理费为 500 万元，利息支出为 210 万元。则该技术方案的年经营成本为（　　）万元。

A. 4500　　B. 6290　　C. 6790　　D. 7290

【答案】C

【解析】本题考核的是经营成本的计算。经营成本作为技术方案现金流量表中运营期间现金流出的主体部分，是从技术方案本身考察的，在一定期间（通常为一年）内由于生产和销售产品及提供服务而实际发生的现金支出，其计算公式为：

经营成本 ＝ 总成本费用 － 折旧费 － 摊销费 － 利息支出

或 经营成本＝外购材料、燃料及动力费＋工资及福利费＋修理费＋其他费用

因此，该技术方案的年经营成本＝8000－800－200－210＝6790 万元。

故本题答案为 C。

2.（2016）某技术方案由三个投资者共同投资，若要比较三个投资者的财务内部收益率是否均衡，则适宜采用的现金流量表是（　　）。

A. 投资现金流量表　　B. 资本金现金流量表

C. 财务计划现金流量表　　D. 投资各方现金流量表

【答案】D

【解析】本题考核的是投资各方现金流量表的适用性。投资各方现金流量表是分别从技术方案各个投资者的角度出发，以投资者的出资额作为计算基础，用以计算技术方案投资各方财务内部收益率。一般情况下，技术方案投资各方按股本比例分配利润和分担亏损及风险，因此投资各方的利益一般是均等的，没有必要计算投资各方的财务内部收益率。当技术方案投资各方有股权之外的不对等的利益分配时（契约式的合作企业常常会有这种情况），投资各方的收益率会有差异，此时需计算投资各方的财务内部收益率，有助于促成技术方案投资各方在合作谈判中达成平等互利的协议。故本题答案为D。

3.（2012）下列成本费用中，属于经营成本的有(　　)。

A. 修理费　　B. 折旧费

C. 外购原材料费　　D. 外购燃料及动力费

E. 利息支出

【答案】ACD

【解析】经营成本是现金流量和经济评价中的专用指标，备选答案中，折旧费为固定资产购置时已经计入现金流出的资本补偿，并非实际支出，不计入经营成本；利息支出虽然属于付现支出，但是由于在投资现金流量中不属于现金流出，所以不计入经营成本；修理费、外购燃料及动力费、外购原材料费均为实际付现支出。

正确答案为ACD。

4.（2013）某垃圾处理项目得到政府300万元的财政补贴，则这300万元应计入财务计划现金流量表中的(　　)。

A. 经营活动净现金流量　　B. 投资活动净现金流量

C. 筹资活动净现金流量　　D. 营业收入

【答案】A

【解析】现金流量表中，补贴收入是政府对于公益性、基础性项目运行补贴，投资活动等的补贴不属于此范畴，因此应列入经营活动现金流入。

正确答案为A。

5.（2013）资本金现金流量表中，作为现金流出的项目有(　　)。

A. 借款本金偿还　　B. 借款利息支付

C. 回收固定资产余值　　D. 回收流动资金

E. 经营成本

【答案】ABE

【解析】现金流量表中，回收固定资产余值、回收流动资金属于现金流入。

正确答案为ABE。

6.（2015）可据以计算累计盈余资金，分析技术方案财务生存能力的现金流量表是(　　)。

A. 财务计划现金流量表　　B. 投资各方现金流量表

C. 资本金现金流量表　　D. 投资现金流量表

【答案】A

【解析】本题考核的是对财务计划现金流量表的理解。财务计划现金流量表反映技术方案计算期各年的投资、融资及经营活动的现金流入和流出，用于计算累计盈余资金，分析技术方案的财务生存能力。故本题正确选项为 A。

7.（2014）项目经济评价时，若以总成本费用为基础计算经营成本，应从总成本费用中扣除的费用项目有（　　）。

A. 销售费用　　　　B. 折旧费用

C. 管理费用　　　　D. 摊销费用

E. 利息支出

【答案】BDE

8.（2014）在资本金现金流量表中，列入现金流出项目的是（　　）。

A. 政府补贴　　　　B. 回收固定资产余值

C. 增值税销项税额　　　　D. 借款本金偿还

【答案】D

9.（2015）在技术方案投资各方现金流量表中，应作为现金流出的有（　　）。

A. 实缴资本　　　　B. 租赁资产支出

C. 技术方案资本金　　　　D. 借款本金偿还

E. 经营成本

【答案】AB

【解析】本题考查的是投资各方现金流量表的构成。投资各方现金流量表现金流出项目包含实缴资本、租赁资产支出和其他现金流出。答案为 AB。

【同步系统训练】

1. 资本金现金流量表主要用于分析技术方案的（　　）。

A. 借款偿还期　　　　B. 内部收益率

C. 流动比率　　　　D. 资本金净利润率

【答案】B

【解析】不论何种现金流量表，主要作用都是用于分析技术方案的盈利能力，在备选答案中，借款偿还期、流动比率为偿债能力指标，内部收益率和资本金净利润率为盈利能力指标，所以首先排除答案 AC。资本金净利润率和内部收益率为盈利能力指标，但是资本金净利润率需要利用净利润进行计算，净利润来源为损益表，不能直接从现金流量表获取，因此最恰当答案为内部收益率。

正确答案为 B。

2. 下列成本费用中，不属于经营成本的有（　　）。

A. 折旧费　　　　B. 维修费

C. 外购原材料费　　　　D. 人工费

E. 利息支出

【答案】ABE

3. 资本金现金流量表中，应列入现金流入的是（　　）。

A. 借款本金偿还　　　　B. 借款利息支付

C. 回收流动资金　　　　　　　　　　D. 经营成本

【答案】C

【解析】资本金现金流量表是从技术方案权益投资者整体（即项目法人）角度出发，以技术方案资本金作为计算的基础，把借款本金偿还和利息支付作为现金流出，用以计算资本金财务内部收益率，反映在一定融资方案下投资者权益投资的获利能力，用以比选融资方案，为投资者投资决策、融资决策提供依据。站在项目法人的角度，技术方案终止时，收回固定资产余值、回收流动资金是流入项目法人的现金流，而借款本金偿还和利息支付均是流出项目法人的现金流，经营成本是项目运行过程中的付现支出。

所以，正确答案为C。

4. 建设单位针对某项目建设投资向银行借款，借款期限5年，项目建设期2年，建成后即投入运行。借款合同约定在借款期限5年内每年年末等额偿还本息。则该建设单位在第3到5年所偿还的建设投资借款利息应计入各年的（　　）。

A. 经营成本　　　　　　　　　　B. 管理费用

C. 建设期利息　　　　　　　　　　D. 财务费用

【答案】D

【解析】本题考核的是对建设投资借款利息的理解。筹措债务资金时在建设期内发生并按规定允许在投产后计入固定资产原值的利息，为建设期利息，也即资本化利息。项目建成投产后的借款利息则应计入总成本费用中的财务费用。故本题正确选项为D。

1Z101050　设备更新分析

1Z101051　设备磨损与补偿

【近年考情分析】

近年考试题量及分值统计表　　　　**表 1Z101051**

年份	单选题量	多选题量	合计分值
2012	0	1	2
2013	0	1	2
2014	1	1	3
2015	0	0	0
2016	0	1	2

【核心考点解析】

1. 设备磨损的类型

（1）有形磨损（又称物质磨损）：因使用和外力作用引起。

（2）无形磨损（又称精神磨损、经济磨损）：因技术进步引起。

（3）设备的综合磨损：同时存在有形磨损和无形磨损的损坏和贬值。

2. 设备磨损的补偿方式（图 1Z101051）

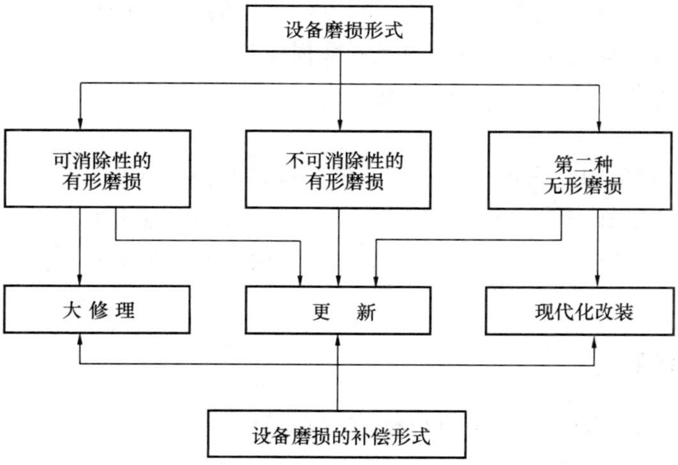

图 1Z101051　设备磨损的补偿方式

【历年真题精选】

1.（2016）下列生产设备磨损形式中，属于无形磨损的有（　　）。

A. 长期超负荷运转，造成设备的性能下降、加工精度降低

B. 出现了加工性能更好的同类设备，使现有设备相对落后而贬值

C. 技术特性和功能不变的同类设备的再生产价值降低，致使现有设备贬值

D. 出现了效率更高、耗费更少的新型设备，使现有设备经济效益相对降低而贬值

E. 因设备长期封存不用，设备零部件受潮腐蚀，使设备维修费用增加

【答案】BCD

【解析】本题考核的是设备无形磨损的判别。设备无形磨损不是由生产过程中使用或自然力的作用造成的，而是由于社会经济环境变化造成的设备价值贬值，是技术进步的结果，无形磨损分为两种形式：

（1）设备的技术结构和性能并没有变化，但由于技术进步，设备制造工艺不断改进，社会劳动生产率水平的提高，同类设备的再生产价值降低，因而设备的市场价格也降低了，致使原设备相对贬值。这种磨损称为第一种磨损。这种无形磨损的后果只是现有设备原始价值部分贬值，设备本身的技术特性和功能即使用价值并未发生变化，故不影响现有设备的使用。

（2）第二种无形磨损是由于科学技术的进步，不断创新出结构更先进、性能更完善、效率更高、耗费原材料和能源更少的新型设备，使原有设备相对陈旧落后，其经济效益相对降低而发生贬值。这种无形磨损的后果不仅是原有设备价值降低，而且由于技术上更先进的新设备的发明和应用会使原有设备的使用价值局部或全部丧失。

故本题答案为 BCD。

2.（2013）关于设备寿命的说法，正确的有（　　）。

A. 设备的使用年限越长，设备的经济性越好
B. 设备的合理维修和保养可以避免设备的无形磨损
C. 设备的经济寿命是从经济观点确定的设备更新的最佳时刻
D. 设备的技术寿命主要是由设备的无形磨损决定的
E. 设备的自然寿命是由设备的综合磨损决定的

【答案】CD

3.（2014）适宜采用大修理方式进行补偿的设备磨损是（　　）。

A. 可消除性有形磨损　　B. 不可消除性有形磨损
C. 第一种无形磨损　　D. 第二种无形磨损

【答案】A

【同步系统训练】

1. 对设备可消除性的有形磨损进行补偿的方式有（　　）。

A. 现代化改装　　B. 更新　　C. 大修理　　D. 日常保养
E. 淘汰

【答案】BC

2. 下列导致现有设备贬值的情形中，属于设备无形磨损的有（　　）。

A. 设备连续使用导致零部件磨损
B. 同类设备的再生产价值降低
C. 性能更好耗费更低的替代设备出现
D. 设备长期闲置导致金属件锈蚀
E. 设备使用期限过长引起橡胶件老化

【答案】BC

1Z101052　设备更新方案的比选原则

【近年考情分析】

近年考试题量及分值统计表　　　　表 1Z101052

年份	单选题量	多选题量	合计分值
2012	0	0	0
2013	1	0	1
2014	0	0	0
2015	0	0	0
2016	0	1	2

【核心考点解析】

1. 设备更新的概念

设备更新是对旧设备的整体更换，就其本质来说，可分为原型设备更新和新型设备更新。

2. 设备更新方案的比选原则

(1) 设备更新分析应站在客观的立场分析问题。

(2) 不考虑沉没成本。

3. 逐年滚动比较

该原则是指在确定最佳更新时机时，应首先计算比较现有设备的剩余经济寿命和新设备的经济寿命，然后利用逐年滚动计算方法进行比较。

【历年真题精选】

1. (2016) 某设备 5 年前的原始成本为 10 万元，目前的账面价值为 4 万元，现在的市场价值为 3 万元，同型号新设备的购置价格为 8 万元。现进行新旧设备更新分析和方案比选时，正确的做法有（　　）。

A. 采用新设备的方案，投资按 10 万元计算

B. 继续使用旧设备的方案，投资按 3 万元计算

C. 新旧设备现在的市场价值差额为 4 万元

D. 新旧设备方案比选不考虑旧设备的沉没成本 1 万元

E. 新设备和旧设备的经济寿命和运行成本相同

【答案】 BD

【解析】 本题考核的是对设备更新方案比选原则的理解。在实际设备更新方案比选时，应遵循如下原则：

(1) 设备更新分析应站在客观的立场分析问题。设备更新问题的要点是站在客观的立场上，而不是站在旧设备的立场上考虑问题。若要保留旧设备，首先要付出相当于旧设备当前市场价值的投资，才能取得旧设备的使用权。因此据题意，若继续使用旧设备，投资则需按旧设备现在的市场价值计算，即 3 万元，不能按帐面价值 4 万元计算；若购置新设备，投资则需按新设备现在的市场价值计算，即购置价格 8 万元；则新旧设备现在的市场价值差额为 5 万元。故选项 A 错误、选项 B 正确、选项 C 错误。

(2) 不考虑沉没成本。沉没成本是既有企业过去投资决策发生的、非现在决策能改变(或不受现在决策影响)、已经计入过去投资费用回收计划的费用。在进行设备更新分析时，旧设备往往会产生一笔沉没成本，即：沉没成本=设备账面价值－当前市场价值。则本题中旧设备的沉没成本为 1 万元，是过去投资决策而发生的而与现在更新决策无关，故选项 D 正确。

(3) 逐年滚动比较。该原则是指在确定最佳更新时机时，应首先计算比较现有设备的剩余经济寿命和新设备的经济寿命，然后利用逐年滚动计算方法进行比较。

随着旧设备使用年限的增加，一方面需要更多的维修费维持原有功能；另一方面设备的操作成本及原材料、能源耗费也会增加，年运行时间、生产效率、质量将下降。因此新设备和旧设备的运行成本并不相同，故选项 E 错误。

故本题答案为 BD。

1Z101053　设备更新方案的比选方法

【近年考情分析】

近年考试题量及分值统计表　　　　表 1Z101053

年份	单选题量	多选题量	合计分值
2012	1	0	1
2013	1	0	1
2014	0	0	0
2015	0	0	0
2016	1	0	1

【核心考点解析】

1. 设备寿命的概念

设备的寿命不仅要考虑自然寿命，而且还要考虑设备的技术寿命和经济寿命。

（1）设备的自然寿命

设备的自然寿命，又称物质寿命。它是指设备从投入使用开始，直到因物质磨损严重而不能继续使用、报废为止所经历的全部时间。它主要是由设备的有形磨损所决定的。

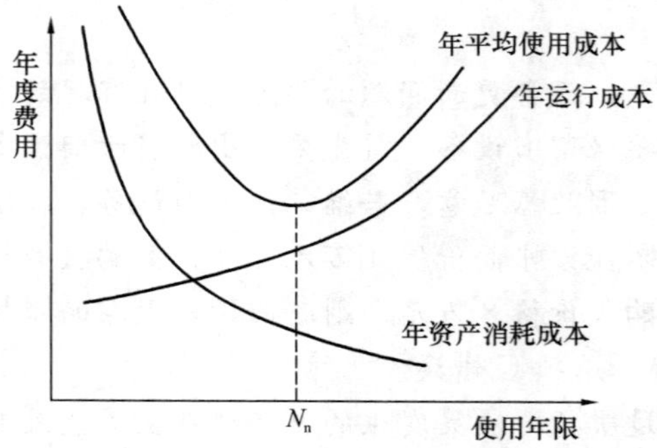

图 1Z101053　设备年度费用曲线

（2）设备的技术寿命

设备的技术寿命就是指设备从投入使用到因技术落后而被淘汰所延续的时间，也即是指设备在市场上维持其价值的时间，故又称有效寿命。

（3）设备的经济寿命

经济寿命是指设备从投入使用开始，到继续使用在经济上不合理而被更新所经历的时间。它是由设备维护费用的提高和使用价值的降低决定的（图 1Z101053）。

设备的经济寿命就是从经济观点（即成本观点或收益观点）确定的设备更新的最佳时刻。

2. 设备经济寿命的确定原则

（1）使设备在经济寿命内平均每年净收益（纯利润）达到最大；

（2）使设备在经济寿命内一次性投资和各种经营费总和达到最小。

3. 设备更新方案的比选

在静态模式下进行设备更新方案比选时，可按如下步骤进行：

（1）计算新旧设备方案不同使用年限的静态年平均使用成本和经济寿命。

（2）确定设备更新时机。

【历年真题精选】

1.（2013）某设备在不同使用年限（1～7 年）时的平均年度资产消耗成本和平均年度运行成本如下表所示。则该设备在静态模式下的经济寿命为(　　)年。

设备在不同使用年限时的年成本

使用年限（年）	1	2	3	4	5	6	7
平均年度资产消耗成本（万元）	140	110	90	75	65	60	58
平均年度运行成本（万元）	15	20	30	40	55	70	85

A. 3　　B. 4　　C. 5　　D. 6

【答案】B

【解析】静态模式下设备经济寿命的确定方法，就是在不考虑资金时间价值的基础上计算设备年平均使用成本 $\overline{C}_N$。

使 $\overline{C}_N$ 为最小的 N。就是设备的经济寿命。

$$\overline{C}_N=\frac{P-L_N}{N}+\frac{1}{N}\sum_{t=1}^{N}C_t$$

其中，$\frac{P-L_N}{N}$ 为设备的平均年度资产消耗成本，而 $\frac{1}{N}\sum_{t=1}^{N}C_t$ 为设备的平均年度运行成本。

设备在不同年限时的年平均使用成本

使用年限（年）	1	2	3	4	5	6	7
年平均使用成本	155	130	120	115	120	130	143

正确答案为 B。

2.（2012）关于设备技术寿命的说法，正确的是（　　）。

A. 完全未使用的设备技术寿命不可能等于零

B. 科学技术进步越快，设备的技术寿命越长

C. 设备的技术寿命主要由其有形磨损决定

D. 设备的技术寿命一般短于自然寿命

【答案】D

3.（2016）某企业 2005 年年初以 3 万元的价格购买了一台新设备，使用 7 年后发生故障不能正常使用，且市场上出现了技术更先进、性能更完善的同类设备，但原设备经修理后又继续使用，至 2015 年末不能继续修复使用而报废。则该设备的自然寿命为(　　)年。

A. 7　　B. 10　　C. 11　　D. 12

【答案】C

【解析】本题考核的是设备自然寿命的计算。设备的自然寿命，又称物质寿命。它是指设备从投入使用开始，直到因物质磨损严重而不能继续使用、报废为止所经历的全部时间。它主要是由设备的有形磨损所决定的。做好设备维修和保养可延长设备的物质寿命，

但不能从根本上避免设备的磨损，任何一台设备磨损到一定程度时，都必须进行更新。

因此，该设备的自然寿命为2005年初到2015年末，为11年。

故本题答案为C。

【同步系统训练】

1. 关于设备技术寿命的说法，正确的有（　　）。

A. 设备的技术寿命受产品质量和精度要求的影响

B. 设备的技术寿命是指设备年平均维修费用最低的使用年限

C. 设备的技术寿命一般长于设备的自然寿命

D. 设备的技术寿命主要是由设备的有形磨损决定的

E. 一般情况下，科学技术进步越快，设备的技术寿命越短

【答案】 AE

1Z101060　设备租赁与购买方案的比选分析

1Z101061　设备租赁与购买的影响因素

【近年考情分析】

近年考试题量及分值统计表　　表1Z101061

年份	单选题量	多选题量	合计分值
2012	1	0	1
2013	1	0	1
2014	1	0	1
2015	0	1	2
2016	0	0	0

【核心考点解析】

1. 设备租赁与设备购买相比的优缺点

由于租赁具有把融资和融物结合起来的特点，这使得租赁能够提供及时而灵活的资金融通方式，对于承租人来说，设备租赁与设备购买相比的优越性在于：1）在资金短缺的情况下，既可用较少资金获得生产急需的设备，也可以引进先进设备，加速技术进步的步伐；2）可获得良好的技术服务；3）可以保持资金的流动状态，防止呆滞，也不会使企业资产负债状况恶化；4）可避免通货膨胀和利率波动的冲击，减少投资风险；5）设备租金可在所得税前扣除，能享受税费上的利益。

设备租赁的不足之处在于：1）在租赁期间承租人对租用设备无所有权，只有使用权，故承租人无权随意对设备进行改造，不能处置设备，也不能用于担保、抵押贷款；2）承

租人在租赁期间所交的租金总额一般比直接购置设备的费用要高；3）长年支付租金，形成长期负债；4）融资租赁合同规定严格，毁约要赔偿损失，罚款较多等。

【历年真题精选】

1.（2013）关于设备租赁的说法，错误的是（　　）。

A. 融资租赁通常适用于长期使用的贵重设备

B. 临时使用的设备适宜采用经营租赁方式

C. 经营租赁的任一方可以以一定方式在通知对方后的规定期限内取消租约

D. 租赁期内，融资租赁承租人拥有租赁设备的所有权

【答案】D

2.（2012）设备融资租赁与经营租赁的主要不同点是（　　）。

A. 租金的支付方式　　B. 可用于租赁的设备

C. 租赁双方的根本目的　　D. 租赁双方承担义务的约束力

【答案】D

3.（2014）关于融资租赁的说法，正确的是（　　）。

A. 融资租赁的出租人应将租赁资产列入其资产负债表

B. 融资租赁的承租人应当采用与自有固定资产一样的折旧政策计提租赁资产折旧

C. 承租人支付的租赁费中的利息不能在企业所得税前扣除

D. 融资租赁的承租人可随时退租

【答案】B

4.（2015）关于确定设备经济寿命的说法，正确的有（　　）。

A. 使设备在自然寿命期内一次性投资最小

B. 使设备的经济寿命与自然寿命、技术寿命尽可能保持一致

C. 使设备在经济寿命期平均每年净收益达到最大

D. 使设备在经济寿命期年平均使用成本最小

E. 使设备在可用寿命期内总收入达到最大

【答案】CD

【解析】本题考查的是设备经济寿命的估算。确定设备经济寿命期的原则是：使设备在经济寿命内平均每年净收益（纯利润）达到最大；使设备在经济寿命内一次投资和各种经营费总和达到最小。故正确选项为CD。

【同步系统训练】

1. 对于承租人来说，经营性租赁设备与购买设备相比的优越性体现在（　　）。

A. 在资金短缺时可用较少资金获得急需的设备

B. 可获得良好的技术服务

C. 可减少投资风险

D. 租金可在税前扣除，能享受税费上的优惠

E. 在租赁期间可将设备用于抵押贷款

【答案】ABCD

1Z101062　设备租赁与购买方案的比选分析

【近年考情分析】

近年考试题量及分值统计表　　表 1Z101062

年份	单选题量	多选题量	合计分值
2012	1	0	1
2013	1	0	1
2014	2	0	2
2015	1	0	1
2016	1	0	1

【核心考点解析】

1. 设备经营租赁方案的净现金流量

采用设备经营租赁的方案，租赁费可以直接计入成本，但为与设备购置方案具有可比性，特将租赁费用从经营成本分离出来，其任一期净现金流量可表示为：

净现金流量＝营业收入－租赁费用－经营成本－与营业相关的税金－所得税

或　　　　净现金流量＝营业收入－租赁费用－经营成本－与营业相关的税金－所得税率×（营业收入－租赁费用－经营成本－与营业相关的税金）

式中，租赁费用主要包括：租赁保证金、租金、担保费。

租金的计算主要有附加率法和年金法：

a. 附加率法

附加率法是在租赁资产的设备货价或概算成本上再加上一个特定的比率来计算租金。每期租金 R 表达式为：

$$R = P \times \frac{(1+N\times i)}{N} + P \times r$$

式中　P——租赁资产的价格；

N——租赁期数，可按月、季、半年、年计；

i——与租赁期数相对应的利率；

r——附加率。

b. 年金法

年金法是将一项租赁资产价值按动态等额分摊到未来各租赁期间内的租金计算方法。年金法计算有期末支付和期初支付租金之分。

2. 购买设备方案的净现金流量

在与租赁设备方案相同的条件下，则任一期净现金流量可表示为：

净现金流量＝营业收入－设备购置费－经营成本－贷款利息－与营业相关的税金－所得税

或　　　　净现金流量＝营业收入－设备购置费－经营成本－贷款利息－与营业相关的税金－所得税率×（营业收入－经营成本－折旧－贷款利息－与营业相关的税金）

3. 设备租赁与购置方案的经济比选

一般寿命相同时可以采用净现值（或费用现值）法，设备寿命不同时可以采用净年值（或年成本）法。无论用净现值法，还是净年值法，均以收益效果较大（或成本较少）的方案为宜。

【历年真题精选】

1.（2013）租赁公司购买一台设备用于出租，设备的价格为 128 万元，可以租赁 6 年，每年年末支付租金，折现率为 10%，附加率为 4%，租赁保证金和担保费的时间价值忽略不计。则按附加率法计算的年租金为（　　）万元。

A. 39.25　　B. 34.99　　C. 28.59　　D. 24.32

【答案】A

【解析】年租金 $R=P\times(1+N\times i)/N+P\times r=128\times(1+6\times10\%)/6+128\times4\%=$ 39.25 万元

2.（2016）企业拟向租赁公司承租一台施工机械，机械价格为 100 万元，租期 4 年，每年年末支付租金，折现率为 8%，附加率为 3%，按照附加率法计算，该企业每年应支付的租金为（　　）万元。

A. 32　　B. 33　　C. 36　　D. 44

【答案】C

【解析】本题考核的是利用附加率法计算设备租金。附加率法是在租赁资产的设备货价或概算成本上再加上一个特定的比率来计算租金。每期租金 R 表达式为：

$$R=P\frac{(1+N\times i)}{N}+P\times r$$

式中　P——租赁资产的价格；

N——租赁期数，可按月、季、半年、年计；

i——与租赁期数相对应的利率；

r——附加率。

则，每年应付租金 $R=P\dfrac{(1+N\times i)}{N}+P\times r=100\times\dfrac{(1+4\times8\%)}{4}+100\times3\%=$ 36 万元。

故本题答案为 C。

3.（2015）施工企业拟向租赁公司承租一台设备，设备价格为 120 万元，租期为 6 年，每年年末支付租金，折现率为 10%，附加率为 4%。按照附加率法计算，该企业每年应支付租金为（　　）万元。

A. 36.8　　B. 33.5　　C. 27.5　　D. 25.0

【答案】A

【解析】本题考查的是如何利用附加率法计算租金。附加率法是在租赁资产的设备货币或概算成本上再加上一个特定的比率来计算租金。每期租金 R 表达式为：

$$R=P\frac{(1+N\times i)}{N}+P\times r$$

其中，P 表示租赁资产的价格；N 表示租赁期数，本题按年计；i 表示与租赁期数相对应的利率；r 表示附加率。因此该企业每年应支付租金为：

$$R=P\frac{(1+N\times i)}{N}+P\times r=120\times\frac{(1+6\times 10\%)}{6}+120\times 4\%=36.8\text{万元}$$

故本题正确选项为 A。

4.（2014）某企业利用借款购买的一台生产设备，每期按规定提取折旧费 15 万元，每期借款利息 3 万元，该企业营业税金及附加率为 5.5%，所得税税率为 25%。则企业购买该项设备带来的每期税收节约为（　　）万元。

A. 3.75　　B. 4.50　　C. 4.58　　D. 5.49

【答案】B

【解析】所得税＝所得税率×（营业收入－经营成本－折旧－贷款利息－与营业相关的税金）

每期节约的税收＝25%×（15＋3）＝4.50 万元

【同步系统训练】

1. 将租赁资产的价值动态等额分摊到未来各租赁期间以确定租金的方法，称为（　　）。

A. 附加率法　　B. 年金法
C. 折现率法　　D. 低劣化数值法

【答案】B

2.（2014）某租赁设备买价 50 万元，租期 5 年，每年年末支付租金，折现率 10%，附加率 5%，则按附加率法计算每年的租金应为（　　）万元。

A. 12.5　　B. 15.0　　C. 17.5　　D. 20.0

【答案】C

【解析】年租金 $R=P\times(1+N\times i)/N+P\times r=50\times(1+5\times 10\%)/5+50\times 5\%=17.5$ 万元

3.（2015）某企业进行设备租赁和购买方案比选。甲方案为租赁设备，租赁费每年 50 万，租期 5 年；乙方案为购买设备，购置费 200 万元，全部来源银行借款，借款单利计息，年利率 10%，借款期限 5 年，设备可使用年限 5 年，预计净残值为 0。企业所得税率 25%。其他条件不考虑，关于方案比选的说法，正确的是（　　）。

A. 考虑税收影响时，甲、乙方案税后成本相同
B. 考虑税收影响时，甲方案优于乙方案
C. 考虑税收影响时，乙方案优于甲方案
D. 设备方案比选不应考虑税收的影响

【答案】B

【解析】本题考查的是设备租赁和购置方案的比选。采用购置设备或是采用租赁设备应取决于这两种方案在经济上的比较，一般寿命相同时可以采用净现值（或是费用限制）法，设备寿命不同时可以采用净年值（或年成本）法。无论用净现值法，还是净年值法，均以收益效果较大（或成本较少）的方案为宜。

设备租赁的净现金流量＝营业收入－租赁费用－经营成本－与营业相关的税金－所得

税率×（营业收入－租赁费用－经营成本－与营业相关的税金）；

购买设备方案的净现金流量＝营业收入－设备购置费－经营成本－贷款利息－与营业相关的税金－所得税率×（营业收入－经营成本－折旧－贷款利息－与营业相关的税金）。

而设备租赁与购置方案经济比选，最简单的办法是在假设所得到设备营业收入相同的条件下，将租赁方案和购买方案的费用进行比较。根据方案的增量原则，只需比较它们之间的差异部分。从以上净现金流量的公式可以看出，只需比较以下两式即可。

甲方案设备租赁：所得税率×租赁费－租赁费＝25％×50×5－50×5＝－187.5 万元

乙方案设备购置：所得税率×(折旧＋贷款利息)－设备购置费－贷款利息＝25％×(200＋200×10％×5)－200－200×10％×5＝－225 万元

故甲方案比乙方案的税后成本更小。

同时，由于每个企业都要依利润大小缴纳所得税，按财务制度规定，租赁设备的租金允许计入成本；购买设备每期计提的折旧费也允许计入成本；若用借款购买设备，其每期支付的利息也可计入成本。在其他费用保持不变的情况下，计入成本越多，则利润总额越少，企业交纳的所得税也越少。因此在充分考虑各种方式的税收优惠影响下，应该选择税后收益更大或税后成本更小的方案。故本题正确选项为 B。

1Z101070 价值工程在工程建设中的应用

1Z101071 提高价值的途径

【近年考情分析】

近年考试题量及分值统计表 **表 1Z101071**

年份	单选题量	多选题量	合计分值
2012	0	1	2
2013	1	0	1
2014	1	1	3
2015	1	0	1
2016	0	0	0

【核心考点解析】

1. 价值工程的概念

价值工程是以提高产品（或作业）价值和有效利用资源为目的，通过有组织的创造性工作，寻求用最低的寿命周期成本，可靠地实现使用者所需功能，以获得最佳的综合效益的一种管理技术。

$$V=\frac{F}{C}$$

式中 V——价值；

F——研究对象的功能，广义讲是指产品或作业的功用和用途；

C——成本，即寿命周期成本。

2. 价值工程的特点

(1) 价值工程的目标，是以最低的寿命周期成本，使产品具备它所必须具备的功能；

(2) 价值工程的核心，是对产品进行功能分析；

(3) 价值工程将产品价值、功能和成本作为一个整体同时来考虑；

(4) 价值工程强调不断改革和创新；

(5) 价值工程要求将功能定量化；

(6) 价值工程是以集体智慧开展的有计划、有组织、有领导的管理活动。

3. 提高价值的途径

(1) 双向型：在提高产品功能的同时，又降低产品成本，这是提高价值最为理想的途径，也是对资源最有效的利用。

(2) 改进型：在产品成本不变的条件下，通过改进设计，提高产品的功能，提高利用资源的成果或效用（如提高产品的性能、可靠性、寿命、维修性），增加某些用户希望的功能等，达到提高产品价值的目的。

(3) 节约型：在保持产品功能不变的前提下，通过降低成本达到提高价值的目的。

(4) 投资型：产品功能有较大幅度提高，产品成本有较少提高。

(5) 牺牲型：在产品功能略有下降、产品成本大幅度降低的情况下，也可达到提高产品价值的目的。

【历年真题精选】

1. (2012) 造成价值工程活动对象的价值系数 V 小于 1 的可能原因有（　　）。

A. 功能现实成本大于功能评价值

B. 评价对象的现实成本偏低

C. 可能存在着不足的功能

D. 实现功能的条件或方法不佳

E. 可能存在着过剩的功能

【答案】 ADE

2. (2013) 价值工程的核心是对产品进行（　　）。

A. 成本分析　　B. 信息搜集

C. 方案创新　　D. 功能分析

【答案】 D

3. (2014) 在价值工程活动中，描述某一个产品零部件"是干什么用的"，属于（　　）的工作内容。

A. 产品结构分析　　B. 对象选择

C. 产品功能分析　　D. 产品设计

【答案】 C

1Z101072　价值工程在工程建设应用中的实施步骤

【近年考情分析】

近年考试题量及分值统计表　　　　表 1Z101072-1

年份	单选题量	多选题量	合计分值
2012	0	0	0
2013	0	0	0
2014	1	0	1
2015	1	1	3
2016	1	1	3

【核心考点解析】

价值工程的工作程序　　　　表 1Z101072-2

<table>
<tr><th rowspan="2">工作阶段</th><th rowspan="2">设计程序</th><th colspan="2">工作步骤</th><th rowspan="2">对应问题</th></tr>
<tr><th>基本步骤</th><th>详细步骤</th></tr>
<tr><td rowspan="2">准备阶段</td><td rowspan="2">制定工作计划</td><td rowspan="2">确定目标</td><td>1. 工作对象选择</td><td rowspan="2">1. 价值工程的研究对象是什么</td></tr>
<tr><td>2. 信息资料搜集</td></tr>
<tr><td rowspan="5">分析阶段</td><td rowspan="5">功能评价</td><td rowspan="2">功能分析</td><td>3. 功能定义</td><td rowspan="2">2. 这是干什么用的</td></tr>
<tr><td>4. 功能整理</td></tr>
<tr><td rowspan="3">功能评价</td><td>5. 功能成本分析</td><td>3. 成本是多少</td></tr>
<tr><td>6. 功能评价</td><td rowspan="2">4. 价值是多少</td></tr>
<tr><td>7. 确定改进范围</td></tr>
<tr><td rowspan="5">创新阶段</td><td>初步设计</td><td rowspan="5">制定创新方案</td><td>8. 方案创造</td><td>5. 有无其他方法实现同样功能</td></tr>
<tr><td rowspan="4">评价各设计方案，改进、优化方案
方案书面化</td><td>9. 概略评价</td><td rowspan="3">6. 新方案的成本是多少</td></tr>
<tr><td>10. 调整完善</td></tr>
<tr><td>11. 详细评价</td></tr>
<tr><td>12. 提出方案</td><td>7. 新方案能满足功能的要求吗</td></tr>
<tr><td rowspan="3">实施阶段</td><td rowspan="3">检查实施情况并评价活动成果</td><td rowspan="3">方案实施与成果评价</td><td>13. 方案审批</td><td rowspan="3">8. 偏离目标了吗</td></tr>
<tr><td>14. 方案实施与检查</td></tr>
<tr><td>15. 成果评价</td></tr>
</table>

【历年真题精选】

1.（2016）价值工程中方案创造的理论依据是（　　）。

A. 产品功能具有系统性　　B. 功能载体具有替代性

C. 功能载体具有排他性　　D. 功能实现程度具有差异性

【答案】B

【解析】本题考核的是对价值工程工作程序创新阶段中方案创造的理解。方案创造是从提高对象的功能价值出发，在正确的功能分析和评价的基础上，针对应改进的具体目标，通过创造性的思维活动，提出能够可靠地实现必要功能的新方案，其理论依据是功能载体具有替代性。故本题答案为B。

2.（2014）关于价值工程中功能的价值系数的说法，正确的是（　　）。

A. 价值系数越大越好

B. 价值系数大于1表示评价对象存在多余功能

C. 价值系数等于1表示评价对象的价值为最佳

D. 价值系数小于1表示现实成本较低，而功能要求较高

【答案】C

3.（2016）某施工企业对建筑物的外墙进行功能分析的说法，正确的有（　　）。

A. 承重外墙的基本功能是承受荷载　　B. 防风挡雨是外墙的过剩功能

C. 分隔空间是外墙的上位功能　　D. 隔热保温是外墙的辅助功能

E. 造型美观是外墙的美学功能

【答案】ADE

【解析】本题考核的是对价值工程功能分类的理解。根据功能的不同特性，可以先将功能分为以下几类：

（1）按功能重要程度分类，功能可分为基本功能和辅助功能。

基本功能就是要达到这种产品的目的所必不可少的功能，是产品的主要功能，若不具备这种功能，这种产品就失去其存在的价值。例如承重外墙的基本功能是承受荷载，室内间壁墙的基本功能是分隔空间。故选项A正确。

辅助功能是为了更有效地实现基本功能而添加的功能，是次要功能，是为了实现基本功能而附加的功能。如墙体的隔声、隔热就是墙体的辅助功能。故选项D正确。

（2）按功能的性质分类，功能可分为使用功能和美学功能。

使用功能从功能的内涵上反映其使用属性，包括使用性、可靠性、安全性、易维修性等。美学功能是从产品外观（造型、形状、色彩、图案等）反映功能的艺术属性。故选项E正确。

（3）按用户需求分类，功能可分为必要功能和不必要功能。

必要功能是指用户要求的功能以及与实现用户需求功能有关的功能，使用功能、美学功能、基本功能、辅助功能等均为必要功能；不必要功能包括三类：一是多余功能；二是重复功能；三是过剩功能。

（4）按功能的量化标准分类，产品的功能可分为过剩功能与不足功能。

过剩功能是指某些功能虽属必要，但满足需要有余，在数量上超过了用户要求或标准

功能水平，这将导致成本增加，给用户造成不合理的负担。而防风挡雨对于外墙是必需，合理的功能需求，不存在需要多余，故选项 B 错误。不足功能表现为产品整体功能或构配件功能水平在数量上低于标准功能水平，不能完全满足用户需要，将影响产品正常安全使用，最终也将给用户造成不合理的负担。

（5）按总体与局部分类，功能可分为总体功能和局部功能。

（6）按功能逻辑关系分类，功能可分为并列功能和上下位功能。

并列功能是指功能之间属于并列关系。上下位功能是目的与手段的关系，上位功能是目的性功能，下位功能是实现上位功能的手段性功能。外墙的目的不仅仅是为了分隔空间，况且上下位功能关系是相对的，所以绝对说分隔空间是外墙的上位功能是错误的。故选项 C 错误。综上所述，本题答案为 ADE。

4.（2015）四个互斥性施工方案的功能系数和成本系数如下表。从价值工程角度最优的方案是（　　）。

方案	甲	乙	丙	丁
功能系数	1.20	1.25	1.05	1.15
成本系数	1.15	1.01	1.05	1.20

A. 甲　　B. 乙

C. 丙　　D. 丁

【答案】B

【解析】本题考查的是价值工程中“价值”的计算。价值工程中所述的“价值”是一个相对概念，是指某种产品（或作业）所具有的功能与获得该功能的全部费用的比值。它不是对象的使用价值，也不是对象的交换价值，而是对象的比较价值，是作为评价事物有效程度的一种尺度。这种尺度用数学公式表达为：

$$V=\frac{F}{C}$$

其中，V 表示价值，F 表示功能，C 表示成本。

因此甲、乙、丙、丁方案的价值分别为：

$$V_{甲}=\frac{1.20}{1.15}=1.0435 \qquad V_{乙}=\frac{1.25}{1.01}=1.2376$$

$$V_{丙}=\frac{1.05}{1.05}=1 \qquad V_{丁}=\frac{1.15}{1.20}=0.9583$$

$V_{乙}>V_{甲}>V_{丙}>V_{丁}$，故本题正确选项为 B。

5.（2015）价值工程分析阶段的工作有（　　）。

A. 对象选择　　B. 功能定义

C. 功能整理　　D. 功能评价

E. 方案评价

【答案】BCD

【解析】本题考查的是价值工程的工作程序。价值工程分析阶段的工作有功能定义、功能整理、功能成本分析、功能评价。故答案为BCD。

1Z101080　新技术、新工艺和新材料应用方案的技术经济分析

1Z101081　新技术、新工艺和新材料应用方案的选择原则

【近年考情分析】

近年考试题量及分值统计表　　表1Z101081

年份	单选题量	多选题量	合计分值
2012	0	0	0
2013	0	0	0
2014	0	0	0
2015	0	0	0
2016	0	0	0

【核心考点解析】

新技术、新工艺和新材料应用方案的选择原则：（1）技术上先进、可靠、适用、合理；（2）经济上合理。

1Z101082　新技术、新工艺和新材料应用方案的技术分析

【近年考情分析】

近年考试题量及分值统计表　　表1Z101082

年份	单选题量	多选题量	合计分值
2012	0	0	0
2013	0	0	0
2014	0	0	0
2015	0	0	0
2016	0	0	0

【核心考点解析】

1. 新技术应用方案的技术经济分析方法分类

（1）对新技术应用进行技术经济分析，常常按分析的时间或阶段不同分为事前和事后进行的技术经济分析，设计阶段和施工阶段进行的技术经济分析。

（2）按分析的内容不同，新技术应用方案的技术经济分析分为技术分析、经济分析和综合分析。

(3) 新技术应用方案的技术经济分析方法包括定性分析和定量分析。

2. 新技术应用方案的技术分析

新技术应用方案的技术分析，是通过对其方案的技术特性和条件指标进行对比与分析来完成的。

1Z101083　新技术、新工艺和新材料应用方案的经济分析

【近年考情分析】

近年考试题量及分值统计表　　　　**表 1Z101083**

年份	单选题量	多选题量	合计分值
2012	1	0	1
2013	2	0	2
2014	2	0	2
2015	1	0	1
2016	1	0	1

【核心考点解析】

1. 增量投资收益率法

现设 I_1、I_2分别为旧、新方案的投资额，C_1、C_2为旧、新方案的经营成本（或生产成本）。

如 $I_2>I_1$，$C_2<C_1$，则增量投资收益率 $R_{(2-1)}$为：

$$R_{(2-1)}=\frac{C_1-C_2}{I_2-I_1}\times 100\% \qquad (1Z101083\text{-}1)$$

当 $R_{(2-1)}$大于或等于基准投资收益率时，表明新方案是可行的；当 $R_{(2-1)}$小于基准投资收益率时，则表明新方案是不可行的。

2. 折算费用法

(1) 当方案的有用成果相同时，一般可通过比较费用的大小，来决定优劣和取舍。

在采用方案要增加投资时，可通过式 (1Z101083-2) 比较各方案折算费用的大小选择方案，即：

$$Z_j=C_j+P_j\cdot R_c \qquad (1Z101083\text{-}2)$$

式中　Z_j——第 j 方案的折算费用；

C_j——第 j 方案的生产成本；

P_j——用于第 j 方案的投资额（包括建设投资和流动资金）；

R_c——基准投资收益率。

在多方案比较时，可以选择折算费用最小的方案，即 $\min\{Z_j\}$ 为最优方案。这与增量投资收益率法的结论是一致的。

(2) 在采用方案不增加投资时，从式 (1Z101083-2) 可知：$Z_j=C_j$，故可通过比较各方案生产成本的大小选择方案，即：

$$Z_j=C_j=C_{Fj}+C_{uj}Q \qquad (1Z101083\text{-}3)$$

式中　C_{Fj}——第 j 方案固定费用（固定成本）总额；

C_{uj}——第 j 方案单位产量的可变费用（可变成本）；

Q——生产的数量。

3. 其他指标分析

【历年真题精选】

1.（2016）某施工项目有两个工艺方案：方案 1 需投资 2000 万元，年生产成本 500 万元；方案 2 与方案 1 应用环境相同，需投资 2800 万元，年生产成本 400 万元。则两方案相比较的增量投资收益率为（　　）。

A. 18.75%　　B. 25.00%　　C. 12.50%　　D. 16.67%

【答案】C

【解析】本题考核的是增量投资收益率的计算。所谓增量投资收益率就是增量投资所带来的经营成本（或生产成本）上的节约与增量投资之比。现设 I_1，I_2 为旧、新方案的投资额，C_1，C_2 为旧、新方案的经营成本（或生产成本）。

如 $I_2 > I_1$，$C_2 < C_1$，则增量投资收益率为 $R_{(2-1)}$ 为：$R_{(2-1)} = \dfrac{C_1 - C_2}{I_2 - I_1} \times 100\%$

因此，两方案相比较的增量投资收益率 $R_{(2-1)} = \dfrac{500 - 400}{2800 - 2000} \times 100\% = 12.50\%$。

故本题答案为 C。

2.（2012）某施工现场钢筋加工有两个方案，均不需要增加投资。采用甲方案需固定费用 50 万元，每吨钢筋加工的可变费用是 300 元；采用乙方案需固定费用 90 万元，每吨钢筋加工的可变费用是 250 元。现场需加工钢筋 1 万吨，如果用折算费用法选择方案，则（　　）。

A. 应该选用甲方案　　B. 应该选用乙方案

C. 甲乙两个方案在经济上均不可行　　D. 甲乙两个方案的费用相同

【答案】B

【解析】$Z_甲 = C_甲 = C_{F甲} + C_{U甲}Q = 50 + 300 \times 1 = 350$ 万元

$Z_乙 = C_乙 = C_{F乙} + C_{U乙}Q = 90 + 250 \times 1 = 340$ 万元

$Z_乙 < Z_甲$，则应选用乙方案。

3.（2014）某企业拟新建一项目，有两个备选方案技术上均可行，甲方案投资 5000 万元，计算期 15 年，财务净现值为 200 万元；乙方案投资 8000 万元，计算期 20 年，财务净现值为 300 万元。则关于两方案比选的说法，正确的是（　　）。

A. 甲方案投资少于乙方案，净现值大于零，故甲方案较优

B. 乙方案净现值大于甲方案，且都大于零，故乙方案较优

C. 甲乙方案必须构造一个相同的分析期限才能比选

D. 甲方案计算期短，说明甲方案的投资回收速度快于乙方案

【答案】C

4.（2015）某生产性企业若对原工艺方案进行改造需要投资 100 万元，改造后年运行成本 50 万元；若采用全新工艺方案需要投资 200 万元，年运行成本 40 万元。设基准投资

收益率为 12%。则两方案相比较的增量投资收益率为（　　）。

A. 5%　　B. 10%　　C. 15%　　D. 20%

【答案】B

【解析】本题考核的是增量收益率的计算，计算公式为：

$$R_{(2-1)}=\frac{C_1-C_2}{I_2-I_1}\times100\%$$

其中，I_1，I_2 分别为旧、新方案的投资额，C_1，C_2 分别为旧、新方案的经营成本。

因此改造前后两方案相比较的增量投资收益率为：

$$R_{(2-1)}=\frac{C_1-C_2}{I_2-I_1}\times100\%=\frac{50-40}{200-100}\times100\%=10\%$$

故本题正确选项为 B。

【同步系统训练】

1. 某工程施工有两个技术方案可供选择，甲方案需投资 180 万元，年生产成本为 45 万元；乙方案需投资 220 万元，年生产成本为 40 万元。设基准投资收益率为 12%。若采用增量投资收益率评价两方案，则（　　）。

A. 甲方案优于乙方案　　B. 乙方案优于甲方案

C. 甲乙两个方案的效果相同　　D. 甲乙两个方案的折算费用相同

【答案】B

【解析】$R_{(乙-甲)}=\frac{C_{甲}-C_{乙}}{I_{乙}-I_{甲}}\times100\%=\frac{45-40}{220-180}\times100\%=12.5\%>12\%$

故乙方案优于甲方案。

2. 某工程钢筋加工有现场制作和外包加工两个方案。现场制作方案的固定费用 12 万元，每吨加工费用 150 元；外包加工每吨加工费用 250 元。则仅从经济上考虑时，现场制作方案的适用范围是钢筋总加工量在（　　）。

A. 480 吨以下　　B. 480～800 吨之间

C. 800～1200 吨之间　　D. 1200 吨以上

【答案】D

【解析】现场制作费用＝120000＋150Q

外包加工费用＝250Q

若　12000＋150Q≤250Q，则 Q≥1200 吨

1Z102000　工程财务

1Z102010　财务会计基础

1Z102011　财务会计的职能

【近年考情分析】

近年考试题量及分值统计表　　　　表 1Z102011

年份	单选题量	多选题量	合计分值
2012	0	0	0
2013	0	0	0
2014	1	0	1
2015	0	0	0
2016	0	0	0

【核心考点解析】

1. 财务会计的内涵

财务会计主要是对企业已经发生的交易或事项，通过确认、计量和报告程序进行加工处理，并借助以财务报表为主要内容的财务报告形式，向企业外部的利益集团提供以财务信息为主的经济信息。

2. 财务会计的职能

财务会计的内涵决定了财务会计具有核算和监督两项基本职能。

会计的核算职能是指会计通过确认、计量、报告，运用一定的方法和程序，利用货币形式，从价值量方面反映企业已经发生或完成的客观经济活动情况，为经济管理提供可靠的会计信息。会计的监督职能是指在经济事项发生以前，经济事项进行中或发生后，会计利用预算、检查、考核、分析等手段，对单位的货币收支及其经济活动的真实性、完整性、合规性和有效性进行指导与控制。会计的核算职能和监督职能是不可分割的。

【历年真题精选】

1.（2014）财务会计的基本职能是（　　）。

A. 核算和监督　　B. 核算和预测

C. 预算和决算　　D. 监督和决策

【答案】A

1Z102012 会计核算的原则

【近年考情分析】

近年考试题量及分值统计表　　表 1Z102012

年份	单选题量	多选题量	合计分值
2012	1	0	1
2013	0	0	0
2014	1	0	1
2015	0	0	0
2016	1	0	1

【核心考点解析】

会计计量属性主要包括：

1. 历史成本

在历史成本计量下，资产按照购置时支付的现金或者现金等价物的金额，或者按照购置资产时所付出的代价的公允价值计量。负债按照因承担现时义务而实际收到的款项或者资产的金额，或者承担现时义务的合同金额，或者按照日常活动中为偿还负债预期需要支付的现金或者现金等价物的金额计量。

2. 重置成本

在重置成本计量下，资产按照现在购买相同或者相似资产所需支付的现金或者现金等价物的金额计量。负债按照现在偿付该项债务所需支付的现金或者现金等价物的金额计量。

3. 可变现净值

在可变现净值计量下，资产按照其现在正常对外销售所能收到现金或者现金等价物的金额，扣减该资产至完工时估计将要发生的成本、估计的销售费用以及相关税费后的金额计量。

4. 现值

在现值计量下，资产按照预计从其持续使用和最终处置中所产生的未来净现金流入量的折现金额计量。负债按照预计期限内需要偿还的未来净现金流出量的折现金额计量。

5. 公允价值

在公允价值计量下，资产和负债按照市场参与者在计量日发生的有序交易中出售资产所能收到的或者转移负债所需支付的价格计量。

企业在对会计要素进行计量时，一般应当采用历史成本，采用重置成本、可变现净值、现值、公允价值计量的，应当保证所确定的会计要素金额能够取得并可靠计量。

【历年真题精选】

1.（2016）关于会计核算中历史成本计量原则的说法，正确的是（　　）。

A. 负债按照现在偿付该项债务所需支付的现金的金额计量

B. 资产按照市场参与者在交易日发生的有序交易中，出售资产所能收到的价格计量

C. 资产按照购置时所付出的代价的公允价值计量

D. 负债按照现在偿付该项债务所需支付的现金等价物的金额计量

【答案】C

【解析】本题考核的是对会计核算历史成本计量原则的理解。在历史成本计量下，资产按照购置时支付的现金或者现金等价物的金额，或者按照购置资产时所付出的代价的公允价值计量。负债按照因承担现时义务而实际收到的款项或者资产的金额，或者承担现时义务的合同金额，或者按照日常活动中为偿还负债预期需要支付的现金或者现金等价物的金额计量。

故本题答案为C。

2.（2014）根据会计核算原则，在现值计量下，负债应按照预计期限内需要偿还的未来（　　）计量。

A. 净现金流出量的折现金额　　B. 净现金流入量的折现金额

C. 净现金流出量的公允价值　　D. 净现金流入量的可变现净值

【答案】A

1Z102013　会计核算的基本前提

【近年考情分析】

近年考试题量及分值统计表　　表1Z102013

年份	单选题量	多选题量	合计分值
2012	1	0	1
2013	1	0	1
2014	0	0	0
2015	1	0	1
2016	0	0	0

【核心考点解析】

1. 会计核算的基本假设

（1）会计主体假设

会计主体又称会计实体，强调的是会计为之服务的特定单位。会计主体可以是一个特定的企业，也可以是一个企业的某一特定部分（如分厂、分公司、门市部等），也可以是由若干家企业通过控股关系组织起来的集团公司，甚至可以是一个具有经济业务的特定非营利组织。所以会计主体与企业法人主体并不是完全对应的关系。

（2）持续经营假设

企业应当对其本身发生的交易或者事项进行会计确认、计量和报告。企业会计确认、

计量和报告应当以持续经营为前提。

（3）会计分期假设

企业应当划分会计期间，分期结算账目和编制财务会计报告。会计期间分为年度和中期。我国通常以日历年作为企业的会计年度，即以公历 1 月 1 日至 12 月 31 日为一个会计年度。

（4）货币计量假设

我国通常应选择人民币作为记账本位币。

2. 会计核算的基础

我国《企业会计准则》规定，企业应当以权责发生制为基础进行会计确认、计量和报告。权责发生制是以会计分期假设和持续经营为前提的会计基础。权责发生制基础要求，凡是当期已经实现的收入和已经发生或应当负担的费用，无论款项（货币）是否收付，都应当作为当期的收入和费用，计入利润表；凡是不属于当期的收入和费用，即使款项在当期收付，也不应作为当期的收入和费用。

【历年真题精选】

1.（2013） 根据现行《企业会计准则》，下列交易事项中，应计入当期利润表的是（　　）。

A. 当期已经出售的产品，但是货款还没有收到

B. 收到上期出售产品的货款

C. 上期购买的货物，但是本期才支付的货款

D. 上期已经进行的销售宣传，但是本期才支付的宣传费

【答案】 A

2.（2011） 我国现行《企业会计准则》规定，企业应当以权责发生制为基础进行会计确认，实行权责发生制的前提是（　　）。

A. 会计分期假设和持续经营　　B. 会计分期假设和收付实现

C. 持续经营和公允价值核算　　D. 历史成本和公允价值核算

【答案】 A

3.（2013） 某工程建设单位 2012 年 10 月审核了竣工结算书，按合同建设单位应于 2012 年 11 月支付结算款项，实际上施工企业于 2013 年 1 月收到该笔款项，根据现行《企业会计准则》，施工企业应将该款项计入（　　）的收入。

A. 2012 年 10 月　　B. 2012 年 11 月

C. 2012 年 12 月　　D. 2013 年 1 月

【答案】 A

4.（2015） 根据现行《企业会计准则》，关于会计核算基础的说法，正确的是（　　）。

A. 企业应当以权责发生制为基础进行会计确认、计量和报告

B. 企业已经实现的收入，计入款项实际收到日的当期利润表

C. 企业应当承担的费用，计入款项实际支出日的当期利润表

D. 企业应当以收付实现制和持续经营为前提进行会计核算

【答案】 A

【解析】本题考核的是对会计核算基础的理解。为了更加真实地反映特定会计期间的财务状况和经营成果，我国《企业会计准则》规定，企业应当以权责发生制为基础进行会计确认、计量和报告。权责发生制是以会计分期假设和持续经营为前提的会计基础。权责发生制基础要求，凡是当期已经实现的收入和已经发生或应当负担的费用，无论款项（货币）是否收付，都应当作为当期的收入和费用，计入利润表；凡是不属于当期的收入和费用，即使款项已在当期收付，也不应作为当期的收入和费用。故本题正确选项为A。

【同步系统训练】

1. 根据我国现行《企业会计准则》，某施工企业 2012 年 3 月收到建设单位支付的 2011 年完工工程的结算款 200 万元，则该笔款项在会计核算上正确的处理方式是计入（　）。

A. 2012 年的收入　　B. 2012 年的负债

C. 2011 年的收入　　D. 2011 年的负债

【答案】C

1Z102014　会计要素的组成和会计等式的应用

【近年考情分析】

近年考试题量及分值统计表　　表 1Z102014

年份	单选题量	多选题量	合计分值
2012	0	0	0
2013	0	0	0
2014	0	1	2
2015	0	0	0
2016	0	0	0

【核心考点解析】

1. 会计要素的组成

会计要素包括资产、负债、所有者权益、收入、费用和利润。

（1）资产

指企业过去的交易或事项所形成的，由企业所拥有或控制的，能以货币计量的并预期会给企业带来经济利益的经济资源。

1）资产的特征

a. 资产是由于过去的交易或事项所形成的，如过去购买、生产、建造等，预期在未来发生的交易或事项不形成资产。即资产是现实中的资产而不是预期的资产（如谈判或计划中的）。

b. 该项资源必须为企业所拥有或控制，指企业享有该项资源的所有权，或虽不享有所有权，但该资源能被企业所控制。

c. 该资源能给企业带来经济利益，指直接或间接导致现金或现金等价物流入企业的潜力。如货币资金可以用于购买所需商品，厂房、机器设备、原材料可以用于生产经营过程，制造商品出售后收回货款即为企业获得的经济利益。

d. 该资源的成本或价值能够可靠地计量。

2）资产的分类

按资产的流动性可将其分为流动资产和非流动资产（即长期资产）两类，其内容为：

a. 流动资产：可以在一年内或超过一年的一个营业周期内变现、耗用的资产。如现金、银行存款、应收款项、短期投资、存货等。

b. 长期资产：是指变现期间或使用寿命超过一年或长于一年的一个营业周期的资产，包括长期投资、固定资产、无形资产、长期待摊费用、其他资产。

长期投资：准备持有一年以上，不随时变现的股票、债券和其他投资。

c. 固定资产：使用期限较长，单位价值较高，并且在使用过程中保持原有实物形态的资产。如房屋建筑物、机器设备等。

d. 无形资产：指企业为生产商品或者提供劳务、出租给他人，或为管理目的而持有的、没有实物形态的非货币性长期资产。如专利权、商标权、土地使用权、非专利技术和商誉等。

e. 其他资产：除上述资产以外的资产，如长期待摊费用、银行冻结财产、诉讼中的财产等。

（2）负债

由于过去的交易或事项所形成的现时义务，履行该义务会导致经济利益流出企业。

1）负债的特征

a. 这种现时义务是指在现行条件下已承担的义务或者说经济责任，其清偿会导致经济利益流出企业。

b. 负债是由于过去的交易或事项形成的。

c. 流出的经济利益的金额能够可靠地计量。

d. 负债有确切的债权人和偿还日期，或者债权人和偿还日期可以合理加以估计。

2）负债的分类

负债按流动性分为流动负债和长期负债。

a. 流动负债：指在一年内或超过一年的一个营业周期内偿还的债务。如短期借款、应付款项、应付工资、应交税金等。

b. 长期负债：指在一年以上或超过一年的一个营业周期以上偿还的债务。如应付债券、长期借款、长期应付款等。

（3）所有者权益

所有者权益是企业投资者对企业净资产的所有权，是企业资产负债后由所有者享有的剩余权益。所有者权益表明了企业的产权关系，即企业归谁所有。

1）所有者权益的特征

a. 无须偿还。除非发生减资、清算，企业不需偿还所有者权益。

b. 企业清算时，接受清偿在负债之后，所有者权益是对企业净资产的要求权。

c. 可分享企业利润。所有者能凭借所有者权益参与利润的分配。

2）所有者权益的内容

a. 实收资本：所有者按出资比例实际投入到企业的资本。

b. 资本公积：指由投资者投入但不构成实收资本，或从其他非收益来源取得，由全体所有者共同享有的资金。包括资本溢价、资产评估增值、接受捐赠、外币折算差额等。

c. 盈余公积：按照规定从企业的税后利润中提取的公积金。主要用来弥补企业以前的亏损和转增资本。

d. 未分配利润：本年度没有分配完的利润，可以留待下一年度进行分配。

（4）收入

收入是指企业在销售商品、提供劳务及他人使用本企业资产等日常经营活动中所形成的，会导致所有者权益增加的，与所有者投入资本无关的经济利益的总流入。包括主营业务收入和其他业务收入。

（5）费用

费用是指企业在生产和销售商品、提供劳务等日常经济活动中所发生的，会导致所有者权益减少的，与向所有者分配利润无关的经济利益的总流出。

（6）利润

利润是企业在一定会计期间的经营成果，包括收入减去费用后的余额，以及直接计入当期利润的利得和损失等。通常反映利润的指标有两个，一是利润总额，二是净利润。

2. 会计等式的应用

会计基本的等式分为静态会计等式和动态会计等式。

（1）静态会计等式的应用

静态会计等式其公式为“资产＝负债＋所有者权益”。

它表明了企业在某一特定时点所拥有的各种资产以及债权人和投资者对企业资产要求权的基本状况，表明企业所拥有的全部资产，都是由投资者和债权人提供的。

（2）动态会计等式的应用

动态会计等式其公式为“收入－费用＝利润”。揭示了企业在某一特定期间的经营成果，也称为财务成果等式。

静态会计等式是编制资产负债表的重要依据；动态会计等式是编制利润表的重要依据。

综合会计等式其公式为“资产＝负债＋（所有者权益＋收入－费用）”。这一等式综合了企业利润分配前财务状况等式和经营成果等式之间的关系，揭示了企业的财务状况与经营成果之间的相互联系。

企业发生的各项经济业务都不会改变会计等式的平衡关系。具体包括以下情形：资产和权益同增（这里的权益包括负债和所有者权益，负债也称为债权人权益，下同），资产和权益总计增加；资产和权益同减，资产和权益总计减少；资产一增一减，增减金额相等，资产和权益总计不变；权益一增一减，增减金额相等，资产和权益总计不变。

【历年真题精选】

1. **(2014)** 反映企业某一时点财务状况的会计要素有（　　）。

A. 资产　　　　B. 负债

C. 所有者权益　　　　D. 利润

E. 费用

【答案】 ABC

1Z102020　成本与费用

1Z102021　费用与成本的关系

【近年考情分析】

近年考试题量及分值统计表　　　　**表 1Z102021**

年份	单选题量	多选题量	合计分值
2012	0	1	2
2013	0	0	0
2014	0	0	0
2015	0	0	0
2016	0	0	0

【核心考点解析】

1. 费用和成本的区别和联系

（1）生产费用和期间费用的划分

费用按经济用途可分为生产费用和期间费用。

生产费用是指为生产产品而发生的、与产品生产直接相关的费用，如生产产品所发生的原材料费用、人工费用等。但在财务会计中，生产费用与生产成本不是完全等同的概念，计入生产产品的生产费用才是生产成本。生产费用计入生产成本要明确两个前提：一是生产费用的具体承担者（即成本核算对象）；二是生产费用和生产成本的归属期，这里又分两种情况，第一种情况是生产费用已经发生但应由以后多个会计期间承担的生产成本，第二种情况是按照权责发生制和收益费用匹配原则，生产费用应当计入生产成本但费用并没有实际支付。

期间费用，与一定期间相联系，会计核算中不分摊到某一种产品成本中去，而直接从企业当期销售收入中扣除的费用。期间费用一般包括营业费用、管理费用和财务费用三类。

（2）成本和费用的联系

1）成本和费用都是企业除偿债性支出和分配性支出以外的支出的构成部分；

2）成本和费用都是企业经济资源的耗费；

3）生产费用经对象化后进入生产成本，但期末应将当期已销产品的成本结转进入当期的费用（损益核算时）。

（3）成本和费用的区别

1）成本是对象化的费用，其所针对的是一定的成本计算对象；

2）费用则是针对一定的期间而言的。包括生产费用和期间费用。生产费用是企业在一定时期内发生的通用货币计量的耗费，生产费用经对象化后，才可能转化为产品成本。期间费用不进入产品生产成本，而直接从当期损益中扣除。

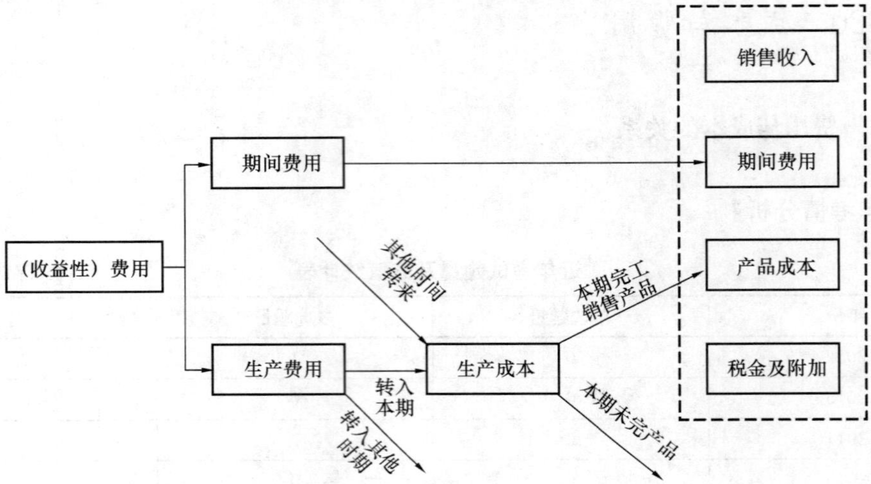

图 1Z102021　费用与成本的关系

2. 工程成本和费用

（1）工程成本

生产成本是指构成产品实体、计入产品成本的那部分费用。施工企业的生产成本即工程成本，是施工企业为生产产品、提供劳务而发生的各种施工生产费用。

（2）期间费用

期间费用是指企业当期发生的，与具体产品或工程没有直接联系，必须从当期收入中得到补偿的费用。由于期间费用的发生仅与当期实现的收入相关，因而应当直接计入当期损益。施工企业的期间费用则主要包括管理费用和财务费用。

【历年真题精选】

1.（2011）某企业因排放的污水超出当地市政污水排放标准而缴纳罚款 200 万元，财务上该笔罚款应计入企业的（　　）。

A. 销售费用　B. 管理费用　C. 营业外支出　D. 营业费用

【答案】C

2.（2012）根据我国现行《企业会计准则》，收益性支出不包括（　　）。

A. 外购材料支出　B. 管理费用　C. 非常损失　D. 营业费用

E. 固定资产盘亏

【答案】CE

【同步系统训练】

1. 根据财务会计的有关规定，下列支出中，属于费用的是（　　）。

A. 购置固定资产支出　　B. 向所有者分红支出

C. 支付未按期纳税的滞纳金　　D. 支付购置原材料的价款

【答案】D

1Z102022　工程成本的确认和计算方法

【近年考情分析】

近年考试题量及分值统计表　　表 1Z102022

年份	单选题量	多选题量	合计分值
2012	0	0	0
2013	0	0	0
2014	1	1	3
2015	0	0	0
2016	1	1	3

【核心考点解析】

1. 成本费用的确认

我国《企业会计准则》规定，“费用只有在经济利益很可能流出从而导致企业资产减少或者负债增加，且经济利益的流出额能够可靠计量时才能予以确认”，这是费用确认的基本标准。

2. 成本费用的计量

费用是资产的一种转化形式。如果资产的减少或负债的增加，将导致未来经济利益的减少，并且能够可靠地加以计量，就应当确认为一项费用。

（1）间接费用分摊

间接费用在资产负债表内应按照系统合理的方法计入合同成本，间接费用一般按直接费的百分比（水电安装工程、设备安装工程按人工费的百分比），进行施工间接费的分配，或者按照间接费定额加权分配各合同的直接费用。

$$\text{某项工程本期应分配的施工间接费用}=\frac{\text{本期实际发生的施工间接费用}\times\text{该项工程本期实际发生的直接费（或人工费）}\times\text{该项工程规定的施工间接费用定额}}{\sum\left[\text{各项工程本期实际发生的直接费（或人工费）}\times\text{各项工程规定的施工间接费用定额}\right]}$$

当不考虑间接费定额加权分配时，采用下列公式计算：

$$\text{间接费用分配率}=\frac{\text{当期实际发生的全部间接费用}}{\text{当期各项合同实际发生的直接费用之和}}$$

某项合同当期应负担的间接费用＝该合同当期实际发生的直接费用（或人工费）×间接费用分配率

（2）固定资产折旧

1）固定资产折旧影响因素

a. 固定资产原价

固定资产应当按照成本进行初始计量。外购固定资产的成本，包括购买价款、相关税费、使固定资产达到预定可使用状态前所发生的可归属于该项资产的运输费、装卸费、安装费和专业人员服务费等。

b. 预计净残值

企业应当根据固定资产的性质和使用情况，合理确定固定资产的使用寿命和预计净残值。

c. 固定资产使用寿命

2）固定资产折旧方法

企业可选用的折旧方法包括年限平均法、工作量法、双倍余额递减法和年数总和法等。

a. 平均年限法

其计算公式如下：

$$\text{固定资产年折旧额} = \frac{\text{固定资产应计折旧额}}{\text{固定资产预计使用年限}}$$

$$\text{固定资产月折旧额} = \frac{\text{年折旧额}}{12}$$

每年固定资产折旧额与固定资产原值之比称为固定资产年折旧率。

b. 工作量法

基本计算公式如下：

$$\text{单位工作量折旧额} = \frac{\text{应计折旧额}}{\text{预计总工作量}}$$

某项固定资产月折旧额＝该项固定资产当月工作量×单位工作量折旧额

施工企业常用的工作量法有以下两种方法：

① 行驶里程法。其计算公式如下：

$$\text{单位里程折旧额} = \frac{\text{应计折旧额}}{\text{总行驶里程}}$$

某项固定资产月折旧额＝该项固定资产当月行驶里程×单位里程折旧额

② 工作台班法。其计算公式如下：

$$\text{每工作台班折旧额} = \frac{\text{应计折旧额}}{\text{总工作台班}}$$

某项固定资产月折旧额＝该项固定资产当月工作台班×每工作台班折旧额

c. 双倍余额递减法

双倍余额递减法是加速折旧的方法，是在不缩短折旧年限和不改变净残值率的情况下，改变固定资产折旧额在各年之间的分布，在固定资产使用前期提取较多的折旧，而在使用后期则提取较少的折旧。

d. 年数总和法

采用年数总和法计提折旧，各年提取的折旧额必然逐年递减，因此也是一种加速折旧的方法。

（3）无形资产摊销

无形资产又称“无形固定资产”。是指不具有实物形态，而以某种特殊权利、技术、知识、素质、信誉等价值形态存在于企业并对企业长期发挥作用的资产，如专利权、非专利技术、租赁权、特许营业权、版权、商标权、商誉、土地使用权等。

3. 工程成本的计算方法

工程成本是按对象归集了的费用（即对象化了的费用），并在收入实现时结转成本。因此，工程成本的计算方法一般应根据工程价款的结算方式来确定。建设工程价款结算，可以采取按月结算、分段结算、竣工后一次结算，或按双方约定的其他方式结算。

【历年真题精选】

1.（2016）某施工企业5月份购买原材料380万元，其中5月份消耗120万元，其余260万元6月份生产使用；施工用的模板是3月份租赁的，租期8个月，共支付租金160万元，按月均摊；6月份企业办公费支出10万元；不计算其他费用。则权责发生制下该企业6月份的生产成本为（　　）万元。

A. 260　　B. 280　　C. 270　　D. 290

【答案】B

【解析】本题考核的是权责发生制下施工企业生产成本的计算。权责发生制是以会计分期假设和持续经营为前提的会计基础，其要求：凡是当期已经实现的收入和已经发生或应当承担的费用，无论款项（货币）是否支付，都应当作为当期的收入和费用，计入利润表；凡是不属于当期的收入和费用，即使款项已在当期支付，也不应作为当期的收入和费用。

生产成本是指构成产品实体、计入产品成本的那部分费用。施工企业的生产成本即工程成本，是施工企业为生产产品、提供劳务而发生的各种施工生产费用。而企业办公费与具体产品或工程没有直接联系，则不应计入企业生产成本，应当直接计入当期损益，从当期收入中得到补偿。因此，上述属于施工企业生产成本组成部分的有原材料以及模板。企业办公费则不属于生产成本的范畴。则权责发生制下该企业6月份生产成本＝260＋160÷8＝280万元。故本题答案为B。

2.（2014）某施工机械购置费用为120万元，折旧年限为6年，年平均工作250个台班，预计净残值率为3%，按工作台班法提取折旧，该机械台班折旧费为（　　）元。

A. 548　　B. 638　　C. 776　　D. 800

【答案】C

【解析】根据计算规则：

$$台班折旧费=\frac{机械预算价格\times（1-残值率）}{耐用总台班数}=\frac{机械预算价格\times（1-残值率）}{折旧年限\times年工作台班}$$

$$=1200000\times（1-3\%）/（6\times250）=776\ 元$$

正确答案为 C。

3.（2014） 根据现行《企业会计准则》，下列支出中应列为当期费用的是（　　）。

A. 缴纳罚款　　B. 计提固定资产减值准备

C. 购买生产原料支出　　D. 股利分配支出

【答案】 C

4.（2016） 固定资产双倍余额递减法折旧的特点有（　　）。

A. 计算折旧时不考虑固定资产预计净残值

B. 每年计算折旧的固定资产价值不变

C. 前期折旧额高，后期折旧额低

D. 折旧率逐年降低

E. 折旧年限比平均年限法折旧年限短

【答案】 AC

【解析】 本题考核的是对固定资产双倍余额递减法折旧特点的理解。双倍余额递减法，是在不考虑固定资产预计净残值的情况下，根据每年年初固定资产净值和双倍的直线法折旧率计算固定资产折旧额的一种方法。采用这种方法，固定资产账面余额随着折旧的计提逐年减少，而折旧率不变，因此，各期计提的折旧额必然逐年减少。双倍余额递减法是加速折旧的方法，是在不缩短折旧年限和不改变净残值率的情况下，改变固定资产折旧额在各年之间的分布，在固定资产使用前期提取较多的折旧，而在使用后期则提取较少的折旧。

故本题答案为 AC。

1Z102023　工程成本的核算

【近年考情分析】

近年考试题量及分值统计表　　表 1Z102023

年份	单选题量	多选题量	合计分值
2012	1	0	1
2013	1	0	1
2014	2	0	2
2015	2	0	2
2016	0	0	0

【核心考点解析】

1. 工程成本及其核算的内容

根据《企业会计准则第 15 号—建造合同》，工程成本包括从建造合同签订开始至合同完成止所发生的、与执行合同有关的直接费用和间接费用。

直接费用是指为完成合同所发生的、可以直接计入合同成本核算对象的各项费用支出。直接费用包括：（1）耗用的材料费用；（2）耗用的人工费用；（3）耗用的机械使用费；（4）其他直接费用，指其他可以直接计入合同成本的费用。

间接费用是企业下属的施工单位或生产单位为组织和管理施工生产活动所发生的费用。合同成本不包括应当计入当期损益的管理费用、销售费用和财务费用。因订立合同而发生的有关费用，应当直接计入当期损益。

（1）耗用的人工费用

人工费用包括企业从事建筑安装工程施工人员的工资、奖金、职工福利费、工资性质的津贴、劳动保护费等。

（2）耗用的材料费用

材料费用包括施工过程中耗用的构成工程实体的原材料、辅助材料、构配件、零件、半成品的费用和周转材料的摊销及租赁费用。

（3）耗用的机械使用费

机械使用费包括施工过程中使用自有施工机械所发生的机械使用费和租用外单位施工机械的租赁费，以及施工机械安装、拆卸和进出场费等。

（4）其他直接费用

其他直接费用包括施工过程中发生的材料二次搬运费、临时设施摊销费、生产工具用具使用费、工程定位复测费、场地清理费等。

（5）间接费用

间接费用是指为完成工程所发生的、不易直接归属于工程成本核算对象而应分配计入有关工程成本核算对象的各项费用支出。

2. 工程成本核算的对象

工程成本核算对象的确定方法主要有：以单项建造（施工）合同作为施工工程成本核算对象；对合同分立以确定施工工程成本核算对象；对合同合并以确定施工工程成本核算对象。

【历年真题精选】

1.（2013）某装饰企业施工的M项目于2012年10月工程完工时共发生材料费30万元，项目管理人员工资8万元，公司行政管理部门发生的水电费2万元。根据现行《企业会计准则》，应计入工程成本的费用为（　　）万元。

A. 30　　B. 32　　C. 38　　D. 40

【答案】C

2.（2012）根据我国现行《企业会计准则》，不能列入工程成本支出的是（　　）。

A. 生产所耗用的人工费

B. 生产所耗用的材料费

C. 企业下属的施工单位为组织和管理施工生产活动所发生的费用

D. 处置固定资产的净损失

【答案】D

3.（2014）关于施工企业确定工程成本核算对象的说法，正确的是（　　）。

A. 通常以单项建造合同作为施工工程成本核算的对象

B. 工程成本核算对象宜在开工前确定，也可以开工后再确定

C. 不能按分立合同来确定工程成本核算对象

D. 不能按合并合同来确定工程成本核算对象

【答案】A

4.（2014）根据《企业会计准则第 15 号—建造合同》，属于工程成本直接费用的是（　　）。

A. 人工费用　　B. 管理费用

C. 销售费用　　D. 财务费用

【答案】A

5.（2015）工程成本核算包括的环节有：①核算与分配各项生产费用；②确定成本核算对象，设置成本核算科目，开设成本明细账；③计算年度合同费用；④计算期末工程成本；⑤编制单位工程竣工成本决算。则正确的核算程序是（　　）。

A. ②①④③⑤　　B. ①②③④⑤

C. ①②④③⑤　　D. ②③①④⑤

【答案】A

【解析】本题考核的是对工程成本核算程序的理解。根据会计核算程序，结合工程成本发生的特点和核算要求，工程成本核算的主要步骤包括：

（1）确定核算成本对象，设置成本核算科目，开设成本明细账；

（2）核算与分配各项生产费用；

（3）计算期末工程成本（施工生产费用）；

（4）计算年度合同费用；

（5）计算竣工单位工程的实际成本和预算成本，编制单位工程竣工成本核算。

因此正确核算程序为②①④③⑤，故本题正确选项为 A。

【同步系统训练】

1. 为完成工程所发生的、不易直接归属于工程成本核算对象而应分配计入有关工程成本核算对象的支出，称为（　　）。

A. 期间费用　　B. 间接费用

C. 营业外支出　　D. 管理费用

【答案】B

2.《企业会计准则第 15 号—建造合同》中推行的确认合同收入和结转成本费用的方法是（　　）。

A. 完工百分比法　　B. 竣工结算法

C. 分段结算法　　D. 按月结算法

【答案】A

【解析】本题考查的是合同收入、结转成本费用确认的方法。根据《企业会计准则第 15 号—建造合同》，推行“完工百分比法”确认工程收入和结转成本费用。故本题正确选项为 A。

1Z102024 期间费用的核算

【近年考情分析】

近年考试题量及分值统计表　　　　表 1Z102024

年份	单选题量	多选题量	合计分值
2012	2	0	2
2013	0	1	2
2014	0	0	0
2015	0	0	0
2016	1	0	1

【核心考点解析】

期间费用是指企业本期发生的、不能直接或间接归入营业成本，而是直接计入当期损益的各项费用。包括销售费用、管理费用和财务费用等。

企业发生的销售费用、管理费用和财务费用，计入当期损益。施工企业的期间费用主要包括管理费用和财务费用。

1. 管理费用

管理费用包括：管理人员工资、办公费、差旅交通费、固定资产使用费、工具用具使用费、劳动保险和职工福利费、劳动保险、劳动保护费、检验试验费、工会经费、职工教育经费、财产保险费、税金及其他（包括技术转让费、技术开发费、业务招待费、绿化费、广告费、公证费、法律顾问费、审计费、咨询费、保险费等）。

2. 财务费用

财务费用包括应当作为期间费用的利息支出（减利息收入）、汇兑损失（减汇兑收益）、相关的手续费以及企业发生的现金折扣或收到的现金折扣等内容。

【历年真题精选】

1.（2016）施工企业发生的期间费用中，应计入财务费用的是（　　）。

A. 企业财务管理软件采购费用　　B. 财务管理人员的工资

C. 参与投标发生的投标费用　　D. 企业发行债券支付的手续费

【答案】D

【解析】本题考核的是对施工企业财务费用计算范畴的理解。施工企业财务费用是指的企业为施工生产筹集资金或提供预付款担保、履约担保、职工工资支付担保等所发生的费用，包括应当作为期间费用的利息支出（减利息收入）、汇兑损失（减汇兑收益）、相关的手续费以及企业发生的现金折扣或收到的现金折扣等内容。其中，相关手续费指企业发行债券所需支付的手续费、银行手续费、调剂外汇手续费等，但不包括发行股票所支付的手续费。

故本题答案为 D。

2.（**2013**）根据现行《企业会计准则》，应计入管理费用的有（　　）。

A. 应付债券利息　　B. 印花税

C. 管理人员劳动保护费　　D. 固定资产使用费

E. 法律顾问费

【答案】BCDE

【同步系统训练】

1. 根据我国现行《企业会计准则》，企业支付的广告费属于企业的（　　）。

A. 资本性支出　　B. 利润分配支出　　C. 营业外支出　　D. 期间费用

【答案】D

1Z102030　收入

1Z102031　收入的分类及确认

【近年考情分析】

近年考试题量及分值统计表　　**表 1Z102031**

年　份	单选题量	多选题量	合计分值
2012	1	0	1
2013	1	0	1
2014	1	0	1
2015	0	0	0
2016	1	0	1

【核心考点解析】

1. 收入的概念及特点

狭义上的收入，即营业收入，是指在销售商品、提供劳务及让渡资产使用权等日常活动中形成的经济利益的总流入，包括主营业务收入和其他业务收入，不包括为第三方或客户代收的款项。广义上的收入，包括营业收入、投资收益、补贴收入和营业外收入。

2. 收入分类

按收入的性质，企业的收入可以分为建造（施工）合同收入、销售商品收入、提供劳务收入和让渡资产使用权收入等。

（1）建造（施工）合同收入是指企业通过签订建造（施工）合同并按合同要求为客户设计和建造房屋、道路、桥梁、水坝等建筑物以及船舶、飞机、大型机械设备等而取得的收入。

（2）销售商品收入是指企业通过销售产品或商品而取得的收入。

（3）提供劳务收入是指企业通过提供劳务作业而取得的收入。

（4）让渡资产使用权收入是指企业通过让渡资产使用权而取得的收入，如金融企业发放贷款取得的收入，企业让渡无形资产使用权取得的收入等。

【历年真题精选】

1.（2016）根据《企业会计准则》，若企业在资产负债表日提供劳务交易结果不能够可靠估计，且已经发生的劳务成本预计不能得到补偿，则收入确认的方式是（　　）。

A. 按照已经发生的劳务成本确认收入　　B. 按合同金额确认收入

C. 按合同完工百分比确认收入　　D. 不确认提供劳务收入

【答案】D

【解析】本题考核的是收入的确认原则。企业在资产负债表日提供劳务交易结果不能可靠估计的，应当分别下列情况处理：(1) 已经发生的劳务成本预计能够得到补偿的，按照已经发生的劳务成本金额确认提供劳务收入，并按相同金额结转劳务成本；(2) 已经发生的劳务成本预计不能够得到补偿的，应当将已经发生的劳务成本计入当期损益，不确认提供劳务收入。

故本题答案为 D。

2.（2013）施工企业销售自行加工的商品混凝土取得的收入属于（　　）收入。

A. 施工合同　　B. 产品销售　　C. 材料销售　　D. 提供劳务

【答案】B

3.（2014）施工企业收取的下列款项中，不能计入企业收入的是（　　）。

A. 收到的工程价款　　B. 转让施工技术取得的收入

C. 销售材料价款收入　　D. 代扣职工个人所得税

【答案】D

【同步系统训练】

1. 下列款项中，应作为企业广义上的收入的有（　　）。

A. 企业销售货物的价款　　B. 企业对外投资的收益

C. 企业代收的货物运杂费　　D. 政府对企业的补贴

E. 企业代收的增值税

【答案】ABD

1Z102032　建造（施工）合同收入的核算

【近年考情分析】

近年考试题量及分值统计表　　表 1Z102032

年　份	单选题量	多选题量	合计分值
2012	1	0	1
2013	1	1	3
2014	2	1	4
2015	1	2	5
2016	0	1	2

【核心考点解析】

1. 合同的分立与合并

企业通常应当按照单项建造合同进行会计处理。但是，在某些情况下，为了反映一项或一组合同的实质，需要将单项合同进行分立或将数项合同进行合并。

建造合同中有关合同分立与合同合并，实际上是确定建造合同的会计核算对象，一组建造合同是合并为一项合同进行会计处理，还是分立为多项合同分别进行会计处理，对建造承包商的报告损益将产生重大影响。

2. 合同收入的内容

建造合同的收入包括两部分内容：合同规定的初始收入和合同变更、索赔、奖励等形成的收入。

（1）合同规定的初始收入

合同规定的初始收入是指建造承包商与客户在双方签订的合同中最初商定的合同总金额，它构成了合同收入的基本内容。

（2）因合同变更、索赔、奖励等形成的收入

因合同变更、索赔、奖励等形成的收入，这部分收入不构成合同双方在签订合同时已在合同中商定的合同总金额，而是在执行合同过程中由于合同变更、索赔、奖励等原因而形成的收入。

3. 建造（施工）合同收入的确认

要准确地进行合同收入的确认与计量，首先应判断建造合同的结果能否可靠地估计。如果建造合同能够可靠地估计，应在资产负债表日根据完工百分比法确认当期的合同收入。如果建造合同的结果不能可靠地估计，就不能根据完工百分比法确认合同收入。

（1）合同结果能够可靠估计时建造（施工）合同收入的确认

1）合同结果能够可靠估计的标准

建造合同分为固定造价合同和成本加成合同，不同类型的建造合同判断其能否可靠估计的条件也不相同。

a. 固定造价合同结果能否可靠估计的标准

判断固定造价合同的结果能够可靠估计，需同时具备以下条件：① 合同总收入能够可靠地计量；② 与合同相关的经济利益很可能流入企业；③ 实际发生的合同成本能够清楚地区分和可靠地计量；④ 合同完工进度和为完成合同尚需发生的成本能够可靠地确定。

b. 成本加成合同的结果能否可靠估计的标准

判断成本加成合同的结果能够可靠估计，需同时具备以下条件：① 与合同相关的经济利益很可能流入企业；② 实际发生的合同成本能够清楚地区分和可靠地计量。

2）完工百分比法

确定建造（施工）合同完工进度有以下三种方法：

a. 根据累计实际发生的合同成本占合同预计总成本的比例确定

该方法是一种投入衡量法，是确定合同完工进度常用的方法，其计算公式如下：

$$合同完工进度=\frac{累计实际发生的合同成本}{合同预计总成本}\times 100\%$$

需要注意的是，累计实际发生的合同成本不包括施工中尚未安装或使用的材料成本等与合同未来活动相关的合同成本，也不包括在分包工程的工作量完成之前预付给分包单位的款项

b. 根据已经完成的合同工作量占合同预计总工作量的比例确定

该方法是一种产出衡量法，适用于合同工作量容易确定的建造（施工）合同，如道路工程、土石方工程等，其计算公式如下：

$$合同完工进度 = \frac{已经完成的合同工程量}{合同预计总工程量} \times 100\%$$

c. 根据已完成合同工作的技术测量确定

该方法是在上述两种方法无法确定合同完工进度时所采用的一种特殊的技术测量方法，适用于一些特殊的建造（施工）合同，如水下施工工程等。

3）当期完成建造（施工）合同收入的确认

建造（施工）合同收入的确认分两种情况，一种是当期完成建造（施工）合同收入的确认，另一种是在资产负债表日建造（施工）合同收入的确认。

当期完成的建造（施工）合同应当按照实际合同总收入扣除以前会计期间累计已确认收入后的金额，确认为当期合同收入，即：

当期确认的合同收入＝实际合同总收入－以前会计期间累计已确认收入

4）资产负债表日建造（施工）合同收入的确认

当期不能完成的建造（施工）合同，在资产负债表日应当按照合同总收入乘以完工进度扣除以前会计期间累计已确认收入后的金额，确认为当期合同收入。即：

当期确认的合同收入＝合同总收入×完工进度－以前会计期间累计已确认的收入

（2）合同结果不能可靠地估计时建造（施工）合同收入的确认

当建筑业企业不能可靠地估计建造（施工）合同的结果时，就不能采用完工百分比法来确认和计量当期的合同收入，应区别以下两种情况进行处理：

1）合同成本能够回收的，合同收入根据能够收回的实际合同成本来确认，合同成本在其发生的当期确认为费用。

2）合同成本不能回收的，应在发生时立即确认为费用，不确认收入。

【历年真题精选】

1.（2016）某固定造价施工合同，合同造价为 4000 万元，合同工期 3 年。假定第 1 年完工进度为 30%，第 2 年完成合同工程量的 35%，第 3 年完工交付使用。合同结果能可靠估计。关于该合同完工进度和收入确认的说法，正确的有（　　）。

A. 第 1 年应确认合同收入 1200 万元　　B. 第 2 年合同完工进度为 35%

C. 第 2 年应确认合同收入 1400 万元　　D. 第 3 年合同完工进度为 100%

E. 第 3 年应确认合同收入 1400 万元

【答案】ACDE

【解析】本题考核的是建造合同完工进度及合同收入的计算。要准确地进行合同收入的确认与计量，首先应判断建造合同结果能否可靠地估计。如果建造合同和结果能够可靠地估计，应在资产负债表日根据完工百分比法确认当期的合同收入。完工百分比法是指根

据合同完工进度来确认合同收入的方法。完工百分比法的运用分两个步骤：第一步，确定建造合同的完工进度，计算出完工百分比；第二步，根据完工百分比确认和计量当期的合同收入。

确定建造（施工）合同完工进度有以下三种方法：

（1）根据累计实际发生的合同成本占合同预计总成本的比例确定，其计算公式为：

$$合同完工进度=\frac{累计实际发生的合同成本}{合同预计总成本}\times 100\%$$

（2）根据已经完成的合同工作量占合同预计总工程量的比例确定，其计算公式为：

$$合同完工进度=\frac{已经完成的合同工程量}{合同预计总工程量}\times 100\%$$

（3）根据已完成合同工作的技术测量确定，该方法是在上述两种方法无法确定合同完工进度时采用的一种特殊的技术测量方法，适用于一些特殊的建造（施工）合同。

因此，该固定造价施工合同：第 1 年合同完工进度＝30％；第 2 年合同完工进度＝30％＋35％＝65％；第 3 年合同完工进度＝100％。

相应地，第 1 年应确认的合同收入 ＝ 4000×30％ ＝ 1200 万元；第 2 年应确认的合同收入 ＝ 4000×35％ ＝ 1400 万元；第 3 年应确认的合同收入 ＝ 4000×35％ ＝ 1400 万元。

故本题答案为 ACDE。

2.（2012）根据《建设工程工程量清单计价规范》GB 50500—2008 计价的某土方工程，业主方提供的清单工程量为 3951m³。施工企业预计的实际施工量为 7902m³，预计完成该分项工程的直接工程费为 115265.27 元，管理费为 39190.19 元，利润为 9221.22 元，不考虑风险费和其他因素，则该分项工程的综合单价应为（　　）元/m³。

A. 20.71　　B. 29.17　　C. 41.43　　D. 94.48

【答案】C

【解析】（115265.27＋39190.19＋9221.22）/3951＝41.43 元/m³

3.（2013）某跨年度项目的合同造价为 10000 万元，预计合同总成本 8500 万元，资产负债表日以前会计年度累计已确认的收入为 6000 万元，该工程现已完成工程进度的 80％，则当期应确认的合同收入为（　　）万元。

A. 1500　　B. 2000　　C. 2500　　D. 4000

【答案】B

【解析】当期确认的合同收入＝合同总收入×完工进度－以前会计期间累计已确认的收入＝10000×80％－6000＝2000 万元

4.（2014）某建造合同总价为 6000 万元，合同工期 3 年，若第一年完工进度为 20％，第二年完工进度为 60％，第三年工程全部完工交付使用。则第三年应确认的合同收入为（　　）万元。

A. 1200　　B. 2400　　C. 3600　　D. 6000

【答案】B

【解析】6000×（1－60％）＝2400 万元

5.（2014）建造合同收入包括合同规定的初始收入和（　　）形成的收入。

A. 合同变更、索赔、奖励　　B. 材料销售、奖励

C. 让渡资产使用权、索赔　　　　　　D. 合同变更、劳务作业

【答案】 A

6.（2015） 某跨年度建设项目的合同税前造价为 50000 万元，预计合同总成本为 40000 万元。2013 年资产负债表日累计已确认的收入为 30000 万元，2014 年资产负债表日工程已完成总进度的 90%。则 2014 年应确认的合同收入为（　　）万元。

A. 6000　　B. 15000　　C. 27000　　D. 45000

【答案】 B

【解析】 本题考核的是资产负债表日建造合同收入的确认和计量。当期不能完成的建造合同，在资产负债表日，应当按照合同总收入乘以完工进度扣除以前会计期间累计已确认收入后的金额，确认为当期合同收入。即：当期确认的合同收入＝合同收入×完工进度－以前会计期间累计已确认的收入。则该项目 2014 年应确认的合同收入＝50000×90%－30000＝15000 万元。故本题正确选项为 B。

7.（2015） 根据《企业会计准则第 15 号—建造合同》，判断成本加成合同的结果能够可靠估计，至少需同时具备的条件有（　　）。

A. 合同总收入能够可靠的计量

B. 与合同相关的经济利益很可能流入企业

C. 实际发生的合同成本能够清楚地区分和可靠地计量

D. 为完成合同尚需发生的成本能够可靠地确定

E. 合同奖励金额能够可靠地计量

【答案】 BC

【解析】 本题考查的是成本加成合同可靠估计标准的判断。判断成本加成合同的结果能够可靠估计，需同时具备以下条件：（1）与合同相关的经济利益很可能流入企业；（2）实际发生的合同成本能够清楚地区分和可靠地计量。答案为 BC。

8.（2015） 根据《企业会计准则第 15 号—建造合同》，按累计实际发生的合同成本占合同预计总成本的比例确定合同完工进度时，累计实际发生的合同成本不包括（　　）。

A. 已订立采购合同但尚未运抵现场的材料成本

B. 已采购进场但施工中尚未安装的材料成本

C. 在分包工程的工作量完成之前预付给分包单位的款项

D. 已经完成并验收合格的设备安装工程的价款

E. 已经完成并验收合格的分包工程的合同价款

【答案】 ABC

【解析】 本题考查的是建造（施工）合同收入的确认。累计实际发生的合同成本不包括施工中尚未安装或使用的材料成本等与合同未来活动相关的合同成本，也不包括在分工工程的工程量完成之前预付给分包单位的款项。故答案为 ABC。

【同步系统训练】

1. 根据我国现行《企业会计准则》，企业在资产负债表日提供劳务交易的结果不能够可靠估计，但是已经发生的劳务成本预计能够得到补偿的交易，正确的会计处理方式是（　　）。

A. 按照已经发生的劳务成本金额确认提供劳务收入并按相同金额结转劳务成本

B. 将已发生的劳务成本计入当期损益，不确认提供劳务收入

C. 将已发生的劳务成本计入当期损益，并按相同金额确认提供劳务收入

D. 按照已经发生的劳务成本金额确认提供劳务收入，不确认劳务成本

【答案】A

2. 某建筑企业与甲公司签订了一项税前造价为 1000 万元的建造合同，建设期为 2 年。第 1 年实际发生工程成本 400 万元，双方均履行了合同规定义务，但在第 1 年年末，由于建筑企业对该项工程的完工进度无法可靠的估计，所以与甲公司只办理了工程价款结算 360 万元，随后甲公司陷入经济危机而面临破产清算，导致其余款可能无法收回。则关于该合同收入与费用确认的说法，正确的有（　　）。

A. 360 万元确认为当年的收入

B. 400 万元应确认为当年费用

C. 合同收入确认方法应采用完工百分比法

D. 1000 万元可确认为合同收入

E. 1000 万元可确认为合同费用

【答案】AB

3. 确定建造（施工）合同完工进度的方法有（　　）。

A. 根据累计实际发生的合同成本占合同预计总成本的比例确定

B. 根据实际合同收入与预计收入的比例确定

C. 根据已经完成的合同工作量占合同预计总工作量的比例确定

D. 根据合同初始价格与工程预算

E. 根据已完成合同工作的技术测量确定

【答案】ACE

1Z102040　利润和所得税费用

1Z102041　利润的计算

【近年考情分析】

近年考试题量及分值统计表　　**表 1Z102041**

年　份	单选题量	多选题量	合计分值
2012	0	0	0
2013	1	0	1
2014	0	0	0
2015	0	0	0
2016	0	0	0

【核心考点解析】

1. 利润的概念

利得和损失可分为两大类，一类是不计入当期损益，而直接计入所有者权益的利得和损失。如接受捐赠、变卖固定资产等，都可直接计入资本公积。还有一种就是应当直接计入当期损益的利得和损失。如投资收益、投资损失等。这两类利得和损失都会导致所有者权益发生增减变动。

2. 利润的计算

利润分为以下三个层次的指标。

（1）营业利润

营业利润＝营业收入－营业成本(或营业费用)
－销售费用－管理费用－财务费用－资产减值损失
＋公允价值变动收益(损失为负)＋投资收益(损失为负)

（2）利润总额

利润总额＝营业利润＋营业外收入－营业外支出

（3）净利润

净利润＝利润总额－所得税费用

3. 利润分配

（1）税后利润的分配原则：1）按法定顺序分配的原则；2）非有盈余不得分配原则；3）同股同权、同股同利原则；4）公司持有的本公司股份不得分配利润。

（2）税后利润的分配顺序

公司税后利润的分配顺序为：

1）弥补公司以前年度亏损。

2）提取法定公积金。法定公积金有专门的用途，一般包括以下三个方面的用途：①弥补亏损；②扩大公司生产经营；③增加公司注册资本。

3）经股东会或者股东大会决议提取任意公积金。

4）向投资者分配的利润或股利。

5）未分配利润。

【历年真题精选】

1.（2013）某施工企业2012年度工程结算收入为1000万元，营业成本为300万元，管理费用200万元，财务费用为100万元，其他业务收入为200万元，投资收益150万元，营业外收入为100万元，营业外支出为80万元，所得税为100万元，则企业当年营业利润为（　　）万元。

A. 500　　B. 520　　C. 670　　D. 750

【答案】D

【解析】营业利润＝营业收入－营业成本(或营业费用)－销售费用－管理费用－财务费用－资产减值损失＋公允价值变动收益(损失为负)＋投资收益(损失为负)

其中，营业收入是指企业经营业务所确认的收入总额，包括主营业务收入和其他业务收入。

企业当年营业利润＝(150＋1000＋200)－300－200－100＝750 万元

2.（2011）某企业固定资产评估增值 2000 万元，该增值部分应计入企业的（　　）。

A. 实收资本　　B. 资本公积　　C. 盈余公积　　D. 未分配利润

【答案】B

【同步系统训练】

1. 公司进行利润分配时，应在提取任意公积金前分配的有（　　）。

A. 弥补公司以前年度亏损　　B. 提取法定公积金

C. 向投资者分配利润　　D. 向股东分配股利

E. 提取留作以后年度分配的利润

【答案】AB

1Z102042　所得税费用的确认

【近年考情分析】

近年考试题量及分值统计表　　**表 1Z102042**

年　份	单选题量	多选题量	合计分值
2012	0	0	0
2013	0	0	0
2014	1	0	1
2015	1	0	1
2016	1	0	1

【核心考点解析】

1. 所得税的概念

所得税包括企业以应纳税所得额为基础的各种境内和境外税额。应纳税所得额是企业年度的收入总额减去准予扣除项目后的余额。

2. 所得税的计税基础

企业每一纳税年度的收入总额，减除不征税收入、免税收入、各项扣除以及允许弥补的以前年度亏损后的余额，为应纳税所得额。

3. 所得税费用的确认

应纳税额＝应纳税所得额×适用税率－减免税额－抵免税额

4. 税收优惠

国家对重点扶持和鼓励发展的产业和项目，给予企业所得税优惠。

【历年真题精选】

1.（2014）计算企业应纳税所得额时，不能从收入中扣除的支出是（　　）。

A. 销售成本　　B. 坏账损失　　C. 税收滞纳金　　D. 存货盘亏损失

【答案】C

2.（2015）某施工企业2014年度利润总额8000万元，企业当年发生公益性捐赠支出1000万元，则在计算2014年应纳税所得额时该笔捐赠支出准予扣除的最大金额是（　　）万元。

A. 960　　B. 1000　　C. 250　　D. 125

【答案】A

【解析】本题考核的是对所得税计税基础的理解。企业每一纳税年度的收入总额，减除不征税收入、免税收入、各项扣除以及允许弥补的以前年度亏损后的余额，为应纳税所得额。而企业发生的公益性捐赠支出，在年度利润总额12%以内的部分，准予在计算应纳税所得额时扣除。该施工企业年度利润总额12%＝8000×12%＝960万元＜1000万元。因此准予扣除的最大金额为960万元。答案为A。

3.（2016）在计算所得税时，企业已作为坏账损失处理后又收回的应收款项应列入企业的（　　）。

A. 销售收入　　B. 应收账款

C. 接受捐赠收入　　D. 其他收入

【答案】D

【解析】本题考核的是所得税的计税基础。企业每一纳税年度的收入总额，减除不征税收入、免税收入、各项扣除以及允许弥补的以前年度亏损后的余额，为应纳税所得额。其中收入总额包括销售货物收入、提供劳务收入、转让财产收入、股息、利息收入、租金收入、特许权使用费收入、接受捐赠收入以及其他收入。其他收入包括企业资产溢余收入、逾期未退包装物押金收入、确实无法偿付的应付款项、已作坏账损失处理后又收回的应收款项、债务重组收入、补贴收入、违约金收入、汇兑收益等。故本题答案为D。

1Z102050　企业财务报表

1Z102051　财务报表的构成

【近年考情分析】

近年考试题量及分值统计表　　表1Z102051

年份	单选题量	多选题量	合计分值
2012	0	0	0
2013	0	0	0
2014	0	1	2
2015	0	1	2
2016	0	1	2

【核心考点解析】

1. 财务报表列报的基本要求

《企业会计准则》对编制财务报表列报的基本要求包括以下六个方面：

（1）企业应当以持续经营为基础；

（2）财务报表项目的列报应当在各个会计期间保持一致，不得随意变更；

（3）重要项目单独列报；

（4）报表列示项目不应相互抵消；

（5）当期报表列报项目与上期报表列报项目应当具有可比性；

（6）其他相关要求，主要包括以下两点：1）企业应当在财务报表的显著位置至少披露下列各项：编报企业的名称；资产负债表日或财务报表涵盖的会计期间；人民币金额单位；财务报表是合并财务报表的，应当予以标明。2）企业至少应当按年编制财务报表。年度财务报表涵盖的期间短于一年的，应当披露年度财务报表的涵盖期间，以及短于一年的原因。

2. 财务报表的构成

根据现行会计准则的规定，财务报表至少应当包括资产负债表、利润表、现金流量表、所有者权益（或股东权益）变动表和附注。

【历年真题精选】

1.（2014）根据现行《企业会计准则》，企业在财务报表显著位置至少应披露的项目有（　　）。

A. 编报企业名称

B. 资产负债表日或会计报表涵盖的会计期间

C. 企业财务负责人姓名

D. 人民币金额单位

E. 是否合并会计报表

【答案】ABDE

2.（2015）根据现行《企业会计准则》，关于企业财务报表列报基本要求的说法，正确的有（　　）。

A. 企业应当以持续经营为基础编制财务报表

B. 重要项目应单独列报

C. 报表列示项目不应相互抵消

D. 当期报表列报项目与上期报表列报项目应当具有可比性

E. 企业至少应当按月编制财务报表

【答案】ABCD

【解析】本题考查的是财务报表列报的基本要求。《企业会计准则（2006）》对编制财务报表列报的基本要求主要包括以下六个方面：

（1）企业应当以持续经营为基础；

（2）财务报表项目的列报应当在各个会计期间保持一致，不得随意变更；

（3）重要项目单独列报；

（4）报表列示项目不应相互抵消；

（5）当期报表列报项目与上期报表列报项目应当具有可比性；

（6）其他相关要求。其他相关要求主要包括以下两点：1）企业应当在财务报表的显著位置至少披露下列各项：编报企业的名称；资产负债表日或财务报表涵盖的会计期间；人民币金额单位；财务报表是合并财务报表的，应当予以标明；2）企业至少应当按年编制财务报表。故本题正确选项为 ABCD。

3.（2016）编制资产负债表时应该归类为流动资产的有（　　）。

A. 预计在一个正常营业周期中变现、出售或耗用的资产

B. 主要为投资目的而持有的资产

C. 预计在资产负债表日起一年内变现的资产

D. 自资产负债表日起一年内，交换其他资产的能力不受限制的现金等价物

E. 自资产负债表日起一年内，清偿负债的能力不受限制的现金

【答案】ACDE

【解析】本题考核的资产负债表的编制。在资产负债表中由两部分内容：第一部分是资产类，企业资产按其“流动性”（即把资产转换成现金所需要的时间）大小顺序排列，分为流动资产和非流动资产列示；第二部分是负债类，它们按债务必须支付的时间顺序排列，分为流动负债和非流动负债列示。其中，资产满足下列条件之一的，应当归类为流动资产：

（1）预计在一个正常营业周期中变现、出售或耗用；

（2）主要为交易目的而持有；

（3）预计在资产负债表日起一年内（含一年，下同）变现；

（4）自资产负债表起一年内，交换其他资产或清偿负债的能力不受限制的现金或现金等价物。

故本题答案为 ACDE。

1Z102052　资产负债表的内容和作用

【近年考情分析】

近年考试题量及分值统计表　　　　**表 1Z102052**

年　　份	单选题量	多选题量	合计分值
2012	1	1	3
2013	1	1	3
2014	0	0	0
2015	0	0	0
2016	0	0	0

【核心考点解析】

1. 资产负债表的内容和结构

（1）资产负债表的内容

在资产负债表中有两部分内容：第一部分是资产类，企业资产按其“流动性”（即把

资产转换成现金所需要的时间）大小顺序排列，分为流动资产和非流动资产列示；第二部分是负债类，它们按债务必须支付的时间顺序排列，分为流动负债和非流动负债列示。

1）流动资产

资产满足下列条件之一的，应当归类为流动资产：a. 预计在一个正常营业周期中变现、出售或耗用；b. 主要为交易目的而持有；c. 预计在资产负债表日起一年内（含一年，下同）变现；d. 自资产负债表日起一年内，交换其他资产或清偿负债的能力不受限制的现金或现金等价物。

2）非流动资产

流动资产以外的资产应当归类为非流动资产，并应按其性质分类列示。

3）流动负债

负债满足下列条件之一的，应当归类为流动负债：a. 预计在一个正常营业周期中清偿；b. 主要为交易目的而持有。c. 自资产负债表日起一年内到期应予以清偿；d. 企业无权自主地将清偿推迟至资产负债表日后一年以上。

4）非流动负债

流动负债以外的负债应当归类为非流动负债。

5）资产负债表中的所有者权益

资产负债表中的所有者权益类至少应当单独列示反映下列信息的项目：实收资本（或股本）；资本公积；盈余公积和未分配利润。由于企业的资产、负债和所有者权益存在如下关系：资产＝负债＋所有者权益，所有者权益受企业资产影响，如果企业资产出现损失，例如应收账款没有收回，作为坏账被注销，而债务不变，则股东权益将减少。

（2）资产负债表的结构

我国会计制度规定，企业的资产负债表一般采用账户式资产负债表，该表为左右结构，左边列示资产，右边列示负债和所有者权益。

2. 资产负债表的作用

作用主要体现在以下三个方面：（1）资产负债表能够反映企业在某一特定日期所拥有的各种资源总量及其分布情况，可以分析企业的资产构成，以便及时进行调整；（2）资产负债表能够反映企业的偿债能力，可以提供某一日期的负债总额及其结构，表明企业未来需要用多少资产或劳务清偿债务以及清偿时间；（3）资产负债表能够反映企业在某一特定日期企业所有者权益的构成情况，可以判断资本保值、增值的情况以及对负债的保障程度。

3. 所有者权益变动表的内容作用

所有者权益变动表全面反映了企业的所有者权益在年度内的变化情况，便于会计信息使用者深入分析企业所有者权益的增减变化情况，并进而对企业的资本保值增值情况作出正确判断，从而提供对决策有用的信息。

【历年真题精选】

1.（2012）根据我国现行《企业会计准则》，企业在资产负债表日或之前违反了长期借款协议，导致贷款人可随时要求清偿的债务，在资产负债表中应当归类为（　　）。

A. 流动负债　　B. 非流动负债　　C. 长期应付款　　D. 长期借款

【答案】A

2.（2013）根据现行《企业会计准则》，对于资产负债表日起一年内到期的负债，企业预计不能自主地将清偿义务展期，但在资产负债表日后、财务报告批准日前签订了重新安排清偿计划协议，则该项负债应归类为（　　）。

A. 流动负债　　B. 非流动负债　　C. 应付票据　　D. 长期应付款

【答案】A

3.（2012）根据我国现行《企业会计准则》，应列入流动负债的会计要素有（　　）。

A. 应付债券　　B. 应收账款　　C. 存货　　D. 短期借款

E. 应付工资

【答案】DE

【同步系统训练】

1. 根据现行《企业会计准则》，应列入流动负债的有（　　）。

A. 应交税金　　B. 应收账款　　C. 长期借款　　D. 短期投资

E. 应付工资

【答案】AE

2. 关于资产负债表作用的说法，正确的有（　　）。

A. 能够反映构成净利润的各种要素

B. 能够反映企业在某一特定日期所拥有的各种资源总量及其分布情况

C. 能够反映企业在一定会计期间现金和现金等价物流入和流出的情况

D. 能够反映企业的偿债能力

E. 能够反映企业在某一特定日期企业所有者权益的构成情况

【答案】BDE

3. 根据我国现行《企业会计准则》，企业在资产负债表日或之前违反了长期借款协议，导致贷款人可随时要求清偿的债务，在资产负债表中应当归类为（　　）。

A. 流动负债　　B. 非流动负债　　C. 长期应付款　　D. 长期借款

【答案】A

1Z102053　利润表的内容和作用

【近年考情分析】

近年考试题量及分值统计表　　**表 1Z102053**

年　份	单选题量	多选题量	合计分值
2012	1	0	1
2013	1	0	1
2014	1	0	1
2015	1	0	1
2016	0	0	0

【核心考点解析】

1. 利润表的内容和结构

（1）利润表的内容

利润表是反映企业在一定会计期间的经营成果的财务报表。利润表的列报必须充分反映企业经营业绩的主要来源和构成，有助于使用者判断净利润表的质量和风险，有助于使用者预测净利润的持续性，从而做出正确的决策。

利润表主要反映以下几个方面的内容：

1）营业收入，由主营业务收入和其他业务收入组成。

2）营业利润，营业收入减去营业成本、营业税金及附加、销售费用、管理费用、财务费用、资产减值损失，加上公允价值变动收益、投资收益，即为营业利润。

3）利润总额，营业利润加上营业外收入，减去营业外支出，即为利润总额。

4）净利润，利润总额减去所得税费用，即为净利润。

如果有些企业还有其他一些综合收益，则应加上扣除相关所得税影响后的净额，成为综合收益总额。

（2）利润表的结构

我国采用的是多步式利润表，通过对当期的收入、费用、支出项目按性质加以归类，按利润形成的主要环节列示一些中间性利润指标，如营业利润、利润总额、净利润，分步计算当期净损益。

2. 利润表的作用

利润表是财务报表中的主要报表，其作用主要表现在以下几个方面：（1）利润表能反映企业在一定期间的收入和费用情况以及获得利润或发生亏损的数额，表明企业投入与产出之间的关系；（2）通过利润表提供的不同时期的比较数字，可以分析判断企业损益发展变化的趋势，预测企业未来的盈利能力；（3）通过利润表可以考核企业的经营成果以及利润计划的执行情况，分析企业利润增减变化原因。

【历年真题精选】

1.（2012）利润表是反映企业在一定会计期间（　　）的财务报表。

A. 经营成果　　B. 现金流入总额

C. 所有者权益变动总额　　D. 现金和现金等价物数额

【答案】A

2.（2011）对会计核算的范围从空间上加以界定是通过（　　）实现的。

A. 会计主体假设　　B. 持续经营假设

C. 会计分期假设　　D. 货币计量假设

【答案】A

3.（2014）利润表是反映企业（　　）的财务报表。

A. 一定会计期间资产盈利能力　　B. 一定会计期间经营成果

C. 某一会计时点财务状况　　D. 一定会计期间财务状况

【答案】B

4.（2015）利润表中反映的内容不包括（　　）。

A. 营业利润的各项要素　　B. 利润（或亏损）总额的各项要素

C. 主营业务利润的各项要素　　D. 净利润分配的各项要素

【答案】D

【解析】利润表是反映企业在一定会计期间的经营成果的财务报表。通常，利润表主要反映以下几方面的内容：

（1）构成主营业务利润的各项要素；

（2）构成营业利润的各项要素；

（3）构成利润总额（或亏损总额）的各项要素；

（4）构成利润（或净亏损）的各项要素。

故本题选D。

【同步系统训练】

1. 反映企业在一定会计期间经营成果的财务报表是（　　）。

A. 资产负债表　　B. 利润表

C. 现金流量表　　D. 所有者权益变动表

【答案】B

1Z102054　现金流量表的内容和作用

【近年考情分析】

近年考试题量及分值统计表　　表1Z102054

年　份	单选题量	多选题量	合计分值
2012	0	0	0
2013	1	0	1
2014	0	0	0
2015	0	0	0
2016	0	1	2

【核心考点解析】

1. 现金流量表的编制基础

现金流量表是以现金为基础编制的，这里的现金包括库存现金、可以随时用于支付的存款、其他货币资金以及现金等价物。

现金等价物，是指企业持有的期限短、流动性强、易于转换为已知金额的现金、价值变动风险小的交易性金融资产。现金等价物支付能力与现金差别不大，可视为现金。

作为现金等价物的短期投资必须同时满足以下四个条件：（1）期限短；（2）流动性

强；（3）易于转换为已知金额的现金；（4）价值变动风险小。

因此，通常从购买日起三个月到期或清偿的国库券、货币市场基金、可转换定期存单、商业本票及银行承兑汇票等都可列为现金等价物。企业购入的可流通的股票，尽管期限短，变现的能力也很强，但由于其变现的金额并不确定，其价值变动的风险较大，因而不属于现金等价物。

2. 现金流量表的内容应当包括经营活动、投资活动和筹资活动产生的现金流量。

3. 现金流量表的结构

现金流量表由正表和补充资料两部分组成。正表有五项，一是经营活动产生的现金流量；二是投资活动产生的现金流量；三是筹资活动产生的现金流量；四是汇率变动对现金的影响；五是现金及等价物净增加额。补充资料有三项：一是将净利润调节为经营活动产生的现金流量，也就是说，要在补充资料中采用间接法报告经营活动产生的现金流量信息；二是不涉及现金收支的重大投资和筹资活动；三是现金及现金等价物净增加情况。

4. 现金流量表的作用

（1）现金流量表有助于使用者对企业整体财务状况做出客观评价

（2）现金流量表有助于评价企业的支付能力、偿债能力和周转能力

（3）现金流量表有助于使用者预测企业未来的发展情况

【历年真题精选】

1.（2016）企业持有的可作为现金等价物的资产有（　　）。

A. 购买日起三个月到期的国库券　　B. 银行承兑汇票

C. 企业作为短期投资购入的普通股票　　D. 可转换定期存单

E. 货币市场基金

【答案】ABDE

【解析】本题考核的是对现金等价物的理解。现金等价物，是指企业持有的期限短、流动性强、易于转换为已知金额的现金、价值变动风险小的交易性金融资产。现金等价物支付能力与现金差别不大，可视为现金。作为现金等价物的交易性金融资产必须同时满足以下四个条件：

（1）期限短；

（2）流动性强；

（3）易于转换为已知金额的现金；

（4）价值变动风险小。

因此，通常从购买日起三个月到期或清偿的国库券、货币市场基金、可转换定期存单、商业本票及银行承兑汇票等都可列为现金等价物。企业短期购入的可流通的股票，尽管期限短，变现能力也很强，但由于其变现的金额并不确定，其价值变动的风险较大，因而不属于现金等价物。

故本题答案为 ABDE。

2.（2013）根据现行《企业会计准则》，下列资产中属于现金流量表中现金等价物的是（　　）。

A. 应收账款　　B. 存货
C. 银行承兑汇票　　D. 可流通的股票
【答案】C

【同步系统训练】

1. 关于现金等价物特点的说法，正确的是（　　）。
A. 流动性强
B. 持有的期限较长
C. 易于转换为现金，但是转换的金额不能确定
D. 价值变动风险较大
【答案】A

1Z102055　财务报表附注的内容和作用

【近年考情分析】

近年考试题量及分值统计表　　表 1Z102055

年　份	单选题量	多选题量	合计分值
2012	0	0	0
2013	0	0	0
2014	0	0	0
2015	0	0	0
2016	0	0	0

【核心考点解析】

1. 财务报表附注的主要内容

《企业会计准则（2006）》规定，附注应当披露财务报表的编制基础。附注一般按下列顺序披露：（1）财务报表的编制基础；（2）遵循企业会计准则的声明。（3）重要会计政策的说明，包括财务报表项目的计量基础和会计政策的确定依据等；（4）重要会计估计的说明，包括下一会计期间内很可能导致资产、负债账面价值重大调整的会计估计的确定依据等；（5）会计政策和会计估计变更以及差错更正的说明；（6）对已在资产负债表、利润表、现金流量表和所有者权益变动表中列示的重要项目的进一步说明，包括终止经营税后利润的金额及其构成情况等；（7）或有和承诺事项、资产负债表日后非调整事项、关联方关系及其交易等需要说明的事项。

2. 财务报表附注的作用

由于财务报表中所规定的内容具有一定的固定性和规定性，只能提供定量的会计信息，其所能反映的会计信息受到一定的限制。财务报表附注是对财务报表的补充。

1Z102060 财务分析

1Z102061 财务报表分析方法

【近年考情分析】

近年考试题量及分值统计表　　表 1Z102061

年　份	单选题量	多选题量	合计分值
2012	0	0	0
2013	0	0	0
2014	0	0	0
2015	0	0	0
2016	1	0	1

【核心考点解析】

财务报表分析的方法，主要包括趋势分析法、比率分析法和因素分析法。

1. 趋势分析法

采用趋势分析法对不同时期财务指标的比较，可以有定基指数和环比指数两种方法：定基指数就是各个时期的指数都是以某一固定时期为基期来计算。

$$定基指数=\left(\frac{分析期数额}{固定基期数额}\right)\times 100\% \qquad (1Z102061\text{-}1)$$

环比指数则是各个时期的指数以前一期为基期来计算。

$$环比指数=\left(\frac{分析期数额}{前一期数额}\right)\times 100\% \qquad (1Z102061\text{-}2)$$

趋势分析法通常采用定基指数，其优点是简便、直观。但在采用时，应注意以下问题：(1) 用于对比的不同时期的指标，在计算口径上必须一致；(2) 剔除偶发项目的影响，使用于分析的数据能反映正常的经营状况；(3) 重点分析某项有显著变化的指标，研究其变动原因，以采取对策，趋利避害。

2. 比率分析法

比率分析法是财务分析最基本、最重要的方法。常用的比率主要有以下三种：

(1) 构成比率，反映部分与总体的关系，如流动资产占资产总额的比率；

(2) 效率比率，反映投入与产出的关系，如净资产收益率；

(3) 相关比率，反映有关经济活动的相互关系，如流动比率。

3. 因素分析法

(1) 连环替代法

连环替代法是将分析指标分解为各个可以计量的因素，并根据各个因素之间的依存关系，顺次用各因素的比较值（通常为实际值）替代基准值（通常为标准值或计划值），据以测定各因素对指标的影响。

（2）差额计算法

差额计算法是连环替代法的一种简化形式，它是利用各因素的实际数与基准值之间的差额，计算各因素对分析指标的影响。

【历年真题精选】

1.（2016）某施工企业8月份钢筋原材料的实际费用为22万元，而计划值为20万元，由于钢筋原材料费由工程数量、单位工程量钢筋耗用量和钢筋单价三个因素乘积构成，若分析这三个因素对钢筋原材料费的影响方向及程度，适宜采用的财务分析方法是(　　)。

A. 概率分析法　　　　B. 结构分析法

C. 因素分析法　　　　D. 趋势分析法

【答案】C

【解析】本题考核的是财务分析方法的运用。财务报表分析的方法，主要包括趋势分析法、比率分析法和因素分析法。

（1）趋势分析法又称水平分析法，是通过对比两期或连续数期财务报告中相同指标，确定其增减变化的方向、数额和幅度，来说明企业财务状况、经营成果和现金流量变动趋势的分析方法。

（2）比率分析法是通过计算各种比率来确定经济活动变动程度的分析方法。

（3）因素分析法是依据分析指标与其驱动因素之间的关系，从数量上确定各因素对分析指标的影响方向及程度的分析方法。

故本题答案为C。

1Z102062　基本财务比率的计算和分析

【近年考情分析】

近年考试题量及分值统计表　　　　表1Z102062

年　　份	单选题量	多选题量	合计分值
2012	1	0	1
2013	2	1	4
2014	0	1	2
2015	2	1	4
2016	1	1	3

【核心考点解析】

财务比率是通过财务报表中的财务数据的关联性计算的，它显示了财务报表科目之间的关系。

1. 偿债能力比率

（1）资产负债率

资产负债率是企业总负债与总资产之比，它既能反映企业利用债权人提供资金进行经营活动的能力，也能反映企业经营风险的程度，是综合反映企业长期偿债能力的重要指标。其计算公式为：

$$资产负债率=\frac{总负债}{总资产}\times 100\% \quad (1Z102062\text{-}1)$$

从企业债权人角度看，资产负债率越低，说明企业偿债能力越强，债权人的权益就越有保障。从企业所有者和经营者角度看，通常希望该指标高些，这有利于利用财务杠杆增加所有者获利能力。但资产负债率过高，企业财务风险也会增大。因此，一般地说，该指标为50%比较合适，有利于风险与收益的平衡。

（2）流动比率

流动比率是企业流动资产与流动负债的比率，主要反映企业的短期偿债能力。其计算公式为：

$$流动比率=\frac{流动资产}{流动负债} \quad (1Z102062\text{-}2)$$

通常认为，生产性行业合理的最低流动比率为2。这只是一个参考值，并不是要求企业的财务指标必须维持在这个水平。如果流动比率过高，则要检查其原因，是否是资产结构不合理造成的，或者是募集的长期资金没有尽快投入使用，或者是其他原因。如果流动比率过低，企业近期可能会有财务方面的困难。偿债困难会使企业的风险加大最近几十年，企业的经营方式和金融环境发生了很大变化，流动比率有下降的趋势。

（3）速动比率

速动比率是企业流动资产与流动负债的比率关系，反映企业短期偿债能力的指标。

速动资产是指能够迅速变现为货币资金的各类流动资产，通常有两种计算方法：一种方法是将流动资产中扣除存货后的资产统称为速动资产：即速动资产＝流动资产－存货；另一种方法是将变现能力较强的货币资金、交易性金融资产、应收票据、应收账款和其他应收款等加总作为速动资产：速动资产＝货币资金＋交易性金融资产＋应收票据＋应收账款＋其他应收款。在企业不存在其他流动资产项目时，这两种方法的计算结果应一致。否则，用第二种方法要比第一种方法准确，但比第一种方法复杂。其计算公式为：

$$速动比率=\frac{流动资产}{流动负债} \quad (1Z102062\text{-}3)$$

由于速动资产的变现能力较强，因此，经验认为，速动比率为1就说明企业有偿债能力，低于1则说明企业偿债能力不强，该指标越低，企业的偿债能力越差。在企业的流动资产中，存货的流动性最小。在发生清偿事件时，存货蒙受的损失将大于其他流动资产。因此一个企业不依靠出售库存资产来清偿债务的能力是非常重要的。

2. 运营能力比率

（1）总资产周转率

总资产周转率是指企业在一定时期内主营业务收入与总资产的比率。总资产周转率的计算公式如下：

$$总资产周转率（次）=\frac{主营业务收入}{资产总额} \quad (1Z102062\text{-}4)$$

在上述公式中，资产总额一般取期初资产总额和期末资产总额的平均值计算。

总资产周转率表明一年中总资产周转的次数，或者说明每 1 元总资产支持的主营业务收入。周转率越高，反映企业销售能力越强。

（2）流动资产周转率

通常用周转次数和周转天数来表示。两个指标的计算分别如下：

$$流动资产周转次数=\frac{流动资产周转额}{流动资产平均值} \tag{1Z102062-5}$$

$$流动资产周转天数=\frac{计算期天数}{流动资产周转次数} \tag{1Z102062-6}$$

在上述的公式中，流动资产平均值一般取期初流动资产和期末流动资产的平均值。

流动资产周转次数表明 1 年中流动资产周转的次数，或说明 1 元流动资产支持的营业收入。流动资产周转天数表明流动资产周转 1 次需要的时间，也是将流动资产转换成现金平均需要的时间。

（3）存货周转率

存货周转率指标有存货周转次数和存货周转天数两种形式。其计算公式分别为：

$$存货周转次数=\frac{营业成本}{存货} \tag{1Z102062-7}$$

$$存货周转天数=\frac{计算期天数}{存货周转次数} \tag{1Z102062-8}$$

在上述公式中，存货一般取期初存货和期末存货的平均值。

存货周转率是衡量和评价企业购入存货、投入生产、销售收回等各环节管理状况的综合性指标。该指标在不同行业之间也存在着较大的差别，一般情况下，存货周转率越高、周转天数越短，说明该指标越好，它表明企业存货周转速度快，经营效率高，库存存货适度；周转率低或者下降，周转天数长，则可能意味着企业存货中残次品的增加，这样就会增大企业在存货方面的投资，同时也增大了企业的经营风险。提高存货周转率可提高企业的变现能力，而存货周转速度越慢则企业的变现能力越差。

（4）应收账款周转率

通常用应收账款周转次数和应收账款周转天数两种形式来表示。其计算公式分别为：

$$应收账款周转率（周转次数）=\frac{营业收入}{应收账款} \tag{1Z102062-9}$$

$$应收账款周转天数=\frac{365}{应收账款周转次数} \tag{1Z102062-10}$$

在上述式中，应收账款一般取期初应收账款和期末应收账款的平均值。

应收账款周转率通常用来测定企业在某一特定时期内收回赊销账款的能力，它既可以反映企业应收账款的变现速度，又可以反映企业的管理效率。在实际工作中，由于企业赊销资料属于商业秘密不宜对外公开披露，因此，该指标一般是用赊销和现销总数即销售收入净额来反映。一般认为应收账款周转率越高、周转天数越短越好，它表明企业应收账款收回速度快，这样一方面可以节约资金，同时也说明企业信用状况好，不易发生坏账损失。

3. 盈利能力比率

（1）净资产收益率

净资产收益率是反映企业盈利能力的核心指标。该指标越高，净利润越多，说明企业盈利能力越好。净资产收益率的计算公式如下：

$$净资产收益率=\frac{净利润}{净资产}\times100\% \quad (1Z102062\text{-}11)$$

式中，净利润是指企业当期税后利润；净资产是指企业期末资产减负债后的余额，通常取期初净资产和期末净资产的平均值。

净资产收益率把企业一定期间的净利润与企业的净资产相比较，可以反映企业资产利用的综合效果。指标越高，表明资产的利用效率越高，说明企业在增加收入和节约资金使用等方面取得了良好的效果。

（2）总资产净利率

总资产净利率是反映企业全部资产运用的总成果。总资产净利率的计算公式如下：

$$总资产净利率=\frac{净利润}{资产总额}\times100\% \quad (1Z102062\text{-}12)$$

式中，资产总额可以取期初资产总额和期末资产总额的平均值。

总资产净利率反映公司资产的利用效率，是个综合性很强的指标。该指标越高，表明企业资产的利用效率越高，同时也意味着企业资产的盈利能力越强，该指标越高越好。

4. 发展能力比率

（1）营业增长率

其计算公式为：

$$营业增长率=\frac{本期营业收入增加额}{上期营业收入总额}\times100\% \quad (1Z102062\text{-}13)$$

营业增长率表示与上期相比，营业收入的增减变化情况，是评价企业成长状况和发展能力的重要指标。该指标是衡量企业经营状况和市场占有能力、预测企业经营业务拓展趋势的重要标志，也是企业扩张资本的重要前提。该指标若大于零，表明企业本期的营业收入有所增长，指标值越高，表明增长速度越快，企业市场前景越好；反之则说明企业市场份额萎缩。

（2）资本积累率

资本积累率的计算公式为：

$$资本积累率=\frac{本年所有者权益增长额}{年初所有者权益}\times100\% \quad (1Z102062\text{-}14)$$

资本积累率是企业当年所有者权益总的增长率，反映了企业所有者权益在当年的变动水平。该指标体现了企业资本的积累能力，是评价企业发展潜力的重要指标，也是企业扩大再生产的源泉。资本积累率反映了投资者投入企业资本的保全性和增长性，该指标越高，表明企业的资本积累越多，企业资本保全性越强，应付风险、持续发展的能力越大；该指标如为负值，表明企业资本受到侵蚀，所有者权益受到损害，应予以充分重视。

5. 财务指标综合分析——杜邦财务分析体系

该体系是以净资产收益率为核心指标，以总资产净利率和权益乘数为两个方面，重点揭示企业获利能力及权益乘数对净资产收益率的影响，以及各相关指标之间的相互作用关系。

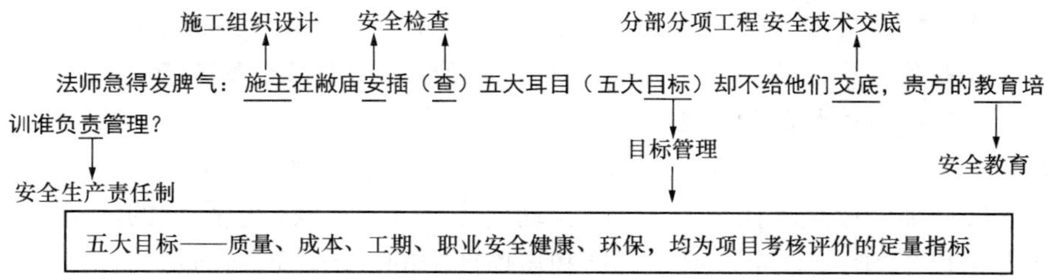

图 1Z102062　杜邦财务分析体系

【历年真题精选】

1.（2016） 数值越高，则表明企业全部资产的利用效率越高、盈利能力越强的财务指标是(　　)。

A. 营业增长率　　B. 资产负债率

C. 总资产净利率　　D. 资本积累率

【答案】 C

【解析】 本题考核的是对基本财务比率指标的理解。

（1）偿债能力主要反映企业偿还到期债务的能力，常用的分析指标包括资产负债率、流动比率以及速动比率。

（2）衡量企业发展能力的主要指标包括营业增长率以及资本积累率。

（3）而企业赚取利润的能力，即盈利能力，常用的分析指标包括净资产收益率以及总资产净利率。其中，总资产净利率反映公司资产的利用效率，是个综合性很强的指标。该指标越高，表明企业资产的利用效率越高，同时也意味着企业资产的盈利能力越强，该指标越高越好。

故本题答案为 C。

2.（2012） 下列财务比率中，属于企业偿债能力分析指标的是（　　）。

A. 流动比率　　B. 总资产周转率　　C. 净资产收益率　　D. 营业增长率

【答案】 A

3.（2013） 下列财务指标中，数值越高，表明企业资产的盈利能力越强的指标是(　　)。

A. 营业增长率　　B. 速动比率

C. 总资产周转率　　D. 总资产报酬率

【答案】 D

注：在 2015 年修订的《建设工程经济》中，已将总资产报酬率改为总资产净利率，其计算公式见核心考点解析。

4.（2016） 分析企业债务清偿能力时，可列入速动资产的有（　　）。

A. 货币资金　　B. 应收票据

C. 应收账款　　D. 存货

E. 交易性金融资产

【答案】 ABCE

【解析】 本题考核的是对速动资产的理解。速动资产是指能够迅速变现为货币资金的各类流动资产，通常有两种计算方法：一种方法是将流动资产中扣除存货后的资产统称为速动资产；另一种方法是将变现能力较强的货币资金、交易性金融资产、应收票据、应收账款和其他应收款项等加总作为速动资产。

故本题答案为 ABCE。

5.（2015）某企业流动比率为3.2，速动比率为1.5，该行业平均的流动比率和速动比率分别为3和2。关于该企业流动资产和偿债能力的说法，正确的是（　　）。

A. 该企业的偿债能力较强

B. 该企业的应收票据、应收账款比例较大

C. 该企业流动资产中存货比例过大

D. 该企业流动资产中货币资金比例较大

【答案】C

【解析】流动比率是企业流动资产与流动负债的比率，速动比率是指企业的速动资产与流动负债之间的比率关系，这两个指标都可反映企业的短期偿债能力。速动资产是指能够迅速变现为货币资金的各类流动资产，通常有两种计算方法：一种方法是将流动资产中扣除存货后的资产统称为速动资产；另一种方法是将变现能力较强的货币资金、交易性金融资产、应收票据、应收账款和其他应收款等加总作为速动资产。在企业不存在其他流动资产项目时，这两种方法的计算结果一致。

本题该企业的流动速率比行业的流动速率大，但速动比率比行业的速动比率小，则两者的差异在于流动资产和速动资产的差异，即存货。企业的流动速率相对大，而速动比率相对小，则表示存货的比例过大。企业的速动比率小于行业的速动比率，则该企业的偿债能力相对较弱。故本题正确选项为C。

6.（2015）企业财务比率分析中，反映盈利能力的指标有（　　）。

A. 总资产净利率　　B. 总资产周转率

C. 净资产收益率　　D. 存货周转率

E. 营业增长率

【答案】AC

【解析】本题考查的是盈利能力比率。反映企业盈利能力的指标很多，常用的主要有净资产收益率和总资产净利率。答案为AC。

【同步系统训练】

1. 下列财务指标中，可以反映企业资产管理效率的指标是（　　）。

A. 净资产收益率　　B. 流动比率

C. 存货周转率　　D. 资本积累率

【答案】C

2. 关于杜邦财务分析体系的说法，正确的有（　　）。

A. 通过杜邦分析能发现企业资本金的变动趋势

B. 杜邦分析能研究各项资产的比重变化情况，揭示企业的偿债能力

C. 杜邦分析利用财务比率的内在联系对企业财务状况和经营成果进行综合评价

D. 杜邦分析将若干财务指标形成一个完整的指标体系

E. 杜邦分析以净资产收益率为核心指标

【答案】 CDE

3. 杜邦财务分析体系揭示的是(　　)对净资产收益率的影响。

A. 总资产净利率及资产总额　　B. 资本积累率及销售收入

C. 企业获利能力及权益乘数　　D. 营业增长率及资本积累

【答案】 C

【解析】 在财务指标综合分析方法中，比较典型的是杜邦财务分析体系，简称杜邦分析，是利用各主要财务比率指标之间的内在联系对企业财务状况和经营成果进行综合系统评价的方法。该体系是以净资产收益率为核心指标，以总资产净利率和权益乘数为两个方面，重点揭示企业获利能力及权益乘数对净资产收益率的影响，以及各相关指标之间的相互作用关系。故答案为C。

1Z102070　筹资管理

1Z102071　资金成本的作用及其计算

【近年考情分析】

近年考试题量及分值统计表　　表 1Z102071

年　份	单选题量	多选题量	合计分值
2012	1	0	1
2013	1	1	3
2014	0	0	0
2015	1	0	1
2016	1	0	1

【核心考点解析】

1. 资金成本和筹资总额、筹资费用和资金占用费之间的关系

$$资金成本率 = \frac{资金占用费}{筹资净额}$$

其中，筹资净额＝筹资总额－筹资费＝筹资总额×（1－筹资费率）

2. 资金成本的作用

（1）选择资金来源、确定筹资方案的重要依据；（2）评价投资项目、比较投资方案和进行投资决策的经济标准；（3）评价企业经营业绩的基准。

【历年真题精选】

1.（2014） 某企业拟从银行取得一笔贷款2000万元，期限3年，每年年末付息，到期一次还本。有四家银行提出的贷款条件见下表：

费率＼银行	甲	乙	丙	丁
手续费率	0.1%	0.2%	0.5%	0.2%
年利率	7%	8%	6%	7.5%

该企业所得税率为25%。仅从资金成本的角度考虑，该企业应从（　　）银行贷款。

A. 甲　　B. 乙　　C. 丙　　D. 丁

【答案】 C

【解析】 企业筹集使用资金所负担的费用同筹集资金净额的比，叫做资金成本率（通常也叫资金成本）。

$$资金成本率=\frac{资金占用费}{筹资净额}$$

其中，筹资净额＝筹资总额－筹资费＝筹资总额×（1－筹资费率）。

甲银行的资金成本率为：$\frac{2000\times7\%\times(1-25\%)}{2000\times(1-0.1\%)}=5.25\%$

乙银行的资金成本率为：$\frac{2000\times8\%\times(1-25\%)}{2000\times(1-0.2\%)}=6.01\%$

丙银行的资金成本率为：$\frac{2000\times6\%\times(1-25\%)}{2000\times(1-0.5\%)}=4.25\%$

丁银行的资金成本率为：$\frac{2000\times7.5\%\times(1-25\%)}{2000\times(1-0.2\%)}=5.64\%$

故答案为C。

2.（2013） 某施工企业从银行借款3000万元，手续费率为0.5%，年利率为6%，期限为3年，每年年末计息并支付，到期一次还本，企业所得税率为25%，则该笔借款的资金成本率为（　　）。

A. 6.03%　　B. 6.00%

C. 4.52%　　D. 4.50%

【答案】 C

【解析】 本题考核的是资金成本率的计算。资金成本是指企业为筹措和使用资本而付出的代价，是资金使用者向资金所有者和中介结构支付的占用费和筹集费用。资金成本包括资金占用费和筹资费用两个部分。资金占用费是指企业占用资金支付的费用，如银行借款利息和债券利息等。筹资费用是指在资金筹集过程中支付的各项费用，如银行的借款手续费，发行债券支付的印刷费、代理发行费、律师费、公证费、广告费等，它通常是在筹措资金时一次性支付，在使用资金的过程中不再发生。因此筹措费用可看作资金成本的固定费用，一般视为筹资数额的一项扣除。资金成本率是指企业筹集使用资金所负担的费用同筹集资金净额的比值，其计算公式为：

$$资本成本率=\frac{资金占用费}{筹资总额}$$

其中，筹资净额＝筹资总额－筹资费＝筹资总额×（1－筹资费率）。

同时，对于债务资金成本，即长期借贷资金成本和长期债券资金成本，根据企业所得税法的规定，企业债务的利息允许从税前利润中扣除，从而可以抵免企业所得税。因此，企业实际负担的债务资金成本率应当考虑所得税因素。

因此，该笔借款的资本成本率 $= \dfrac{3000 \times 6\% \times (1-25\%)}{3000 \times (1-0.5\%)} = 4.52\%$ 。

故本题答案为C。

3.（2013） 下列资金成本中，属于资金占用费的有（　　）。

A. 借款手续费　　B. 债券利息

C. 发行债券支付的印刷费　　D. 筹资过程中支付的广告费

E. 贷款利息

【答案】 BE

4.（2015） 某企业通过长期借款和长期债券两种方式筹资，其中长期借款3000万元，长期债券2000万元，期限均为3年，每年结息一次，到期一次还本。长期借款年利率为6%，手续费率2%；长期债券年利率为6.5%，手续费率1.5%。企业所得税率25%。关于该企业资金成本的说法，错误的是(　　)。

A. 长期债券的资金成本率为4.95%

B. 长期借款的资金成本率为4.59%

C. 企业筹资的综合资金成本率为4.77%

D. 两种筹资成本均属于债务资金成本

【答案】 C

【解析】 本题考查的是资金成本率的计算。计算公式为：

$$资金成本率 = \frac{资金占用费}{筹资净额}$$

其中，筹资净额 = 筹资总额 − 筹资费 = 筹资总额 ×(1 − 筹资费率)

资金占用费是指企业占用资金支付的费用，如银行借款利息和债券利息。筹资费用是指在资金筹集过程中支付的各项费用，如银行手续费等，它通常是在筹措资金时一次性支付，在使用资金的过程中不再发生。同时，根据企业所得税法的规定，企业债务的利息允许从税前利润中扣除，从而可以抵免企业所得税。因此企业实际负担的债务资金成本率应当考虑所得税因素。

$$长期债券的资金成本率 = \frac{2000 \times 6.5\% \times (1-25\%)}{2000 \times (1-1.5\%)} = 4.95\%$$

$$长期借款的资金成本率 = \frac{3000 \times 6\% \times (1-25\%)}{3000 \times (1-2\%)} = 4.59\%$$

$$综合资金成本率 = 4.95\% \times \frac{2000}{2000+3000} + 4.59\% \frac{3000}{2000+3000} = 4.734\%$$

故答案为C。

【同步系统训练】

1. 某施工企业从银行取得一笔借款500万元，银行手续费率为0.5%，借款年利率为7%，期限为2年，每年计算并支付利息，到期一次还本，企业所得税率为25%，则在财务上这笔借款的资金成本率为（ ）。

A. 5.25% B. 5.28% C. 7.00% D. 7.04%

【答案】B

【解析】资金成本率：$\frac{500\times7\%\times(1-25\%)}{500\times(1-0.5\%)}=5.28\%$

1Z102072 短期筹资的特点和方式

【近年考情分析】

近年考试题量及分值统计表 表1Z102072

年 份	单选题量	多选题量	合计分值
2012	1	1	3
2013	1	1	3
2014	1	1	3
2015	1	1	3
2016	1	0	1

【核心考点解析】

1. 短期筹资的特点

（1）筹资速度快；（2）筹资弹性好；（3）筹资成本较低；（4）筹资风险高。

2. 短期筹资策略

流动资产组合策略是指如何配置流动资产，调整临时性与永久性流动资产两者的比例的问题。包括：（1）配合型筹资策略；（2）激进型筹资策略；（3）稳健型筹资策略。

3. 短期筹资的方式

（1）短期筹资的方式（应付账款、应付票据、预收账款）；（2）短期借款（a. 短期借款的信用条件；b. 短期借款利率及其支付方法；c. 企业对银行的选择；d. 短期筹资的特点）。

【历年真题精选】

1.（2016）某施工企业需要从银行借款200万元，期限1年，有甲、乙、丙、丁四家银行愿意提供贷款，年利率均为7%，但利息支付方式不同：甲要求采用贴现法；乙要求采用收款法；丙、丁均要求采用加息法，并且丙要求12个月内等额还本付息，丁要求12个月内等额本金偿还，利息随各期的本金一起支付，其他贷款条件都相同。则该企业借款应选择的银行是（ ）。

A. 甲 B. 乙

C. 丙 D. 丁

【答案】B

【解析】本题考核的是短期借款不同利息支付方法的计算。一般来讲，短期借款企业可以用以下三种方法支付银行贷款利息：

（1）贴现法。贴现法是银行向企业发放贷款时，先从本金中扣除利息部分，而到期时借款企业则要偿还贷款全部本金的一种计息方法。则该企业支付给甲家银行的利息额＝200×7％＝14万元，按照贴现法付息，企业实际可利用的借款＝200－14＝186万元，该项借款的实际利率$i_{甲}$＝14÷186＝7.53％。

（2）收款法。收款法是在借款到期时向银行支付利息的方法。则该企业向乙家银行借款的实际利率$i_{乙}=r$（名义利率）＝7％。

（3）加息法。加息法是银行发放分期等额偿还贷款时采用的利息收取方法。在分期等额偿还贷款的情况下，银行要根据名义利率计算的利息加到贷款本金上，计算出贷款的本息和，要求企业在贷款期内分期偿还本息之和的金额。由于贷款分期均衡偿还，借款企业实际上只平均使用了贷款本金的半数，却支付半额到全额的利息，企业所负担的实际利率便高于名义利率。即该企业向丙、丁家银行借款的实际利率均大于名义利率7％，即$i_{丙}>7\%$；$i_{丁}>7\%$。

因此，该企业向乙家银行借款的实际利率最低。故本题答案为B。

2.（2013）根据现行《企业会计准则》，应列入流动负债的有（　　）。

A. 应交税金　　B. 应收账款　　C. 长期借款　　D. 短期投资

E. 应付工资

【答案】AE

3.（2014）某施工企业按照2/15、n/30的信用条件购入货物100万元，该企业在第28天付款，则其放弃现金折扣的成本是（　　）。

A. 8.33％　　B. 26.23％　　C. 56.51％　　D. 48.98％

【答案】D

【解析】放弃现金折扣成本＝折扣百分比÷（1－折扣百分比）×360÷（信用期－折扣期）＝［2％÷（1－2％）］×［360÷（30－15）］＝48.98％

4.（2015）下列筹资方式中，属于商业信用筹资方式的是（　　）。

A. 预收账款　　B. 短期借款

C. 融资租赁　　D. 抵押贷款

【答案】A

【解析】商业信用是指在商品交易中由于延期付款或预收货款所形成的企业间的借贷关系。它运用广泛，在短期负债筹资中占有相当大的比重。商业信用的具体形式有应付账款、应付票据、预收账款等。故答案为A。

5.（2015）对筹资方而言，短期负债筹资的特点有（　　）。

A. 筹资速度快　　B. 筹资难度大

C. 限制条件较多　　D. 筹资成本较高

E. 筹资风险高

【答案】AE

【解析】本题考查的是短期筹资的特点。短期负债筹资通常具有如下特点：筹资速度快、筹资弹性好、筹资成本较低、筹资风险高。故答案为AE。

【同步系统训练】

1. 施工企业从建设单位取得工程预付款，属于企业筹资方式中的（　　）筹资。

A. 融资租赁　　B. 短期借款　　C. 商业信用　　D. 长期借款

【答案】C

2. 下列短期负债筹资方式中，属于商业信用形式的有（　　）。

A. 预收账款　　B. 应付账款

C. 商业承兑汇票　　D. 银行承兑汇票

E. 抵押贷款

【答案】ABCD

3. 企业短期筹资时，贷款的实际利率高于名义利率的利息支付方法有（　　）。

A. 贴现法　　B. 加息法　　C. 收款法　　D. 固定利率法

E. 浮动利率法

【答案】AB

1Z102073　长期筹资的特点和方式

【近年考情分析】

近年考试题量及分值统计表　　表 1Z102073-1

年　份	单选题量	多选题量	合计分值
2012	2	0	2
2013	3	0	3
2014	0	0	0
2015	0	0	0
2016	0	1	2

【核心考点解析】

1. 长期负债筹资分类

长期负债筹资可分为长期借款筹资、长期债券筹资、融资租赁和可转换债券筹资。

长期借款、债筹投资与融资租赁比较　　表 Z102073-2

	长期借款筹资	长期债券筹资	融资租赁
概念	企业向银行或其他非银行金融机构借入的使用期超过1年的借款	期限超过1年的公司债券	指长期的、完全补偿的、不可撤销、由承租人负责维护的租赁
特点	a. 筹资速度快 b. 借款弹性较大 c. 借款成本较低 d. 长期借款的限制性条款比较多，制约着借款的使用	a. 筹资对象广、市场大 b. 成本高、风险大、限制条件多	a. 租赁期限长 b. 出租方通常不提供维修和保养服务 c. 一般不得提出提前解除租赁合同 d. 租赁期满后，可以将租赁物退还给出租方，也可以作价将租赁物买下，还可以续租

2. 长期股权筹资

长期股权筹资分为优先股筹资、普通股股票筹资以及认股权证筹资。

【历年真题精选】

1.（2013）某施工企业向银行借款 250 万元，期限 2 年，年利率 6%，半年复利计息一次，第二年末还本付息，则到期企业需支付给银行的利息为（　　）万元。

A. 30.00　　B. 30.45　　C. 30.90　　D. 31.38

【答案】D

【解析】利息为：$250\times(1+3\%)^4-250\approx31.38$ 万元

2.（2013）关于设备租赁的说法，错误的是（　　）。

A. 融资租赁通常适用于长期使用的贵重设备

B. 临时使用的设备适宜采用经营租赁方式

C. 经营租赁的任一方可以以一定方式在通知对方后的规定期限内取消租约

D. 租赁期内，融资租赁承租人拥有租赁设备的所有权

【答案】D

3.（2016）融资租赁的租金应由（　　）构成。

A. 租赁资产的成本　　B. 出租人承办租赁业务的费用

C. 租赁资产成本的利息　　D. 出租人提供租赁服务的利润

E. 租赁资产的运行成本

【答案】ABCD

【解析】本题考核的是融资租赁租金的构成。租金是承租企业占用出租人的资产而向出租人付出的成本，是租赁决策的重要因素。融资租赁的租金包括三大部分。

（1）租赁资产的成本：租赁资产的成本大体由资产的购买价、运杂费、运输途中的保险费等项目构成。

（2）租赁资产成本的利息：即出租人向承租人所提供资金的利息。

（3）租赁手续费：包括出租人承办租赁业务的费用以及出租人向承租人提供租赁服务所赚取的利润。

故本题答案为 ABCD。

【同步系统训练】

1. 某公司以单利方式一次性借入资金 2000 万元，借款期限 3 年，年利率 8%，期满一次还本付息，则第三年末应偿还的本利和为（　　）万元。

A. 2160　　B. 2240　　C. 2480　　D. 2519

【答案】C

【解析】本利和＝本金＋利息＝$2000+2000\times8\%\times3=2480$ 万元

2. 设备融资租赁与经营租赁的主要不同点是（　　）。

A. 租金的支付方式　　B. 可用于租赁的设备

C. 租赁双方的根本目的　　D. 租赁双方承担义务的约束力

【答案】D

1Z102080　流动资产财务管理

1Z102081　现金和有价证券的财务管理

【近年考情分析】

近年考试题量及分值统计表　　表 1Z102081

年　份	单选题量	多选题量	合计分值
2012	1	0	1
2013	1	1	3
2014	2	0	2
2015	1	0	1
2016	1	0	1

【核心考点解析】

1. 现金的范围

现金包括库存现金、各种形式的银行存款、银行本票、银行汇票等。有价证券是企业现金的一种转换形式，其变现能力强，可以随时兑换成现金。

2. 企业持有现金的目的

企业持有现金管理的目标，就是要在资产的流动性和盈利能力之间做出抉择，以获取最大的长期利益。满足交易性需要、预防性需要和投机性需要。

3. 现金收支管理的目的

（1）力争现金流量同步；（2）力争现金浮游量；（3）加速收款；（4）推迟应付款的支付。

4. 最佳现金持有量的确定方法

常用的确定现金持有量的方法有成本分析模式、存货模式和随机模式三种。

成本分析模式是通过分析持有现金的成本，寻找持有成本最低的现金持有量。企业持有的现金，将会有三种成本：机会成本、管理成本、短缺成本。

【历年真题精选】

1.（2013） 关于用成本分析模式确定企业现金最佳持有量的说法，正确的是（　　）。

A. 企业持有现金的成本有机会成本、管理成本和短缺成本

B. 管理成本与现金持有量一般呈正比例关系

C. 现金的短缺成本随现金持有量的增加而增加

D. 运用成本分析模式确定现金最佳持有量的目的是加速现金周转速度

【答案】 A

2.（2016） 某施工企业有四种现金持有方案如下表。按成本分析模式选择的最佳现金持有方案应为（　　）方案。

现金持有方案及相关成本（单位：元）

项目＼方案	甲	乙	丙	丁
现金持有量	60000	70000	90000	100000
机会成本	6000	7000	9000	10000
管理成本	3000	3000	3000	3000
短缺成本	6000	5000	2000	0

A. 甲　　B. 乙

C. 丙　　D. 丁

【答案】 D

【解析】 本题考核的最佳现金持有量的计算。现金的管理除了做好日常收支，加速现金流转速度外，还需控制好现金持有规模，即确定适当的现金持有量。成本分析模式是常用的确定现金持有量的方法。成本分析模式是通过分析持有现金的成本，寻找持有成本最低的现金持有量。企业持有的现金，将会有三种成本：机会成本、管理成本、短缺成本。三项成本之和最小的现金持有量，就是最佳现金持有量。

方案甲持有现金成本：$C_{甲} = 6000 + 3000 + 6000 = 15000$ 万元；

方案乙持有现金成本：$C_{乙} = 7000 + 3000 + 5000 = 15000$ 万元；

方案丙持有现金成本：$C_{丙} = 9000 + 3000 + 2000 = 14000$ 万元；

方案丁持有现金成本：$C_{丁} = 10000 + 3000 + 0 = 13000$ 万元。

则有 $C_{丁} < C_{丙} < C_{甲} = C_{乙}$。故本题答案为 D。

3.（2014） 下列现金收支管理措施中，能提高现金利用效率的是（　　）。

A. 推迟应收账款收款时间

B. 充分使用现金浮游量

C. 争取使现金流入的时间晚一些，现金流出的时间尽可能早一些

D. 提前应付款的支付期

【答案】 B

4.（2013） 下列资产在财务管理上可作为现金管理的有（　　）。

A. 库存现金　　B. 银行存款

C. 银行本票　　D. 应收账款

E. 无形资产

【答案】 ABC

5.（2015） 某企业现金管理有四个方案供选择，其最佳现金持有量方案为（　　）方案。

方　案	甲	乙	丙	丁
现金持有量（元）	50000	70000	80000	100000
机会成本（元）	5500	7700	8800	11000
管理成本（元）	8000	8000	8000	8000
短缺成本（元）	6000	4500	1000	0

A. 甲　　B. 乙　　C. 丙　　D. 丁

【答案】C

【解析】本题考查的是最佳现金持有量成本分析。成本分析模式是通过分析持有现金的成本，寻找持有成本最低的现金持有量。甲、乙、丙、丁四方案现金持有总成本如下表所示：

方　案	甲	乙	丙	丁
现金持有量（元）	50000	70000	80000	100000
机会成本（元）	5500	7700	8800	11000
管理成本（元）	8000	8000	8000	8000
短缺成本（元）	6000	4500	1000	0
总成本（元）	19500	20200	17800	19000

经过比较可知，丙方案的总成本最低。故答案为C。

【同步系统训练】

1. 关于现金等价物特点的说法，正确的是（　　）。

A. 流动性强

B. 持有的期限较长

C. 易于转换为现金，但是转换的金额不能确定

D. 价值变动风险较大

【答案】A

2. 某企业有甲、乙、丙、丁四个现金持有方案，各方案的现金持有量依次是60000元、70000元、84000元、120000元。四个方案的机会成本均为现金持有量的10%，管理成本均为24000元，短缺成本依次是8100元、3000元、2500元和0元。若采用成本分析模式进行现金持有量决策，该企业应采用（　　）方案。

A. 甲　　B. 乙

C. 丙　　D. 丁

【答案】B

【解析】成本分析模式是通过分析持有现金的成本，寻找持有成本最低的现金持有量。

现金持有方案	甲	乙	丙	丁
机会成本	6000	7000	8400	12000
管理成本	24000	24000	24000	24000
短缺成本	8100	3000	2500	0
总成本	38100	34000	34900	36000

乙现金持有方案总成本最低。

1Z102082 应收账款的财务管理

【近年考情分析】

近年考试题量及分值统计表　　表 1Z102082

年　份	单选题量	多选题量	合计分值
2012	1	0	1
2013	0	0	0
2014	0	0	0
2015	0	0	0
2016	0	0	0

【核心考点解析】

1. 企业的信用政策

企业的信用政策包括：信用期间、信用标准和现金折扣政策。

（1）信用期间是企业允许顾客从购货到付款之间的时间，或者说是企业给予顾客的付款期间。

（2）信用标准是指顾客获得企业的交易信用所应具备的条件。“5C”系统，是评估顾客信用品质的五个方面，即：品质（Character）、能力（Capacity）、资本（Capital）、条件（Condition）、抵押（Collateral）。

（3）现金折扣是企业对顾客在商品价格上所做的扣减。

2. 应收账款的收账：应收账款回收情况的监督和收账政策的制定。

【历年真题精选】

1.（2012） 企业应收账款管理中，可以通过“5C”系统对顾客的（　　）进行评估。

A. 资产状况　　B. 偿债能力

C. 盈利能力　　D. 信用品质

【答案】 D

1Z102083 存货的财务管理

【近年考情分析】

近年考试题量及分值统计表　　表 1Z102083-1

年　份	单选题量	多选题量	合计分值
2012	0	0	0
2013	1	0	1
2014	1	0	1
2015	1	0	1
2016	1	0	1

【核心考点解析】

1. 存货管理的目标

在各种存货成本与存货效益之间做出权衡，达到两者的最佳结合。

2. 储备存货的有关成本

储备存货的有关成本　　表 1Z102083-2

存货的总成本	取得成本（TC_a）	订货成本（订货固定成本 F_1＋订货变动成本 K）
		购置成本
	储存成本（DU）	储存固定成本
		储存变动成本
	缺货成本（TC_s）	

3. 存货的决策

存货的决策就是决定进货项目、选择供应单位、决定进货时间和决定进货批量。

其中，在严格的假设条件之下的理论模型中，

经济订货量：　$Q^* = \sqrt{2KD/K_2}$

Q^*——经济订货量；

K——每次订货的变动成本；

D——存货年需要量；

K_2——单位成本。

4. 存货管理的 ABC 分析法

存货管理的 ABC 分析法就是按照一定的标准，将企业的存货划分为 A、B、C 三类，分别实行分品种重点管理、分类别一般控制和按总额灵活掌握的存货管理方法。分类的标准主要有两个：一是金额标准；二是品种数量标准。

5. 运用存货 ABC 分析法管理存货

A 类存货应集中主要精力，对其经济批量进行认真规划，实施严格控制；C 类存货占用资金很少，可凭经验确定进货量；B 类存货介于 A 类和 C 类之间，也应给予相当的重视，但不必像 A 类那样进行非常严格的规划和控制，管理中根据实际情况采取灵活措施。

【历年真题精选】

1.（2016）关于企业存货管理的说法，正确的是（　　）。

A. 存货管理是要在存货成本与存货效益之间做出权衡，达到两者之间的最佳结合

B. 存货管理的目标是最大限度地降低存货成本

C. 财务部门存货管理的职责是选择供应单位及筹集订货资金

D. 根据存货管理的 ABC 分析法，应对 C 类存货实施严格控制

【答案】A

【解析】本题考核的是对企业存货管理的理解。进行存货管理，就要尽力在各种存货成本与存货效益之间做出权衡，达到两者的最佳结合，这也就是存货管理的目标。而财务部门的职责是决定进货的时间和进货批量。存货管理的 ABC 分析法就是按照一定标准，

将企业的存货划分为A、B、C三类，分别实行分品种重点管理、分类别一般控制和按总额灵活掌握的存货管理方法。运用存货ABC分析法管理存货，会使企业分清主次，有针对性地采取措施，进行有效的存货管理和控制：从财务管理的角度来看，A类存货种类虽然较少，但占用资金较多，应集中主要精力，对其经济批量进行认真规划，实施严格控制；C类存货虽然种类繁多，但占用资金很少，不必耗费过多的精力去分别确定其经济批量，也难以实行分品种或分大类控制，可凭经验确定进货量；B类存货介于A类和C类之间，也应当给予重视，但不必像A类那样进行非常严格的规划和控制，管理中根据实际情况采取灵活措施。

故本题答案为A。

2.（2014） 某现浇混凝土框架结构工程，施工现场的存货采用ABC分析法管理，应该实施严格控制的存货是（　　）。

A. 钢筋　　B. 砂子　　C. 石子　　D. 模板

【答案】 A

3.（2015） 某施工企业生产所需甲材料，年度采购总量为200t，每吨单价为1000元，一次订货成本为100元，每吨材料的年平均储备成本为400元。则该材料的经济采购批量为(　　)t。

A. 6.32　　B. 7.07　　C. 10.00　　D. 100.00

【答案】 C

【解析】 按照存货管理的目的，需要通过合理的进货批量和进货时间，使存货的总成本最低，这个批量叫做经济订货量或经济批量。经济批量的基本模型是：$Q^* = \sqrt{2KD/K_2}$，其中Q^*表示经济批量，K表示每次订货的变动成本，D表示存货年需要量，K_2表示单位储存成本。因此该施工企业该材料的经济采购批量为：

$$Q^* = \sqrt{2 \times 100 \times 200 \div 400} = 10.00\text{t}$$

答案为C。

1Z103000　建设工程估价

1Z103010　建设工程项目总投资

1Z103011　建设工程项目总投资的组成

【近年考情分析】

近年考试题量及分值统计表　　　　**表 1Z103011-1**

年　份	单选题量	多选题量	合计分值
2012	0	1	2
2013	1	0	1
2014	0	0	0
2015	1	0	1
2016	1	0	1

【核心考点解析】

1. 建设工程项目总投资组成

建设工程项目总投资组成　　　　**表 1Z103011-2**

<table>
<tr><th colspan="4">费用项目名称</th></tr>
<tr><td rowspan="20">建设工程项目总投资</td><td rowspan="19">建设投资</td><td rowspan="2">第一部分
工程费用</td><td>建筑安装工程费</td></tr>
<tr><td>设备及工器具购置费</td></tr>
<tr><td rowspan="15">第二部分
工程建设其他费用</td><td>土地使用费</td></tr>
<tr><td>建设管理费</td></tr>
<tr><td>可行性研究费</td></tr>
<tr><td>研究试验费</td></tr>
<tr><td>勘察设计费</td></tr>
<tr><td>环境影响评价费</td></tr>
<tr><td>劳动安全卫生评价费</td></tr>
<tr><td>场地准备及临时设施费</td></tr>
<tr><td>引进技术和进口设备其他费</td></tr>
<tr><td>工程保险费</td></tr>
<tr><td>特殊设备安全监督检验费</td></tr>
<tr><td>市政公用设施建设及绿化补偿费</td></tr>
<tr><td>联合试运转费</td></tr>
<tr><td>生产准备费</td></tr>
<tr><td>办公和生活家具购置费</td></tr>
<tr><td rowspan="2">第三部分
预备费</td><td>基本预备费</td></tr>
<tr><td>涨价预备费</td></tr>
<tr><td colspan="3">流动资产投资——铺底流动资金</td></tr>
</table>

【历年真题精选】

1.（2016） 下列建设工程项目投资中，属于动态投资的是（　　）。

A. 设备及工器具购置费　　B. 铺底流动资金
C. 建设期利息　　D. 基本预备费

【答案】 C

【解析】 本题考核的是建设工程项目投资组成。建设投资分为静态投资和动态投资部分。静态投资部分由建筑安装工程费、设备及工器具购置费、工程建设其他费和基本预备费构成；动态投资部分，是指建设期内，因建设期利息和国家新批准的税费、汇率、利率变动以及建设期价格变动引起的建设投资增加额，包括涨价预备费、建设期利息等。

故本题答案为 C。

2.（2015） 某项目建筑安装工程费、设备及工器具购置费合计为 7000 万元，建设期 2 年分别投入 4000 万元和 3000 万元。建设期内预计年平均价格总水平上涨率为 5%，建设期贷款利息为 735 万元，工程建设其他费用为 400 万元，基本预备费率为 10%，流动资金为 800 万元。则该项目的静态投资为（　　）万元。

A. 8140　　B. 8948.5
C. 8940　　D. 9748.5

【答案】 A

【解析】 本题考查的是静态投资的计算。建设投资可以分为静态投资部分和动态投资部分。静态投资部分由建筑安装工程费、设备及工器具购置费、工程建设其他费和基本预备费构成。因此，该项目静态投资 =（7000＋400）×（1＋10%）= 8140 万元。答案为 A。

1Z103012　设备及工器具购置费的组成

【近年考情分析】

近年考试题量及分值统计表　　表 1Z103012

年　　份	单选题量	多选题量	合计分值
2012	1	0	1
2013	0	0	0
2014	0	0	0
2015	2	0	2
2016	1	1	3

【核心考点解析】

1. 设备购置费的组成和计算

设备购置费是指为建设工程项目购置或自制的达到固定资产标准的设备、工具、器具的费用。

设备购置费＝设备原价或进口设备抵岸价＋设备运杂费

2. 进口设备抵岸价的构成及其计算

进口设备如果采用装运港船上交货价（FOB），其抵岸价构成为：

进口设备抵岸价 ＝货价＋国外运费＋国外运输保险费＋银行财务费＋外贸手续费＋进口关税＋增值税＋消费税

3. 设备运杂费

（1）构成

a. 国产标准设备由设备制造厂交货地点起至工地仓库（或施工组织设计指定的需要安装设备的堆放地点）止所发生的运费和装卸费。

进口设备则由我国到岸港口、边境车站起至工地仓库（或施工组织设计指定的需要安装设备的堆放地点）止所发生的运费和装卸费。

b. 在设备出厂价格中没有包含的设备包装和包装材料器具费；在设备出厂价或进口设备价格中如已包括了此项费用，则不应重复计算。

c. 供销部门的手续费，按有关部门规定的统一费率计算。

d. 建设单位（或工程承包公司）的采购与仓库保管费。

（2）设备运杂费的计算

设备运杂费按设备原价乘以设备运杂费率计算。其计算公式为：

设备运杂费＝设备原价×设备运杂费率

式中，设备运杂费率按各部门及省、市等的规定计取。

4. 工具、器具及生产家具购置费的构成及计算

工器具及生产家具购置费是指新建项目或扩建项目初步设计规定所必须购置的不够固定资产标准的设备、仪器、工卡模具、器具、生产家具和备品备件的费用。其计算公式一般为：

工器具及生产家具购置费＝设备购置费×定额费率

【历年真题精选】

1.（2012）采用装运港船上交货价的进口设备，估算其购置费时，货价按照（　　）计算。

A. 出厂价　　B. 离岸价　　C. 到岸价　　D. 抵岸价

【答案】B

2.（2016）某工程采用的进口设备拟由设备成套公司供应，则成套公司的服务费在估价时应计入（　　）。

A. 建设管理费　　B. 设备运杂费

C. 设备原价　　D. 进口设备抵岸价

【答案】B

【解析】本题考核的是设备购置费的组成和计算。设备购置费是指为建设工程项目购置或自制的达到固定资产标准的设备、工具、器具的费用，包括设备原价和设备运杂费，即：

设备购置费 ＝ 设备原价或进口设备抵岸价 ＋ 设备运杂费

式中，设备原价是指国产标准设备、非标准设备的原价。设备运杂费是指设备原价中

未包括的包装和包装材料费、运输费、装卸费、采购费及仓库保管费、供销部门手续费等。如果设备是由设备成套公司供应的，成套公司的服务费也应计入设备运杂费中。

故本题答案为B。

3.（2015）某项目拟从国外进口一套设备，重量1000t，装运港船上交货价为300万美元，国际运费标准为每吨360美元，海上运输保险费率为0.266%。美元的银行外汇牌价为1美元=6.1元人民币。则该套设备的国外运输保险费为(　　)万元。

A. 4.868　　B. 4.881　　C. 5.467　　D. 5.452

【答案】C

【解析】本题考查的是进口设备国外运输保险费的计算。计算公式为：

$$国外运输保险费=\frac{(离岸价+国外运费)}{1-国外运输保险费率}\times国外运输保险费率$$

$$国外运输保险费=\frac{300+360\times1000\div10000}{1-0.266\%}\times0.266\%=0.896万美元$$

0.896×6.1=5.467万元。答案为C。

4.（2015）关于国产设备运杂费估算的说法，正确的是(　　)。

A. 国产设备运杂费包括由设备制造厂交货地点运至工地仓库止所发生的运费

B. 国产设备运至工地后发生的装卸费不应包括在运杂费中

C. 运杂费在计取时不区分沿海和内陆，统一按运输距离估算

D. 工程承包公司采购设备的相关费用不应计入运杂费

【答案】A

【解析】本题考查的是设备运杂费的构成。设备运杂费通常由下列各项费用组成：

(1) 国产标准设备由设备制造厂交货地点起至工地仓库（或施工组织设计制定的需要安装设备的堆放地点）止所发生的运费和装卸费。进口设备则为我国到岸港口、边境车站起至工地仓库（或施工组织设计制定的需要安装设备的堆放地点）止所发生的运费和装卸费；

(2) 在设备出厂价格中没有包含的设备包装和包装材料器具费。在设备出厂价或进口设备价格中如已包括了此项费用，则不应重新计算；

(3) 设备供销部门的手续费。按有关部门规定的统一费率计算；

(4) 建设单位（或工程承包公司）的采购与仓库保管费。

故本题正确选项为A。

5.（2016）估算建设项目设备购置费时，可直接作为设备原价的有（　　）。

A. 国产标准设备出厂价　　B. 国产标准设备订货合同价

C. 国产非标准设备成本价　　D. 进口设备抵岸价

E. 进口设备出厂价

【答案】ABD

【解析】本题考核的是设备购置费的计算。设备购置费是指为建设工程项目购置或自制的达到固定资产标准的设备、工具、器具的费用。

$$设备购置费=设备原价或进口设备抵岸价+设备运杂费$$

式中，设备原价是指国产标准设备、非标准设备的原价。

(1) 国产标准设备原价

国产标准设备是指按照主管部门颁布的标准图纸和技术要求，由设备生产厂批量生产的，符合国家质量检验标准的设备。国产标准设备原价一般指的是设备制造厂的交货价，即出厂价。如设备由设备成套公司供应，则以订货合同价为设备原价。

(2) 国产非标准设备原价

非标准设备是指国家尚无定型标准，各设备生产厂不可能在工艺过程中采用批量生产，只能按一次订货，并根据具体的设备图纸制造的设备。非标准设备原价有多种不同的计算方法，如成本计算估价法、系列设备插入估价法、分部组合估价法、定额估价法等。但无论哪种方法都应该使非标准设备计价的准确度接近实际出厂价，并且计算方法要简便。

(3) 进口设备抵岸价是指抵达买方边境港口或边境车站且交完关税以后的价格。

故本题答案为 ABD。

【同步系统训练】

1. 某建设工程项目购置的进口设备采用装运港船上交货价，属于买方责任的有(　　)。

A. 按照合同约定在规定的期限内将货物装上船只

B. 承担货物装船前的一切费用和风险

C. 负责租船、支付运费，并将船期、船名通知卖方

D. 办理在目的港的进口和收货手续

E. 接受卖方提供的装运单据并按合同约定支付货款

【答案】CDE

1Z103013　工程建设其他费用的组成

【近年考情分析】

近年考试题量及分值统计表　　　　**表 1Z103013-1**

年　　份	单选题量	多选题量	合计分值
2012	2	0	2
2013	0	1	2
2014	1	1	3
2015	1	1	3
2016	1	0	1

【核心考点解析】

1. 工程建设其他费用

按其内容大体可分为三类。第一类为土地使用费；第二类是与项目建设有关的费用；第三类是与未来企业生产和经营活动有关的费用。

2. 与项目建设有关的其他费用

与项目建设有关的其他费用　　　表 1Z103013-2

<table>
<tr><td rowspan="14">与项目建设有关的其他费用</td><td rowspan="3">建设管理费</td><td>建设单位管理费</td></tr>
<tr><td>建设工程监理费</td></tr>
<tr><td>工程质量监督费</td></tr>
<tr><td colspan="2">可行性研究费</td></tr>
<tr><td colspan="2">研究试验费</td></tr>
<tr><td colspan="2">勘察设计费</td></tr>
<tr><td colspan="2">环境影响评价费</td></tr>
<tr><td colspan="2">劳动安全卫生评价费</td></tr>
<tr><td colspan="2">场地准备及临时设施费</td></tr>
<tr><td colspan="2">引进技术和进口设备其他费</td></tr>
<tr><td colspan="2">工程保险费</td></tr>
<tr><td colspan="2">特殊设备安全监督检验费</td></tr>
<tr><td colspan="2">市政公用设施建设及绿化补偿费</td></tr>
</table>

3. 与未来企业生产经营有关的其他费用

（1）联合试运转费：

不发生试运转或试运转收入大于（或等于）费用支出的工程，不列此项费用。

当联合试运转收入小于试运转支出时：

联合试运转费＝联合试运转费用支出－联合试运转收入

（2）生产准备费：a. 生产职工培训费；b. 生产单位提前进厂参加施工、设备安装、调试等以及熟悉工艺流程及设备性能等人员的工资、工资性补贴、职工福利费、差旅交通费、劳动保护费等。

（3）办公和生活家具购置费。

【历年真题精选】

1.（2016）编制某企业改扩建项目的投资估算时，生产准备费的计算基数应为（　　）。

A. 新增建筑安装工程费用　　B. 原有设计定员

C. 全部设计定员　　D. 新增设计定员

【答案】D

【解析】本题考核的是生产准备费的计算。生产准备费是指新建项目后新增生产能力的项目，为保证竣工交付使用进行必要的生产准备所发生的费用，其计算公式为：

生产准备费 ＝ 设计定员 × 生产准备费指标（元／人）

其中，新建项目按设计定员为基数计算，改扩建项目按新增设计定员为基数计算。

故本题答案为 D。

2.（2012）施工企业向外提供机械作业取得的收入属于（　　）。

A. 销售商品收入　　B. 提供劳务收入

C. 让渡资产使用权收入　　D. 建造合同收入

【答案】B

3.（2014）关于联合试运转费的说法，正确的是（　　）。

A. 联合试运转费包括单机的调试费

B. 联合试运转费包括单机安装后试运转中因施工质量原因发生的处理费用

C. 联合试运转费应为联合试运转所发生的费用净支出

D. 联合试运转支出主要是材料费，不包含人工费

【答案】C

4.（2013）下列工程建设投资中，属于与未来生产经营有关的其他费用的有（　　）。

A. 联合试运转费　　B. 建设单位管理费

C. 生产家具购置费　　D. 办公家具购置费

E. 生产职工培训费

【答案】ADE

5.（2015）为预测和分析建设项目存在的职业危险、危害因素种类及危害程度，并提出合理应对措施而产生的费用属于（　　）。

A. 安全文明施工费　　B. 建设单位管理费

C. 生产准备费　　D. 劳动安全卫生评价费

【答案】D

【解析】本题考查的是对劳动安全卫生评价费的判定。劳动安全卫生评价费是指按照劳动部《建设工程项目（工程）劳动安全卫生监察规定》和《建设工程项目（工程）劳动安全卫生预评价管理办法》的规定，为预测和分析建设工程项目存在的职业危险、危害因素的种类和危险危害程度，并提出先进、科学、合理可行的劳动安全卫生技术和管理对策所需的费用。答案为D。

6.（2015）下列建设工程投资费用中，属于工程建设其他费用中的场地准备及临时设施费的有（　　）。

A. 施工单位场地平整费　　B. 建设单位临时设施费

C. 环境影响评价费　　D. 遗留设施拆除清理费

E. 施工单位临时设施费

【答案】BD

【解析】本题考查的是与项目建设有关的其他费用。场地准备及临时设施费是指场地准备费和建设单位临时设施费。场地准备费是指建设工程项目为达到工程开工条件所发生的场地平整和对建设场地遗留的有碍于施工建设的设施进行拆除清理的费用。而临时设施费不包括已列入建筑安装工程费用中的施工单位临时设施费。故答案为BD。

【同步系统训练】

1. 某非生产性建设工程项目只有一个单项工程，则该单项工程综合概算包括建筑单位工程概算、设备及安装单位工程概算以及（　　）概算。

A. 工程建设其他费用　　B. 电气照明工程

C. 生产家具购置费用　　D. 给水排水及采暖工程

【答案】A

2. 关于联合试运转费的说法，正确的是（　　）。

A. 联合试运转费应包括每台设备安装时的调试和试车费用

B. 试运转收入大于费用支出的工程，不列此项费用

C. 试运转费用支出大于收入的工程，不列此项费用

D. 试运转中因设备缺陷发生的处理费用应计入联合试运转费

【答案】B

3. 下列工程建设其他费用中，属于建设单位管理费的有（　　）。

A. 工程招标费

B. 竣工验收费

C. 可行性研究费

D. 零星固定资产购置费

E. 工程监理费

【答案】ABD

1Z103014 预备费的组成

【近年考情分析】

近年考试题量及分值统计表 **表 1Z103014**

年份	单选题量	多选题量	合计分值
2012	2	0	2
2013	0	0	0
2014	0	0	0
2015	0	0	0
2016	1	0	1

【核心考点解析】

1. 基本预备费

基本预备费是指在项目实施中可能发生难以预料的支出，需要预先预留的费用，又称不可预见费。主要指设计变更及施工过程中可能增加工程量的费用。计算公式为：

基本预备费＝

（设备及工器具购置费＋建筑安装工程费＋工程建设其他费）×基本预备费率

2. 涨价预备费

涨价预备费是指建设工程项目在建设期内由于价格等变化引起投资增加，需要事先预留的费用。涨价预备费以建筑安装工程费、设备及工器具购置费之和为计算基数。计算公式为：

$$PC = \sum_{t=1}^{n} I_t[(1+f)^t - 1]$$

式中 PC——涨价预备费；

I_t——第 t 年的建筑安装工程费、设备及工器具购置费之和；

n——建设期；

f——建设期价格上涨指数。

【历年真题精选】

1.（2016） 某建设工程项目建筑安装工程费为 2000 万元，设备及工器具购置费为 800

万元，工程建设其他费为 300 万元，基本预备费率为 8%，该项目的基本预备费为（　　）万元。

A. 160　　B. 184　　C. 224　　D. 248

【答案】D

【解析】本题考核的是基本预备费的计算。基本预备费是指在项目实施中可能发生难以预料的支出，需要预先预留的费用，又称不可预见费。主要指设计变更及施工过程中可能增加工程量的费用。计算公式为：

基本预备费 =（设备及工器具购置费 + 建筑安装工程费 + 工程建设其他费）× 基本预备费率

因此，该项目的基本预备费 =（800 + 2000 + 300）× 8% = 248 万元。

故本题答案为 D。

2.（2011）某建设工程项目在建设初期估算的建筑安装工程费、设备及工器具购置费为 5000 万元，按照项目进度计划，建设期为 2 年，第 1 年投资 2000 万元，第 2 年投资 3000 万元，预计建设期内价格总水平上涨率为每年 5%，则该项目的涨价预备费估算是（　　）万元。

A. 250.00　　B. 307.50　　C. 407.50　　D. 512.50

【答案】C

【解析】根据涨价预备费计算公式可得：

第一年涨价预备费为：$2000\times[(1+5\%)-1]=100$ 万元

第二年涨价预备费为：$3000\times[(1+5\%)^2-1]=307.50$ 万元

所以，该项目的涨价预备费估算是 100+307.5= 407.50 万元

3.（2012）某建设项目实施到第 2 年时，由于规范变化导致某分项工程工程量增加，因此增加的费用应从建设投资中的（　　）支出。

A. 基本预备费　　B. 涨价预备费

C. 建设期利息　　D. 工程建设其他费用

【答案】A

【同步系统训练】

1. 编制建设项目投资估算时，考虑项目在实施中可能会发生设计变更增加工程量，投资计划中需要事先预留的费用是（　　）。

A. 基本预备费　　B. 涨价预备费　　C. 铺底流动资金　　D. 工程建设其他费用

【答案】A

1Z103015　建设期利息的计算

【近年考情分析】

近年考试题量及分值统计表　　　　表 1Z103015

年　份	单选题量	多选题量	合计分值
2012	1	0	1

续表

年 份	单选题量	多选题量	合计分值
2013	1	0	1
2014	0	0	0
2015	0	0	0
2016	0	0	0

【核心考点解析】

建设期利息是指项目借款在建设期内发生并计入固定资产的利息。为了简化计算，在编制投资估算时通常假定借款均在每年的年中支用，借款第一年按半年计息，其余各年份按全年计息。计算公式为：

各年应计利息＝（年初借款本息累计＋本年借款额/2）×年利率

【历年真题精选】

1.（2013）编制某工程项目投资估算时，项目建设期 2 年，第一年贷款 800 万元，第二年贷款 600 万元，贷款年利率 10%，则该项目建设期利息总和为（　　）万元。

A. 114　　B. 154　　C. 140　　D. 144

【答案】B

【解析】第一年：（0＋800/2）×10%＝40 万元

第二年：（800＋40＋600/2）×10%＝114 万元

所以，共 40＋114＝154 万元。

【同步系统训练】

1. 某建设工程项目的建设期为 2 年，第一年贷款 600 万元，第二年贷款 800 万元，贷款年利率 10%，按年复利计息。则该项目建设期利息总和为（　　）万元。

A. 103　　B. 133　　C. 140　　D. 200

【答案】B

【解析】第一年：（0＋600/2）×10%＝30 万元

第二年：（600＋30＋800/2）×10%＝103 万元

所以，共 30＋103＝133 万元

1Z103020　建筑安装工程费用项目的组成与计算

1Z103021　按费用构成要素划分的建筑安装工程费用项目组成

【近年考情分析】

近年考试题量及分值统计表　　**表 1Z103021**

年 份	单选题量	多选题量	合计分值
2012	0	1	2

续表

年　份	单选题量	多选题量	合计分值
2013	2	0	2
2014	2	0	2
2015	1	0	1
2016	1	0	1

【核心考点解析】

按费用构成要素划分的建筑安装工程费用项目组成（图 1Z103021）：

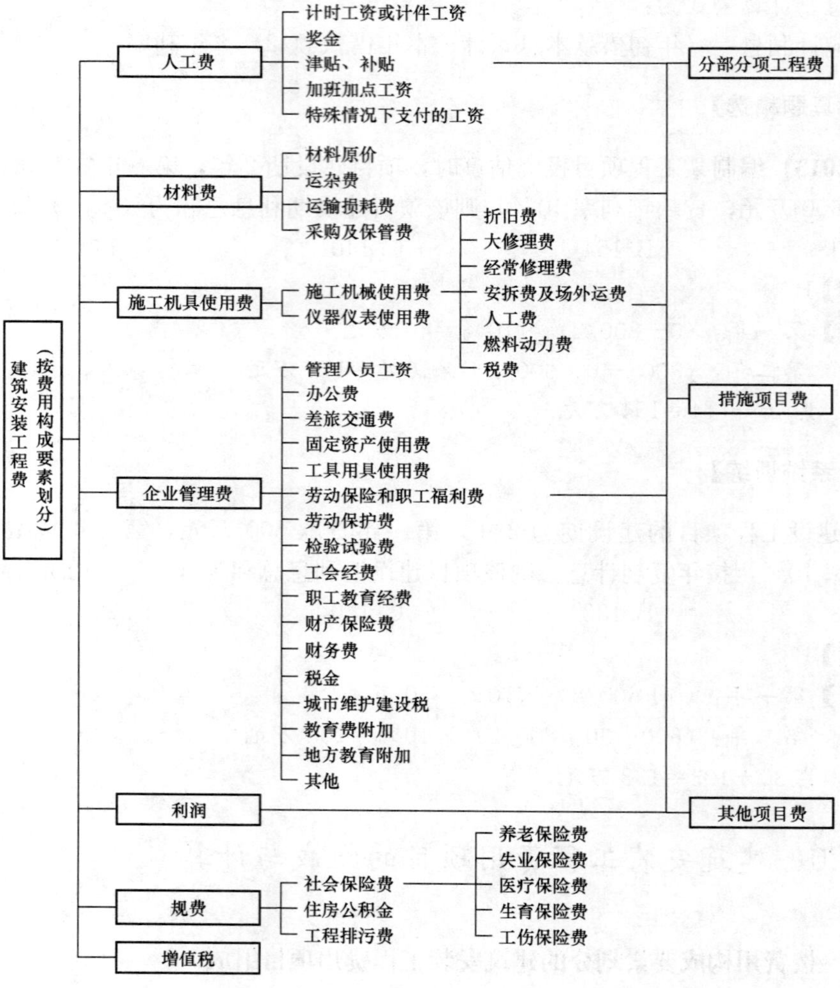

图 1Z103021　建筑安装工程费用项目组成（按费用构成要素划分）

【历年真题精选】

1.（2013）根据现行《建筑安装工程费用项目组成》（建标〔2013〕44 号），下列费用中，应计入分部分项工程费的是（　　）。

A. 安全文明施工费

B. 二次搬运费

C. 施工机械使用费

D. 大型机械设备进出场及安拆费

【答案】 C

2.（2013） 根据现行《建筑安装工程费用项目组成》（建标［2013］44 号），施工现场按规定缴纳的工程排污费应计入建筑安装工程（　　）。

A. 风险费用　　B. 措施费

C. 规费　　D. 企业管理费

【答案】 C

3.（2014） 根据《建设工程工程量清单计价规范》GB 50500—2013，分部分项工程清单综合单价应包含（　　）以及一定范围内的风险费用。

A. 人工费、材料和工程设备费、施工机具使用费、企业管理费、利润

B. 人工费、材料费、施工机械使用费、企业管理费、规费

C. 人工费、材料和工程设备费、施工机械使用费、规费、利润、税金

D. 材料费、工程设备费、施工机具使用费、规费、税金、企业管理费

【答案】 A

4.（2016） 根据《建筑安装工程费用项目组成》（建标［2013］44 号），建筑安装工程生产工人的高温作业临时津贴应计入（　　）。

A. 劳动保护费　　B. 人工费

C. 规费　　D. 企业管理费

【答案】 B

【解析】 本题考核的是建筑安装工程费用项目组成。按照费用构成要素划分，建筑安装工程费用由人工费、材料（包含工程设备，下同）费、施工机具使用费、企业管理费、利润、规费和增值税组成。其中人工费包括计时工资或计件工资、奖金、津贴补贴、加班加点工资、特殊情况下支付的工资。而人工费中的津贴补贴是指为了补偿职工特殊或额外的劳动消耗和因其他特殊原因支付给个人的津贴，以及为了保证职工工资水平不受物价影响支付给个人的物价补贴。如流动施工津贴、特殊地区施工津贴、高温（寒）作业临时津贴、高空津贴等。

故本题答案为 B。

5.（2014） 下列费用中，属于建筑安装工程费中措施项目费的是（　　）。

A. 施工机具使用费　　B. 工程定位复测费

C. 暂列金额　　D. 工程排污费

【答案】 B

6.（2015） 根据《建筑安装工程费用项目组成》（建标［2013］44 号），工程施工中所使用的仪器仪表的维修费用应计入(　　)。

A. 工具用具使用费　　B. 固定资产使用费

C. 企业管理费　　D. 施工机具使用费

【答案】D

【解析】施工机具使用费是指施工作业所发生的施工机械、仪器仪表使用费或其租赁费。内容包括：施工机械使用费和仪器仪表使用费。仪器仪表使用费是指工程施工所需使用的仪器仪表的摊销及维修费用。故答案为D。

【同步系统训练】

1. 根据《建筑安装工程费用项目组成》(建标［2013］44号)，按费用构成要素划分，下列应计入施工机具使用费的有（　　）。

A. 施工机械大修理费

B. 施工机械消耗的燃料费

C. 大型机械进出场费用

D. 检验试验费

E. 工具用具使用费

【答案】AB

2. 根据《建筑安装工程费用项目组成》(建标［2013］44号)，规费包括（　　）。

A. 职工福利费

B. 劳动保护费

C. 财产保险费

D. 医疗保险费

E. 养老保险费

【答案】DE

1Z103022　按造价形成划分的建筑安装工程费用项目组成

【近年考情分析】

近年考试题量及分值统计表　　表1Z103022

年　份	单选题量	多选题量	合计分值
2012	1	1	3
2013	2	0	2
2014	0	1	2
2015	0	1	2
2016	1	0	1

【核心考点解析】

建筑安装工程费按照工程造价形成由分部分项工程费、措施项目费、其他项目费、规费、税金组成，其中分部分项工程费、措施项目费、其他项目费包含人工费、材料费、施工机具使用费、企业管理费和利润（图1Z103022）。

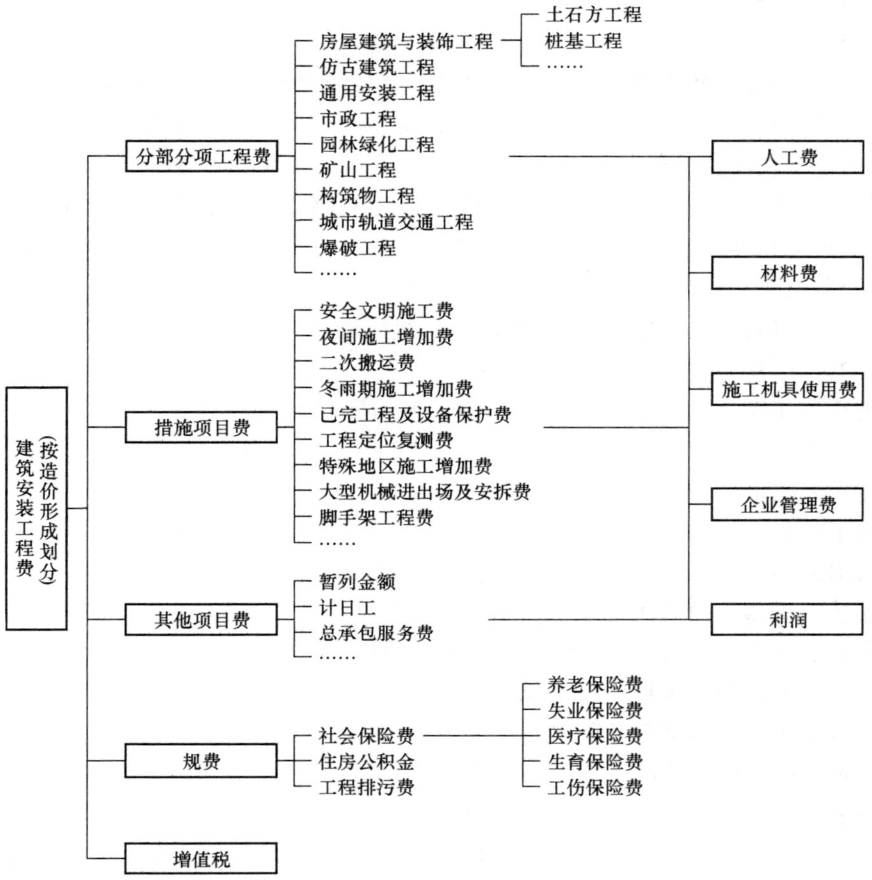

图 1Z103022　建筑安装工程费用项目组成（按造价形成划分）

【历年真题精选】

1.（2013）根据现行《建筑安装工程费用项目组成》（建标［2013］44 号），企业按规定为职工缴纳的基本养老保险属于（　　）。

A. 企业管理费　　B. 规费

C. 措施费　　D. 人工费

【答案】B

2.（2013）根据现行《建筑安装工程费用项目组成》（建标［2013］44 号），职工的劳动保险费应计入（　　）。

A. 规费　　B. 措施费

C. 人工费　　D. 企业管理费

【答案】D

3.（2016）施工过程中，施工测量放线和复测工作发生的费用应计入（　　）。

A. 分部分项工程费　　B. 措施项目费

C. 其他项目费　　　　　　　　　　D. 企业管理费

【答案】 B

【解析】 本题考核的是措施项目费的组成。措施项目费是为完成建设工程施工，发生于该工程施工前和施工过程中的技术、生活、安全、环境保护等方面的费用。内容包括安全文明施工费、夜间施工增加费、二次搬运费、冬雨季施工增加费、已完工程及设备保护费、工程定位复测费、特殊地区施工增加费、大型机械设备进出场及安拆费、脚手架工程费。其中工程定位复测费是指工程施工过程中进行全部施工测量放线和复测工作的费用。

故本题答案为 B。

4. (2014) 根据《建筑安装工程费用项目组成》（建标［2013］44 号），下列费用中，属于规费的有（　　）。

A. 安全施工费　　　　　　　　　　B. 环境保护费

C. 工程排污费　　　　　　　　　　D. 劳动保护费

E. 住房公积金

【答案】 CE

5. (2015) 建筑安装工程费用项目组成中，暂列金额主要用于（　　）。

A. 施工合同签订时尚未确定的材料设备采购费用

B. 施工中可能发生的工程变更价款调整的费用

C. 施工图纸以外的零星项目所需的费用

D. 项目施工现场签证确认的费用

E. 隐蔽工程二次检验的费用

【答案】 ABD

【解析】 本题考核的是对暂列金额的理解。暂列金额是指招标人在工程量清单中暂定并包括在合同价款中的一笔款项。用于施工合同签订时尚未确定或者不可预见的所需材料、工程设备、服务的采购，施工中可能发生的工程变更、合同约定调整因素出现时的工程价款调整以及发生的索赔、现场签证确认等的费用。故答案为 ABD。

【同步系统训练】

1. 根据《建筑安装工程费用项目组成》（建标［2013］44 号），建筑安装工程造价中混凝土分项工程费应包括的费用有（　　）。

A. 人工费　　　　　　　　　　B. 机械费

C. 材料费　　　　　　　　　　D. 管理费

E. 模板费

【答案】 ABCD

2. 根据《建筑安装工程费用项目组成》（建标［2013］44 号），下列应计入措施费的费用项目有（　　）。

A. 安全文明施工费　　　　　　　　　　B. 工程定位复测费

C. 特殊地区施工增加费　　　　　　　　D. 检验试验费

E. 总承包服务费

【答案】 ABC

1Z103023　建筑安装工程费用计算方法

【近年考情分析】

近年考试题量及分值统计表　　表 1Z103023

年　份	单选题量	多选题量	合计分值
2012	0	0	0
2013	0	0	0
2014	2	0	2
2015	3	0	3
2016	2	1	4

【核心考点解析】

一、各费用构成要素计算（详细计算公式并未列出）

1. 人工费

人工费＝∑（工日消耗量×日工资单价）

2. 材料费

（1）材料费

材料费＝∑（材料消耗量×材料单价）

材料单价＝[（材料原价＋运杂费）×〔1＋运输损耗率（%）〕]×[1＋采购保管费率（%）]

（2）工程设备费

工程设备费＝∑（工程设备量×工程设备单价）

工程设备单价＝（设备原价＋运杂费）×[1＋采购保管费率（%）]

3. 施工机具使用费

包括（1）施工机械使用费；（2）仪器仪表使用费。

4. 企业管理费费率

工程造价管理机构在确定计价定额中企业管理费时，应以定额人工费或（定额人工费＋定额机械费）作为计算基数，其费率根据历年工程造价积累的资料，辅以调查数据确定，列入分部分项工程和措施项目中。

5. 利润

（1）施工企业根据企业自身需求并结合建筑市场实际自主确定，列入报价中。

（2）工程造价管理机构在确定计价定额中利润时，应以定额人工费或定额人工费与定额机械费之和作为计算基数，其费率根据历年工程造价积累的资料，并结合建筑市场实际确定，以单位（单项）工程测算，利润在税前建筑安装工程费的比重可按不低于5%且不高于7%的费率计算。利润应列入分部分项工程和措施项目中。

6. 规费

（1）社会保险费和住房公积金

社会保险费和住房公积金应以定额人工费为计算基础，根据工程所在地省、自治区、直辖市或行业建设主管部门规定费率计算。

（2）工程排污费

工程排污费等其他应列而未列入的规费应按工程所在地环境保护等部门规定的标准缴纳，按实计取列入。

7. 增值税

建筑安装工程费用的税金是指国家税法规定应计入建筑安装工程造价内的增值税销项税额。

税金(增值税销项税额)的计算方法。根据《关于做好建筑业营改增建设工程计价依据调整准备工作的通知》(建办标[2016]4号)规定，工程造价可按以下公式计算：

$$工程造价 = 税前工程造价 \times (1 + 11\%)$$

式中11%为建筑业适用增值税税率。由此，税金计算公式：

$$税金 = 税前工程造价 \times 税率(或征收率)$$

或
$$税金 = 工程造价 \div (1 + 税率(或征收率)) \times 税率(或征收率)。$$

二、建筑安装工程计价公式

1. 分部分项工程费

$$分部分项工程费 = \sum(分部分项工程量 \times 综合单价)$$

式中：综合单价包括人工费、材料费、施工机具使用费、企业管理费和利润以及一定范围的风险费用（下同）。

2. 措施项目费

（1）国家计量规范规定应予计量的措施项目，其计算公式为：

$$措施项目费 = \sum(措施项目工程量 \times 综合单价)$$

（2）国家计量规范规定不宜计量的措施项目计算方法如下：

安全文明施工费＝计算基数×安全文明施工费费率（%）

计算基数应为定额基价（定额分部分项工程费＋定额中可以计量的措施项目费）、定额人工费或（定额人工费＋定额机械费），其费率由工程造价管理机构根据各专业工程的特点综合确定。

3. 其他项目费

（1）暂列金额由发包人根据工程特点，按有关计价规定估算，施工过程中由发包人掌握使用、扣除合同价款调整后如有余额，归发包人。

（2）计日工由发包人和承包人按施工过程中的签证计价。

（3）总承包服务费由发包人在招标控制价中根据总包服务范围和有关计价规定编制，承包人投标时自主报价，施工过程中按签约合同价执行。

4. 规费和税金

发包人和承包人均应按照省、自治区、直辖市或行业建设主管部门发布的标准计算规费和税金，不得作为竞争性费用。

【历年真题精选】

1.（2015） 某施工企业投标报价时确定企业管理费费率以人工费为基础计算。据统计资料，该施工企业生产工人年平均管理费为 1.2 万元，年有效施工天数为 240d，人工单价为 300 元/d，人工费占分部分项工程费的比例为 75%。则该企业的企业管理费费率应为(　　)。

A. 12.15%　　　　B. 12.50%

C. 16.67%　　　　D. 22.22%

【答案】C

【解析】本题考查的是以人工费为计算基础的企业管理费费率的计算。计算公式为：

$$企业管理费率=\frac{生产工人年平均管理费}{年有效施工天数\times 人工单价}\times 100\%=\frac{1.2\times 10000}{240\times 300}\times 100\%=16.67\%$$

故正确选项为 C。

2.（2016） 某工程采购的一批钢材的出厂价为 3980 元/吨，运费为 50 元/吨，运输损耗率为 0.5%，采购保管费率为 2%，则该批钢材的材料单价为（　　）元/吨。

A. 4129.90　　　　B. 4079.90

C. 4050.15　　　　D. 4131.15

【答案】D

【解析】本题考核材料单价的计算。材料单价的计算公式为：

材料单价 =[(材料原价 + 运杂费) ×(1 + 运输损耗率)] ×(1 + 材料保管费率)

因此，钢材的材料单价 =(3980 + 50) ×(1 + 0.5%) ×(1 + 2%) = 4131.15 元/吨。

故本题答案为 D。

3.（2016） 国家计量规范规定不宜计量的措施项目费的通用计算方法是（　　）。

A. Σ（措施项目工程量×综合单价）　　B. Σ（直接工程费×相应费率）

C. Σ（计算基数×相应费率）　　D. Σ（措施项目项数×综合单价）

【答案】C

【解析】本题考核的是措施项目费的计算。国家计量规范规定不宜计量的措施项目计算方法如下：

(1) 安全文明施工费：安全文明施工费 = 计算基数 × 安全文明施工费费率(%)

计算基数应为定额基价（定额分部分项工程费 + 定额中可以计量的措施项目费）、定额人工费（定额人工费 + 定额机械费），其费率由工程造价管理机构根据各专业工程的特点综合确定。

(2) 夜间施工增加费：夜间施工增加费 = 计算基数 × 夜间施工增加费费率(%)

故本题答案为 C。

4.（2015） 某施工机械预算价格为 200 万元，预计可使用 10 年，每年平均工作 250 个台班，预计净残值 40 万元。按工作量法计算折旧，则该机械台班折旧费为(　　)万元。

A. 0.8　　B. 0.64　　C. 0.08　　D. 0.064

【答案】D

【解析】本题考查的是机械台班折旧费的计算。计算公式为：

$$台班折旧费=\frac{机械预算价格-机械净产值}{折旧年限\times年工作台班}=\frac{200-40}{250\times10}=0.064\ 万元$$

故本题正确选项为D。

5.（2015） 根据《建设工程工程量清单计价规范》GB 50500—2013，建设工程投标报价中，不得作为竞争性费用的是(　　)。

A. 总承包服务费　　B. 夜间施工增加费

C. 规费　　D. 分部分项工程费

【答案】 C

【解析】 本题考查的是工程量清单计价。对于规费和税金的计价方式是：发包人和承包人均应按照省、自治区、直辖市或行业建设主管部门发布的标准计算规费和税金，不得作为竞争性费用。故答案为C。

6.（2016） 根据《建筑安装工程费用项目组成》（建标［2013］44号文），以定额人工费为计费基础的规费有（　　）。

A. 养老保险费　　B. 医疗保险费

C. 工程排污费　　D. 工伤保险费

E. 住房公积金

【答案】 ABDE

【解析】 本题考核的是规费的计算。规费是指按国家法律、法规规定，由省级政府和省级有关权力部门规定必须缴纳或计取的费用。包括：

（1）社会保险费，包括养老保险费、失业保险费、医疗保险费、生育保险费、工伤保险费；

（2）住房公积金，是指企业按规定标准为职工缴纳的住房公积金；

（3）工程排污费，是指按规定缴纳的施工现场工程排污费。

其他应列而未列入的规费，按实际发生计取。

其中，社会保险费和住房公积金应以定额人工费为计算基础，根据工程所在地省、自治区、直辖市或行业建设主管部门规定费率计算；工程排污费等其他应列而未列入的规费应按工程所在地环境保护等部门规定的标准缴纳，按实计取列入。

故本题答案为ABDE。

1Z103024　建筑安装工程计价程序

【近年考情分析】

近年考试题量及分值统计表　　表1Z103024-1

年　份	单选题量	多选题量	合计分值
2012	0	0	0
2013	0	0	0
2014	0	0	0
2015	0	0	0
2016	0	0	0

【核心考点解析】

发包人工程招标控制价计价程序见表 1Z103024-2，承包人工程投标报价计价程序见表 1Z103024-3，竣工结算计价程序见表 1Z103024-4。

发包人工程招标控制价计价程序 **表 1Z103024-2**

工程名称： 标段：

序号	内　容	计算方法	金　额（元）
1	分部分项工程费	按计价规定计算	
1.1			
1.2			
1.3			
2	措施项目费	按计价规定计算	
2.1	其中：安全文明施工费	按规定标准计算	
3	其他项目费		
3.1	其中：暂列金额	按计价规定估算	
3.2	其中：专业工程暂估价	按计价规定估算	
3.3	其中：计日工	按计价规定估算	
3.4	其中：总承包服务费	按计价规定估算	
4	规费	按规定标准计算	
5	税金	税前工程造价×税率（或征收率）	
招标控制价合计＝1＋2＋3＋4＋5			

承包人工程投标报价计价程序 **表 1Z103024-3**

工程名称： 标段：

序号	内　容	计算方法	金　额（元）
1	分部分项工程费	自主报价	
1.1			
1.2			
1.3			
2	措施项目费	自主报价	
2.1	其中：安全文明施工费	按规定标准计算	
3	其他项目费		
3.1	其中：暂列金额	按招标文件提供金额计列	
3.2	其中：专业工程暂估价	按招标文件提供金额计列	
3.3	其中：计日工	自主报价	
3.4	其中：总承包服务费	自主报价	
4	规费	按规定标准计算	
5	税金	税前工程造价×税率（或征收率）	
投标报价合计＝1＋2＋3＋4＋5			

竣工结算计价程序 **表 1Z103024-4**

工程名称： 标段：

序号	汇总内容	计算方法	金 额（元）
1	分部分项工程费	按合同约定计算	
1.1			
1.2			
1.3			
2	措施项目	按合同约定计算	
2.1	其中：安全文明施工费	按规定标准计算	
3	其他项目		
3.1	其中：专业工程结算价	按合同约定计算	
3.2	其中：计日工	按计日工签证计算	
3.3	其中：总承包服务费	按合同约定计算	
3.4	索赔与现场签证	按发承包双方确认数额计算	
4	规费	按规定标准计算	
5	税金	税前工程造价×税率（或征收率）	
竣工结算总价合计＝1＋2＋3＋4＋5			

【历年真题精选】

1.（2011）某建筑安装工程以直接费为基础计算工程造价，其中直接工程费为500万元，措施费率为5%，间接费率为8%，利润率为4%。则关于该建筑安装工程造价的说法，正确的有（ ）。

A. 该工程措施费为25.00万元

B. 该工程间接费为40.00万元

C. 该工程利润的计算基数为540.00万元

D. 该工程利润为22.68万元

E. 该工程直接费为525.00万元

【答案】ADE

【解析】措施费＝500×5%＝25万元；直接费＝500＋25＝525万元

间接费＝525×8%＝42万元；利润＝（525＋42）×4%＝22.68万元

1Z103030 建设工程定额

1Z103031 建设工程定额的分类

【近年考情分析】

近年考试题量及分值统计表 **表 1Z103031**

年 份	单选题量	多选题量	合计分值
2012	1	0	1
2013	0	0	0

续表

年　份	单选题量	多选题量	合计分值
2014	0	0	0
2015	0	0	0
2016	1	0	1

【核心考点解析】

建设工程定额是工程建设中各类定额的总称，可以按照不同的原则和方法对其进行科学的分类。

1. 按生产要素内容分类：人工定额、材料消耗定额、施工机械台班使用定额。

2. 按编制程序和用途分类：施工定额、预算定额、概算定额、概算指标、投资估算指标。

3. 按编制单位和适用范围分类：国家定额、行业定额、地区定额、企业定额。

【历年真题精选】

1. (2012) 以建筑物或构筑物各个分部分项工程为对象编制的定额是（　　）。

A. 施工定额　　B. 材料消耗定额　　C. 概算定额　　D. 预算定额

【答案】 D

2. (2016) 施工企业可以直接用来编制施工作业计划、签发施工任务单的定额是（　　）。

A. 预算定额　　B. 施工定额

C. 概算定额　　D. 工器具定额

【答案】 B

【解析】 本题考核的是对施工定额的理解。施工定额是施工企业进行施工组织、成本管理、经济核算和投标报价的重要依据。施工定额直接应用于施工项目的管理，用来编制施工作业计划、签发施工任务单、签发限额领料单以及结算计件工资或计量奖励工资等。

故本题答案为B。

1Z103032　人工定额的编制

【近年考情分析】

近年考试题量及分值统计表　　　　**表 1Z103032**

年　份	单选题量	多选题量	合计分值
2012	0	1	2
2013	2	0	2
2014	1	1	3
2015	1	1	3
2016	1	1	3

【核心考点解析】

1. 人工定额的编制

（1）工人工作时间消耗的分类（图 1Z103032）

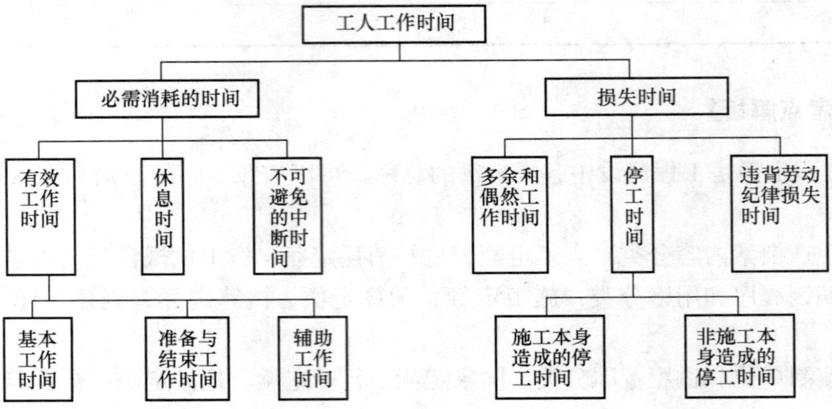

图 1Z103032　工人工作时间消耗的分类

（2）拟定正常的施工作业条件

拟定施工的正常条件包括：拟定施工作业的内容；拟定施工作业的方法；拟定施工作业地点的组织；拟定施工作业人员的组织等。

（3）拟定施工作业的定额时间

施工作业的定额时间，是在拟定基本工作时间、辅助工作时间、准备与结束时间、不可避免的中断时间以及休息时间的基础上编制的。

2. 产量定额

计算方法如下：

$$每工日产量=\frac{1}{单位产品时间定额(工日)}$$

时间定额与产量定额互为倒数，即：时间定额×产量定额=1

$$时间定额=\frac{1}{产量定额}\quad ;\quad 产量定额=\frac{1}{时间定额}$$

按定额的标定对象不同，复式表示法有如下形式：

$$\frac{时间定额}{每工产量}或\frac{人工时间定额}{机械台班产量}$$

3. 人工定额的制定方法

人工定额是根据国家的经济政策、劳动制度和有关技术文件及资料制定的。制定人工定额，常用的方法有四种：（1）技术测定法；（2）统计分析法；（3）比较类推法；（4）经验估计法。

【历年真题精选】

1.（2013）编制预算定额人工消耗量时，人工幅度差用工是指人工定额中未包括的，而在一般正常施工情况下又不可避免的一些（　　）。

A. 返工用工　　B. 低效率用工
C. 用工浪费　　D. 零星用工
【答案】D
2.（2016）编制人工定额时，属于工人工作必需消耗的时间有（　　）。
A. 多余和偶然工作时间　　B. 不可避免的中断时间
C. 辅助工作时间　　D. 准备与结束工作时间
E. 施工本身造成的停工时间
【答案】BCD
【解析】本题考核的是工人工作必需消耗时间的判定。工人在工作班内消耗的工作时间，按其消耗的性质，可分为两大类：
（1）必需消耗的工作时间
① 有效工作时间是从生产效果来看与产品生产直接有关的时间消耗。包括基本工作时间、辅助工作时间、准备与结束工作时间；而其中，准备与结束工作时间是执行任务前或任务完成后消耗的工作时间。如工作地点、劳动工具和劳动对象的准备工作时间，工作结束后的整理工作时间等。
② 休息时间是工人在工作过程中为恢复体力必须的短暂休息和生理需要的时间。
③ 不可避免的中断时间是指由于施工工艺特点引起的工作中断所必需的时间。
（2）损失时间
① 多余工作是指工人进行了任务以外而又不能增加产品数量的工作。
② 停工时间是工作班内停止工作造成的工时损失；
③ 违背劳动纪律造成的工作时间损失，是指工人在工作班开始和午休后的迟到、午饭前和工作班结束前的早退、擅自离开工作岗位、工作时间内聊天或办私事等造成的工时损失。
故本题答案为 BCD。
3.（2014）对于同类型产品规格多、工序复杂、工作量小的施工过程，若已有部分产品施工的人工定额，则其他同类型产品施工人工定额的制定适宜采用的方法是（　　）。
A. 技术测定法　　B. 统计分析法
C. 比较类推法　　D. 经验估计法
【答案】C
4.（2015）某施工企业编制砌砖墙人工定额，该企业有近 5 年同类工程的施工工时消耗资料，则制定人工定额适合选用的方法是（　　）。
A. 技术测定法　　B. 统计分析法
C. 比较类推法　　D. 经验估计法
【答案】B
【解析】本题考查的是人工定额的编制方法。人工定额是根据国家的经济政策、劳动制度和有关技术文件及资料制定的。制定人工定额，常用的方法有：技术测定法、统计分析法、比较类推法以及经验估价法。其中，统计分析法是把过去施工生产中的同类工程或同类产品的工时消耗的统计资料，与当前生产技术和施工组织条件的变化因素结合起来，进行统计分析的方法。故答案为 B。

5.（2015）编制人工定额时需拟定施工的正常条件，其内容包括拟定（　）。

A. 施工作业内容　　B. 施工作业方法

C. 施工作业地点组织　　D. 施工作业人员组织

E. 施工企业技术水平

【答案】ABCD

【解析】本题考查的是人工定额的编制。拟定施工的正常条件包括：拟定施工作业的内容、拟定施工作业的方法、拟定施工作业地点的组织、拟定施工作业人员的组织等。答案为ABCD。

6.（2016）编制人工定额时，基本工作结束后的整理劳动工具时间应计入（　）。

A. 休息时间　　B. 不可避免的中断时间

C. 损失时间　　D. 有效工作时间

【答案】D

【解析】本题考核的是人工定额的编制。编制人工定额主要包括拟定正常的施工条件以及拟定定额时间两项工作，但拟定定额时间的前提是对工人工作时间按其消耗性质进行分类研究。工人在工作班内消耗的工作时间，按其消耗的性质，可分为两大类：

（1）必需消耗的工作时间

① 有效工作时间是从生产效果来看与产品生产直接有关的时间消耗。包括基本工作时间、辅助工作时间、准备与结束工作时间；而其中，准备与结束工作时间是执行任务前或任务完成后消耗的工作时间。如工作地点、劳动工具和劳动对象的准备工作时间，工作结束后的整理工作时间等；

② 休息时间是工人在工作过程中为恢复体力必须的短暂休息和生理需要的时间；

③ 不可避免的中断时间是指由于施工工艺特点引起的工作中断所必需的时间。

（2）损失时间

① 多余工作是指工人进行了任务以外而又不能增加产品数量的工作；

② 停工时间是工作班内停止工作造成的工时损失；

③ 违背劳动纪律造成的工作时间损失，是指工人在工作班开始和午休后的迟到、午饭前和工作班结束前的早退、擅自离开工作岗位、工作时间内聊天或办私事等造成的工时损失。故本题答案为D。

【同步系统训练】

1. 根据生产技术和施工组织条件，对施工过程中各工序采用一定的方法测出其工时消耗等资料，再对所获得资料进行分析，制定出人工定额的方法是（　）。

A. 统计分析法　　B. 比较类推法

C. 技术测定法　　D. 经验估计法

【答案】C

2. 企业编制人工定额时要拟定施工作业的定额时间，应当包括在定额时间内的工人工作时间消耗有（　）。

A. 基本工作时间　　B. 辅助工作时间

C. 施工组织不善造成的停工时间　　D. 不可避免的中断时间

E. 准备与结束工作时间

【答案】ABDE

3. 编制预算定额人工消耗指标时，下列人工消耗量属于人工幅度差用工的有（　　）。

A. 现场材料水平搬运用工　　B. 现场材料加工用工

C. 施工过程中水电维修用工　　D. 现场筛砂子增加的用工量

E. 隐蔽工程验收影响的操作时间

【答案】CE

1Z103033　材料消耗定额的编制

【近年考情分析】

近年考试题量及分值统计表　　**表 1Z103033**

年　份	单选题量	多选题量	合计分值
2012	0	0	0
2013	1	0	1
2014	0	0	0
2015	0	0	0
2016	1	0	1

【核心考点解析】

1. 材料消耗定额的编制

编制材料消耗定额，主要包括确定直接使用在工程上的材料净用量和在施工现场内运输及操作过程中的不可避免的废料和损耗。

（1）材料净用量的确定

a. 理论计算法

b. 测定法

c. 图纸计算法

d. 经验法

（2）材料损耗量的确定

材料消耗量计算的公式如下：

$$损耗率 = \frac{损耗量}{净用量} \times 100\%$$

$$总消耗量 = 净用量 + 损耗量 = 净用量 \times (1 + 损耗率)$$

2. 周转性材料消耗定额的编制

周转性材料消耗一般与下列四个因素有关：

（1）第一次制造时的材料消耗（一次使用量）；

（2）每周转使用一次材料的损耗（第二次使用时需要补充）；

（3）周转使用次数；

（4）周转材料的最终回收及其回收折价。

【历年真题精选】

1.（2013）某工程钢筋加工有现场制作和外包加工两个方案。现场制作方案的固定费用 12 万元，每吨加工费用 150 元；外包加工每吨加工费用 250 元。则仅从经济上考虑时，现场制作方案的适用范围是钢筋总加工量在（　　）。

A. 480 吨以下　　　　B. 480～800 吨之间

C. 800～1200 吨之间　　　　D. 1200 吨以上

【答案】D

【解析】设 x 为钢筋总加工量，则选择加工时费用为：$120000+150x$；若选择外包的费用为 $250x$。则当加工费用大于外包费用时，选择加工更为经济。即：$120000+150x>250x$，可解得 $x>1200$。

2.（2016）某混凝土构件采用木模板施工，木模板一次净用量为 200m^2，现场制作安装不可避免的损耗率为 2%，木模板可周转使用 5 次，每次补损率为 5%，则木模板的周转使用量为（　　）m^2。

A. 48.00　　　　B. 48.96

C. 49.44　　　　D. 51.00

【答案】B

【解析】本题考核的是周转材料消耗量的计算。周转性材料指在施工过程中多次使用、周转的工具性材料，如钢筋混凝土工程用的模板，搭设脚手架用的杆子、跳板，挖土方工程用的挡土板等。捣制混凝土结构木模板用量的计算公式为：

$$周转使用量=\frac{一次使用量\times[1+(周转次数-1)\times补损率]}{周转次数}$$

$$一次使用量=净用量\times(1+操作损耗率)$$

其中，一次使用量是指周转材料在不重复使用时的一次使用量，供施工企业组织施工用。

因此，该木模板的周转使用量 $=\frac{200\times(1+2\%)\times[1+(5-1)\times5\%]}{5}=48.96m^2$。故选 B。

1Z103034　施工机械台班使用定额的编制

【近年考情分析】

近年考试题量及分值统计表　　　　表 1Z103034

年　份	单选题量	多选题量	合计分值
2012	0	1	2
2013	1	1	3
2014	1	0	1
2015	1	0	1
2016	1	0	1

【核心考点解析】

1. 施工机械台班使用定额的形式

（1）施工机械时间定额

$$单位产品机械时间定额(台班)=\frac{1}{台班产量}$$

$$单位产品人工时间定额(工日)=\frac{小组成员人数}{台班产量}$$

（2）机械产量定额

$$机械台班产量定额=\frac{1}{机械时间定额(台班)}$$

（3）定额表示方法

$$\frac{人工时间定额}{机械台班产量}$$

2. 机械台班使用定额的编制

（1）机械工作时间消耗的分类（图 1Z103034）

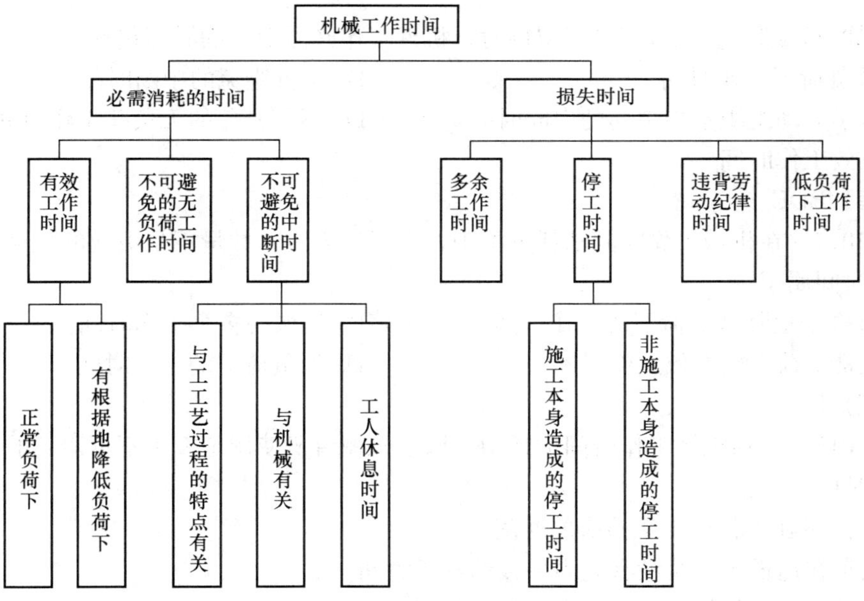

图 1Z103034　机械工作时间消耗的分类

（2）机械台班使用定额的编制内容

a. 拟定机械工作的正常施工条件，包括工作地点的合理组织、施工机械作业方法的拟定、配合机械作业的施工小组的组织以及机械工作班制度等。

b. 确定机械净工作生产率，即机械纯工作一小时的正常生产率。

c. 确定机械的利用系数。机械的正常利用系数指机械在施工作业班内对作业时间的利用率。

$$机械利用系数 = \frac{工作班净工作时间}{机械工作时间}$$

d. 计算机械台班定额。施工机械台班产量定额的计算如下：

施工机械台班产量定额＝机械净工作生产率×工作班延续时间×机械利用系数

$$施工机械时间定额 = \frac{1}{施工机械台班产量定额}$$

e. 拟定工人小组的定额时间。工人小组的定额时间指配合施工机械作业工人小组的工作时间总和。

$$工人小组定额时间 = 施工机械时间定额 \times 工人小组的人数$$

【历年真题精选】

1.（2013）某机械台班产量为 $4m^3$，与之配合的工人小组由 5 人组成，则单位产品的人工时间定额为（　　）工日。

A. 0.50　　B. 0.80

C. 1.20　　D. 1.25

【答案】D

【解析】单位产品人工时间定额（工日）$=\frac{小组成员人数}{台班产量}=\frac{5}{4}=1.25$

2.（2013）编制机械台班使用定额时，机械工作必需消耗的时间包括（　　）。

A. 低负荷下工作时间　　B. 不可避免的中断时间

C. 由于劳动组织不当引起的中断时间　　D. 不可避免的无负荷工作时间

E. 有效工作时间

【答案】BDE

3.（2014）在机械工作时间消耗分类中，由于工人装料数量不足引起的机械不能满负荷工作的时间属于（　　）。

A. 有根据地降低负荷下的工作时间　　B. 机械的多余工作时间

C. 正常负荷下的有效工作时间　　D. 低负荷下的工作时间

【答案】D

4.（2015）下列机械工作时间消耗中，属于机械台班使用定额中不可避免的无负荷工作时间的是（　　）。

A. 筑路机在工作区末端掉头的时间

B. 汽车在运送土方时没有装满导致的延长时间

C. 未及时供给机械燃料而导致的停工时间

D. 暴雨时压路机被迫停工时间

【答案】A

【解析】本题考查的是施工机械时间定额中机械工作时间消耗的分类。机械工作时间分为必需消耗的时间和损失时间两大类。在必需消耗的工作时间里，包括有效工作、不可避免的无负荷工作和不可避免的中断三项时间消耗；损失的工作时间，包括多余工作、停工、违背劳动纪律所消耗的工作时间和低负荷下的工作时间。其中不可避免的无负荷工作时间，是指由施工过程的特点和机械结构的特点造成的机械无负荷工作时间。例如筑路机在工作区末端调头等，都属于此项工作时间的消耗。故答案为 A。

5.（2016）汽车运输重量轻而体积大的货物时，不能充分利用载重吨位因而不得不在低于其计算负荷下工作的时间应计入（　　）。

A. 正常负荷下的工作时间

B. 有根据地降低负荷下的工作时间

C. 不可避免的中断时间

D. 损失的工作时间

【答案】B

【解析】本题考核的是机械工作时间的分类。机械工作时间分为必需消耗的时间和损失时间两大类。在必需消耗的工作时间里，包括有效工作、不可避免的无负荷工作和不可避免的中断三项时间消耗。而在有效工作的时间消耗中又包括正常负荷下、有根据地降低负荷下的工时消耗。其中有根据地降低负荷下的工作时间，是指在个别情况下由于技术上的原因，机械在低于其计算负荷下工作的时间，例如，汽车运输重量轻而体积大的货物时，不能充分利用汽车的载重吨位因而不得不降低其计算负荷。

故本题答案为 B。

【同步系统训练】

1. 施工作业过程中，筑路机在工作区末端掉头消耗的时间应计入施工机械台班使用定额，其时间消耗的性质是（　　）。

A. 不可避免的停工时间　　B. 不可避免的中断工作时间

C. 不可避免的无负荷工作时间　　D. 正常负荷下的工作时间

【答案】C

2. 编制施工机械台班使用定额时，属于机械工作时间中损失时间的有（　　）。

A. 施工本身原因造成的停工时间　　B. 非施工原因造成的停工时间

C. 违反劳动纪律引起的时间损失　　D. 低负荷下的工作时间

E. 工人正常的休息时间

【答案】ABCD

1Z103035　施工定额和企业定额的编制

【近年考情分析】

近年考试题量及分值统计表　　表 1Z103035

年　份	单选题量	多选题量	合计分值
2012	1	0	1
2013	2	2	6
2014	0	0	0
2015	0	0	0
2016	0	0	0

【核心考点解析】

1. 施工定额的作用

a. 施工定额是企业计划管理的依据；b. 施工定额是组织和指挥施工生产的有效工具；c. 施工定额是计算工人劳动报酬的依据；d. 施工定额有利于推广先进技术；e. 施工定额是编制施工预算，加强企业成本管理和经济核算的基础。

2. 企业定额的作用

a. 企业定额是施工企业计算和确定工程施工成本的依据，是施工企业进行成本管理、经济核算的基础；

b. 企业定额是施工企业进行工程投标、编制工程投标价格的基础和主要依据；

c. 企业定额是施工企业编制施工组织设计的依据。

3. 企业定额的编制原则

编制企业定额时应准确反映本企业的施工生产力水平。

【历年真题精选】

1.（2013）建设工程施工定额的研究对象是（　　）。

A. 工序　　B. 分部分项工程

C. 扩大的分部分项工程　　D. 整个建筑物或构筑物

【答案】A

2.（2013）关于企业定额作用的说法，正确的是（　　）。

A. 企业定额是编制施工组织设计的依据

B. 企业定额能反映本企业在不同项目上的最高管理水平

C. 依据企业定额可以计算出施工企业拟完成投标工程的实际成本

D. 企业定额不能直接反映本企业的施工技术水平

【答案】A

【同步系统训练】

1. 编制和应用施工定额之所以有利于推广先进技术，其原因是（　　）。

A. 施工定额是强制实施的

B. 施工定额是工程定额体系的基础

C. 施工定额水平本身包含成熟先进的施工技术

D. 施工定额是用先进的技术方法测定出来的

【答案】C

2. 关于施工定额作用的说法，正确的有（　　）。

A. 施工定额是企业编制施工组织设计的依据

B. 施工定额是计算工人计件工资的基础

C. 施工定额是编制施工预算的基础

D. 施工定额是编制竣工结算的依据

E. 施工定额是组织和指挥施工生产的有效工具

【答案】ABCE

1Z103036　预算定额与单位估价表的编制

【近年考情分析】

近年考试题量及分值统计表　　　　表 1Z103036

年　　份	单选题量	多选题量	合计分值
2012	1	0	1
2013	1	0	1
2014	2	0	2
2015	0	0	0
2016	0	0	0

【核心考点解析】

1. 预算定额的编制

预算定额是在施工定额的基础上进行综合扩大编制而成的。预算定额是编制施工图预算的主要依据。

2. 人工幅度差用工的计算

人工幅度差用工数量 ＝ Σ(基本用工 ＋ 超运距用工 ＋ 辅助用工) × 人工幅度差系数

【历年真题精选】

1.（2013）采用定额单价法计算工程费用时，若分项工程施工工艺条件与定额单价不一致而造成人工、机械的数量增减时，对定额的处理方法一般是（　　）。

A. 编制补充单价表　　B. 直接套用定额单价

C. 按实际价格换算定额单价　　D. 调量不换价

【答案】D

2.（2011）在建设工程项目可行性研究阶段，计算投资需要量应依据的定额或指标是（　　）。

A. 预算定额　　B. 概算定额

C. 概算指标　　D. 投资估算指标

【答案】D

3.（2014）完成某预算定额项目单位工程量的基本用工为 2.8 工日，辅助用工为 0.7 工日，超运距用工为 0.9 工日，人工幅度差系数为 10%。该定额的人工工日消耗量为（　　）工日。

A. 4.68　　B. 4.56　　C. 4.75　　D. 4.84

【答案】D

【解析】人工工日消耗量＝(基本用工＋超运距用工＋辅助用工)×(人工幅度差系数＋1)＝(2.8＋0.7＋0.9)×(10%＋1)＝4.84

【同步系统训练】

1. 在传统定额计价模式下，政府主管部门规定的计价依据主要包括（　　）。

A. 施工方案　　B. 工程预算定额

C. 工程量计算规则　　D. 间接费的内容

E. 间接费的取费标准

【答案】BCDE

2. 预算定额作为一项综合性定额，是由组成（　　）的消耗量综合而成的。

A. 分部工程的各分项工程　　B. 单位工程的各分部工程

C. 分项工程的各检验批　　D. 分项工程的各工序

【答案】D

1Z103040　建设工程项目设计概算

1Z103041　设计概算的内容和作用

【近年考情分析】

近年考试题量及分值统计表　　表 1Z103041

年　份	单选题量	多选题量	合计分值
2012	1	0	1
2013	1	0	1
2014	1	0	1
2015	0	0	0
2016	1	1	3

【核心考点解析】

1. 设计概算的内容

（1）设计概算是设计文件的重要组成部分，是编制和确定的建设工程项目从筹建至竣工交付使用所需全部费用的文件。

（2）设计概算可分为单位工程概算、单项工程综合概算和建设工程项目总概算三级。各级概算之间的相互关系如图 1Z103041-1、图 1Z103041-2 所示。

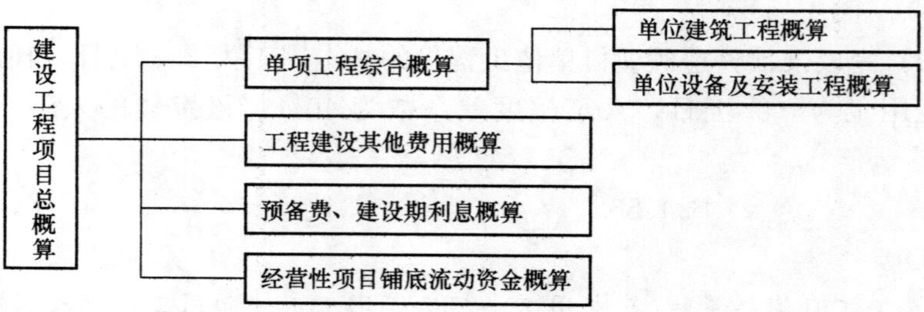

图 1Z103041-1　设计概算文件的组成内容

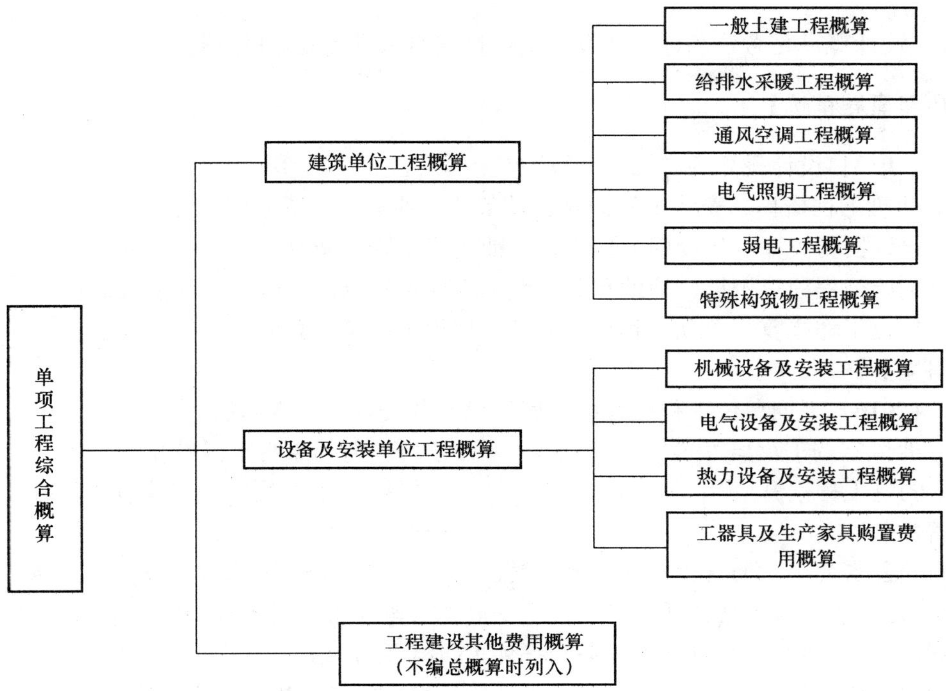

图 1Z103041-2　单项工程综合概算的组成内容

（3）建设工程项目总概算（图 1Z103041-3）

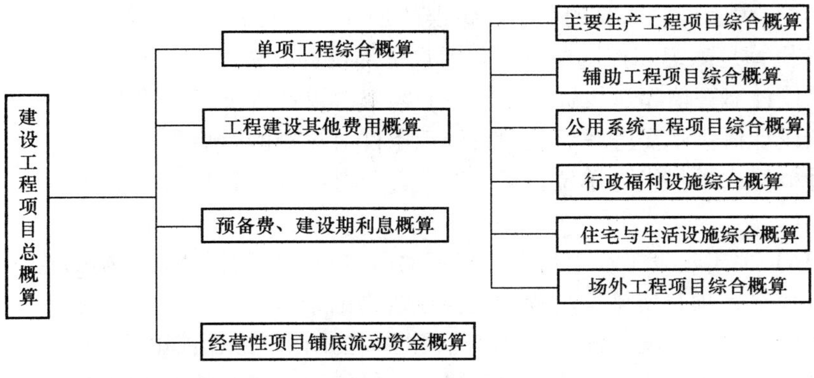

图 1Z103041-3　建设工程项目总概算的组成内容

2. 设计概算的作用

（1）设计概算是制定和控制建设投资的依据；

（2）设计概算是编制建设计划的依据；

（3）设计概算是进行贷款的依据；

（4）设计概算是签订工程总承包合同的依据；

（5）设计概算是考核设计方案的经济合理性和控制施工图预算和施工图设计的

依据；

（6）设计概算是考核和评价建设工程项目成本和投资效果的依据。

【历年真题精选】

1.（2013）设计概算的“三级概算”是指（　　）。

A. 建筑工程概算、安装工程概算、设备及工器具购置费概算

B. 建设投资概算、建设期利息概算、铺底流动资金概算

C. 主要工程项目概算、辅助和服务性工程项目概算、室内外工程项目概算

D. 单位工程概算、单项工程综合概算、建设工程项目总概算

【答案】D

2.（2016）下列单位工程概算中，属于设备及安装工程概算的是（　　）。

A. 通风空调工程概算　　B. 电气照明工程概算

C. 弱电工程概算　　D. 工器具及生产家具购置费用概算

【答案】D

【解析】本题考核的是设计概算的分类。设计概算可分为单位工程概算、单项工程综合概算和建设工程项目总概算三级。对于一般工业与民用建筑工程而言，单位工程概算按其工程性质分为建筑工程概算和设备及安装工程概算两大类。

（1）建筑工程概算包括土建工程概算、给排水采暖工程概算、通风空调工程概算、电气照明工程概算、弱电工程概算、特殊建筑物工程概算等；

（2）设备及安装工程概算包括机械设备及安装工程概算、电气设备及安装工程概算、热力设备及安装工程概算以及工器具及生产家具购置费等。

故本题答案为D。

3.（2014）关于设计概算的说法，错误的是（　　）。

A. 设计概算是确定和控制建设工程项目全部投资的文件

B. 如果设计概算值超过投资控制额，必须修改设计或重新立项审批

C. 编制设计概算不需考虑建设项目施工条件对投资的影响

D. 设计概算由项目设计单位负责编制，并对其编制质量负责

【答案】C

4.（2016）关于建设工程项目设计概算的内容与作用的说法，正确的有（　　）。

A. 设计概算是项目实施全过程造价控制管理的依据

B. 设计概算是考核设计方案的经济合理性和控制施工图预算的依据

C. 项目总概算是反映项目从设计至竣工交付使用所需全部费用的文件

D. 政府投资项目经主管部门审批的总概算是总造价的最高限额，不得任意突破

E. 单位工程概算中应包括工程建设其他费用概算

【答案】ABD

【解析】本题考核的是对设计概算的理解。设计概算是设计文件的重要组成部分，是由设计单位根据初步设计（或技术设计）图纸及说明、概算定额（或概算指标）、各项费用定额或取费标准（指标）、设备、材料预算价格等资料或参照类似工程预决算文件，编制和确定的建设工程项目从筹建至竣工交付使用所需全部费用的文件，故选项C错误。

设计概算可分为单位工程概算、单项工程综合概算和建设工程项目总概算三级。其中单位工程概算中包括单位工程的工程费用，由人、料、机费用和企业管理费、利润、规费、税金组成，故选项E错误。

建设工程设计概算是签订贷款合同、项目实施全过程造价控制管理以及考核项目经济合理性的依据，故选项A正确。除此之外，设计概算的作用还包括：

（1）设计概算是制定和控制建设投资的依据。对于使用政府资金的建设项目按照规定报请有关部门或单位批准初步设计及总概算，一经上级批准，总概算就是总造价的最高限额，不得任意突破，如有突破须报原审批部门批准，故选项D正确；

（2）设计概算时编制建设计划的依据；

（3）设计概算是进行贷款的依据；

（4）设计概算是签订工程总承包合同的依据；

（5）设计概算时考核设计方案的经济合理性和控制施工图预算和施工图设计的依据；

（6）设计概算时考核和评价建设工程项目成本和投资效果的依据。

故本题答案为ABD。

1Z103042　设计概算的编制依据、程序和步骤

【近年考情分析】

近年考试题量及分值统计表　　　　表1Z103042

年　份	单选题量	多选题量	合计分值
2012	0	0	0
2013	0	0	0
2014	0	0	0
2015	0	0	0
2016	0	0	0

【核心考点解析】

1. 设计概算的编制依据

设计概算编制依据主要包括以下方面：

（1）批准的可行性研究报告；

（2）设计工程量；

（3）项目涉及的概算指标或定额；

（4）国家、行业和地方政府有关法律法规或规定；

（5）资金筹措方式；

（6）常规的施工组织设计；

（7）项目涉及的设备材料供应及价格；

（8）项目的管理（含监理）、施工条件；

（9）项目所在地区有关的气候、水文、地质、地貌等自然条件；

（10）项目所在地区有关的经济、人文等社会条件；

（11）项目的技术复杂程度，以及新技术、专利使用情况；

（12）有关文件、合同、协议等。

1Z103043　设计概算的编制方法

【近年考情分析】

近年考试题量及分值统计表　　表 1Z103043

年　份	单选题量	多选题量	合计分值
2012	1	0	1
2013	2	0	2
2014	1	0	1
2015	5	1	7
2016	3	0	3

【核心考点解析】

1. 单位建筑工程概算编制方法

（1）概算定额法

概算定额法要求初步设计达到一定深度，建筑结构比较明确时方可采用。

（2）概算指标法

当初步设计深度不够，不能准确地计算工程量，但工程设计采用的技术比较成熟而又有类似工程概算指标可以利用时，可以采用概算指标法编制工程概算。

（3）类似工程预算法

类似工程预算法适用于拟建工程初步设计与已完工程或在建工程的设计相类似且没有可用的概算指标的情况，但必须对建筑结构差异和价差进行调整。

2. 设备及安装工程概算编制方法

（1）预算单价法。当初步设计有详细设备清单时，可直接按预算单价（预算定额单价）编制设备安装工程概算。根据计算的设备安装工程量，乘以安装工程预算单价，经汇总求得。

用预算单价法编制概算，计算比较具体，精确性较高。

（2）扩大单价法。当初步设计的设备清单不完备，或仅有成套设备的重量时，可采用主体设备、成套设备或工艺线的综合扩大安装单价编制概算。

（3）概算指标法。当初步设计的设备清单不完备，或安装预算单价及扩大综合单价不全，无法采用预算单价法和扩大单价法时，可采用概算指标编制概算。概算指标形式较多，概括起来主要可按以下几种指标进行计算。

① 按占设备价值的百分比（安装费率）的概算指标计算。

$$设备安装费 = 设备原价 \times 设备安装费率$$

② 按每吨设备安装费的概算指标计算。

$$设备安装费 = 设备总吨数 \times 每吨设备安装费(元/吨)$$

③ 按座、台、套、组、根或功率等为计量单位的概算指标计算。如工业炉，按每台安装费指标计算；冷水箱，按每组安装费指标计算安装费，等等。

④ 按设备安装工程每平方米建筑面积的概算指标计算。设备安装工程有时可按不同的专业内容（如通风、动力、管道等）采用每平方米建筑面积的安装费用概算指标计算安装费。

【历年真题精选】

1.（2016） 审查设计概算时，对一些关键设备和设施、重要装置、引进工程图纸不全、难以核算的较大投资宜采用的审查方法是（　　）。

A. 对比分析法　　　　B. 查询核实法

C. 筛选审查法　　　　D. 标准预算审查法

【答案】 B

【解析】 本题考核的是对设计概算审查方法的理解。设计概算审查方法主要包括对比分析法、查询核实发、联合会审法。其中查询核实法是对一些关键设备和设施、重要装置、引进工程图纸不全、难以核算的较大投资进行多方查询核对，逐项落实的方法。

故本题答案为 B。

2.（2016） 某建设工程项目拟订购 5 台国产设备，订货价格为 50 万元/台，设备运杂费率为 8%，设备安装费率为 20%，采用概算指标法确定该项目的设备安装费为（　　）万元。

A. 54　　　　B. 50

C. 24　　　　D. 20

【答案】 B

【解析】 本题考核的是设备安装工程概算的编制。设备安装工程费包括用于设备、工器具、交通运输设备、生产家具等的组装和安装，以及配套工程安装而发生的全部费用。其编制方法主要包括预算单价法、扩大单价法以及概算指标法。其中概算指标法适用于当初步设计的设备清单不完备，或安装预算单价及扩大综合单价不全，无法采用预算单价法和扩大单价法时，即可采用概算指标编制概算。概算指标形式较多，其中按占设备价值的百分比（安装费率）的概算指标计算公式为：

设备安装费＝设备原价×设备安装费率

因此，该项目的设备安装费＝5×50×20%＝50 万元。

故本题答案为 B。

3.（2016） 新建工程与某已建成工程仅外墙饰面不同。已建成工程外墙为水泥砂浆抹面，单价为 8.75 元/m^2，每平方米建筑面积消耗量为 0.852m^2；新建工程外墙为贴釉面砖，单价为 49.25 元/m^2，每平方米建筑面积消耗量为 0.814m^2。若已建成工程概算指标为 536 元/m^2，则新建工程修正概算指标为（　　）元/m^2。

A. 568.63　　　　B. 576.50

C. 585.25　　　　D. 613.26

【答案】 A

【解析】 本题考核的是修正概算指标的计算。调整概算指标中每 1m^2（1m^3）造价，当设计对象的结构特征与概算指标有局部差异时需要进行这种调整。这种调整方法是将原概算指标中的单位造价进行调整（仍使用人、料、机费用指标），扣除每 $1m^2$（$1m^3$）原概算指标中与拟建工程结构不同部分的造价，增加每 $1m^2$（$1m^3$）拟建工程预概算指标结构不同部分的造价，使其成为与拟建工程结构相同的工程单位人、料、机费用造价。计算公式为：

$$结构变化修正概算指标(元/m^2)=J+Q_1P_1-Q_2P_2$$

式中，J ——原概算指标；

Q_1 ——概算指标中换入结构的工程量；

Q_2 ——概算指标中换出结构的工程量；

P_1 ——换入结构的人、料、机费用单价；

P_2 ——换出结构的人、料、机费用单价。

因此，新建工程修正概算指标＝536＋0.814×49.25－0.852×8.75＝568.63 元/m^2。

故本题答案为 A。

4. (2015) 某新建项目建筑面积 $5000m^2$，按概算指标和地区材料预算单价等算出一般土建工程单位造价为 1200 元（其中，人、料、机费用 1000 元，综合费率 20%）。但新建项目的设计资料与概算指标相比，其结构中有部分变更：设计资料中外墙 1 砖半厚，预算单价 200 元/m^3，而概算指标中外墙 1 砖厚，预算单价 180 元/m^3，并且设计资料中每 $100m^2$ 建筑面积含外墙 $62m^3$，而概算指标中含 $47m^3$。其余条件不考虑，则调整后的一般土建工程概算单价为(　　)元/m^2。

A. 1152.72　　B. 1203.60

C. 1487.28　　D. 1247.28

【答案】 D

【解析】 本题考查的是概算单价的调整计算。当设计对象的结构特征与概算指标有局部差异时需要调整概算指标中每 $1m^2$(或 $1m^3$)造价。这种调整方法是将原概算指标中的单位造价进行调整(仍使用人、料、机费用指标)，扣除每 $1m^2$(或 $1m^3$)原概算指标中与拟建工程结构不同部分的造价，增加每 $1m^2$(或 $1m^3$)拟建工程与概算指标结构不同部分的造价，使其成为与拟建工程结构相同的工程单位人、料、机费用造价。计算公式为：

$$结构变化修正概算指标(元/m^2)=J+Q_1P_1-Q_2P_2$$

其中，J 表示原概算指标，Q_1 表示概算指标中换入结构的工程量，Q_2 表示概算指标中换出结构的工程量，P_1 表示换入结构的人、料、机费用单价，P_2 表示换出结构的人、料、机费用单价。

则调整后的概算指标为：

$$J+Q_1P_1-Q_2P_2=1000+(62\div100)\times200-(47\div100)\times180=1039.4\ 元/m^2$$

则调整后的土建工程概算单价＝1039.4×(1＋20%)＝1247.28 元/m^2

故本题正确选项为 D。

5. (2015) 某单位建筑工程初步设计深度不够，不能准确地计算工程量，但工程采用的技术比较成熟而又有类似指标可以利用时，编制该工程设计概算适宜采用的方法是(　　)。

A. 扩大单价法　　B. 概算指标法

C. 类似工程预算法　　D. 生产能力指数法

【答案】B

【解析】本题考查的是建筑工程概算的编制方法。建筑工程概算的编制方法有概算定额法、概算指标法、类似工程预算法。当初步设计深度不够，不能准确地计算工程量，但工程设计采用的技术比较成熟而又有类似工程概算指标可以利用时，可以采用概算指标法编制工程概算。答案为B。

6. （2015）某建设工程项目的工程费用6800万元，其他费用1200万元，预备费500万元，建设期贷款利息370万元，铺底流动资金710万元。预计在建设过程中原房屋拆除变现收入100万元，试车收入大于支出金额150万元，则该项目总概算价值为（　　）万元。

A. 9580　　B. 9680

C. 9430　　D. 9330

【答案】D

【解析】本题考查的是建设工程项目总概算价值的计算。计算公式为：总概算价值＝工程费用＋其他费用＋预备费用＋建设期利息＋铺底流动资金－回收金额；回收金额是指在整个基本建设过程中所获得的各种收入。如原有房屋拆除所回收的材料和旧设备等的变现收入；试车收入大于支出部分的价值等。则该项目总概算价值为：

总概算价值 ＝ 6800 ＋ 1200 ＋ 500 ＋ 370 ＋ 710 － 100 － 150 ＝ 9330 万元

故正确选项为D。

7. （2015）设计概算审查时，对图纸不全的复杂建筑安装工程投资，通过向同类工程的建设、施工企业征求意见判断其合理性，这种审查方法属于（　　）。

A. 对比分析法　　B. 专家意见法

C. 联合会审法　　D. 查询核实法

【答案】D

【解析】本题考查的是设计概算审查的方法。设计概算审查的方法主要包括对比分析法、查询核实法和联合会审法。其中，查询核实法是对一些关键设备和设施、重要装置、引进工程图纸不全、难以核算的较大投资进行多方查询核对，逐项落实的方法。进口设备价格及有关费税向进出口公司调查落实，复杂的建安工程向同类工程的建设、承包、施工单位征求意见；深度不够或不清楚的问题直接向原概算编制人员、设计者询问。故答案为D。

8. （2015）建设项目总概算书的内容有编制说明和（　　）。

A. 分部分项工程概算表　　B. 单位工程概算表

C. 单项工程综合概算表　　D. 工程建设其他费用概算表

E. 总概算表

【答案】BCDE

【解析】本题考查的是建设工程项目总概算书包含的内容。总概算书的内容一般应包括以下几部分：

（1）封面、签署页及目录；

（2）编制说明；

（3）总概算表；

（4）工程建设其他费用概算表；

(5) 单项工程综合概算表；

(6) 单位工程概算表；

(7) 附录：补充估价表。故答案为 BCDE。

【同步系统训练】

1. 某工程初步设计深度不够，不能准确计算工程量，但工程设计采用的技术比较成熟，又有类似工程概算指标可以利用，则编制该工程概算适合采用的方法是（　　）。

A. 概算定额法　　B. 类似工程预算法

C. 概算指标法　　D. 预算单价法

【答案】 C

2. 根据现行规定，在审查概算的投资规模、生产能力等是否符合原批准的可行性研究报告或者立项批文时，若发现概算总投资超过原批准投资估算的（　　）以上，需要进一步审查超估算的原因。

A. 5%　　B. 10%

C. 3%　　D. 8%

【答案】 B

【解析】 本题考查的是设计概算审查的内容。其中需要审查概算的投资规模、生产能力、设计标准、建设用地、建筑面积、主要设备、配套工程、设计定员等是否符合原批准可行性研究报告或立项批文的标准。如概算总投资超过原批准投资估算 10%以上，应进一步审查超估算的原因。故本题正确选项为 B。

1Z103050　建设工程项目施工图预算

1Z103051　施工图预算编制的模式

【近年考情分析】

近年考试题量及分值统计表　　表 1Z103051

年　份	单选题量	多选题量	合计分值
2012	0	0	0
2013	0	0	0
2014	0	0	0
2015	0	0	0
2016	0	0	0

【核心考点解析】

1. 传统计价模式

我国的传统计价模式是采用国家、部门或地区统一规定的定额和取费标准进行工程造价计价的模式，通常也称为定额计价模式。

2. 工程量清单计价模式

工程量清单计价模式是指按照工程量清单规范规定的全国统一工程量计算规则，由招标人提供工程量清单和有关技术说明，投标人根据企业自身的定额水平和市场价格进行计价的模式。

1Z103052　施工图预算的作用

【近年考情分析】

近年考试题量及分值统计表　　表 1Z103052

年　份	单选题量	多选题量	合计分值
2012	0	0	0
2013	0	0	0
2014	0	0	0
2015	0	0	0
2016	0	0	0

【核心考点解析】

1. 施工图预算对建设单位的作用

（1）施工图预算是施工图设计阶段确定建设工程项目造价的依据，是设计文件的组成部分。

（2）施工图预算是建设单位在施工期间安排建设资金计划和使用建设资金的依据。

（3）施工图预算是招投标的重要基础，既是工程量清单的编制依据，也是标底编制的依据。

（4）施工图预算是拨付进度款及办理结算的依据。

2. 施工图预算对施工单位的作用

（1）施工图预算是确定投标报价的依据。在竞争激烈的建筑市场，施工单位需要根据施工图预算造价，结合企业的投标策略，确定投标报价。

（2）施工图预算是施工单位进行施工准备的依据，是施工单位在施工前组织材料、机具、设备及劳动力供应的重要参考，是施工单位编制进度计划、统计完成工作量、进行经济核算的参考依据。施工图预算的工、料、机分析，为施工单位材料购置、劳动力及机具和设备的配备提供参考。

（3）施工图预算是控制施工成本的依据。根据施工图预算确定的中标价格是施工单位收取工程款的依据，施工单位只有合理利用各项资源，采取技术措施、经济措施和组织措施降低成本，将成本控制在施工图预算以内，施工单位才能获得良好的经济效益。

【历年真题精选】

1.（2011）关于传统计价模式下施工图预算作用的说法，正确的有（　　）。

A. 施工图预算是施工单位确定投标报价的依据
B. 施工图预算是施工单位进行施工准备的依据
C. 施工图预算是报审项目投资额的依据
D. 施工图预算是监督检查执行定额标准的依据
E. 施工图预算是控制施工成本的依据
【答案】ABDE

1Z103053　施工图预算的编制依据

【近年考情分析】

近年考试题量及分值统计表　　表 1Z103053

年　份	单选题量	多选题量	合计分值
2012	0	0	0
2013	0	1	2
2014	0	1	2
2015	0	1	2
2016	0	0	0

【核心考点解析】

施工图预算的编制依据主要包括以下方面：
(1) 国家、行业、地方政府发布的计价依据等有关法律法规或规定；
(2) 建设项目有关文件、合同、协议等；
(3) 批准的设计概算；
(4) 批准的施工图设计图纸及相关标准图集和规范；
(5) 相应预算定额和地区单位估价表；
(6) 合理的施工组织设计和施工方案等文件；
(7) 项目有关的设备、材料供应合同、价格及相关说明书；
(8) 项目所在地区有关的气候、水文、地质地貌等的自然条件；
(9) 项目的技术复杂程度，以及新技术、专利使用情况等；
(10) 项目所在地区有关的经济、人文等社会条件。

【历年真题精选】

1.（2013）施工图预算的编制依据包括（　　）。
A. 批准的设计概算　　B. 相应预算定额或地区单位估价表
C. 批准的施工图纸　　D. 项目的技术复杂程度
E. 地方政府发布的区域发展规划
【答案】ABCD
2.（2014）建筑安装工程施工图预算的编制依据有（　　）。

A. 工程地质勘察资料　　B. 建设项目施工组织设计
C. 批准的设计概算　　D. 中标通知书
E. 现场签证
【答案】ABC
3. （2015）下列属于施工图预算的编制依据的有（　　）。
A. 建设单位的资金到位情况　　B. 施工投标单位的资质等级
C. 批准的设计概算　　D. 批准的施工图设计图纸
E. 施工投标单位的施工组织设计
【答案】CD

1Z103054　施工图预算的编制方法

【近年考情分析】

近年考试题量及分值统计表　　表 1Z103054

年　份	单选题量	多选题量	合计分值
2012	0	0	0
2013	0	1	2
2014	1	0	1
2015	2	0	2
2016	0	0	0

【核心考点解析】

建设工程项目施工图预算由总预算、综合预算和单位工程预算组成。建设工程项目总预算由综合预算汇总而成；综合预算由组成本单项工程的单位工程预算汇总而成；单位工程预算包括建筑工程预算和设备及安装工程预算。

单位工程预算的编制方法有单价法和实物量法；其中单价法分为定额单价法和工程量清单单价法。

1. 定额单价法

定额单价法编制施工图预算的基本步骤：准备资料，熟悉施工图纸；计算工程量；套用定额单价，计算人、料、机费用；编制工料分析表；按计价程序计取其他费用，并汇总造价；复核；编制说明、填写封面。

2. 工程量清单单价法

工程量清单单价法是根据国家统一的工程量计算规则计算工程量，采用综合单价的形式计算工程造价的方法。

3. 实物量法

采用实物量法的步骤：准备资料、熟悉施工图纸；计算工程量；套用消耗定额，计算人料机消耗量；计算并汇总人工费、材料费、施工机械使用费；计算其他各项费用，汇总造价；复核；编制说明、填写封面。

【历年真题精选】

1.（2015）采用定额单价法编制施工图预算时，如果分项工程的某一种主要材料品种与定额单价中规定的材料品种不完全一致，该分项工程单价的确定方法是(　　)。

A. 直接套用同类材料的定额单价　　B. 按实际使用材料价格换算定额单价

C. 调整工程量而不换算定额单价　　D. 编制补充定额单价

【答案】B

【解析】本题考查的是定额单价法。定额单价法在套用定额单价，计算人、料、机费用时，需要注意：分项工程的主要材料品种与定额单价或单位估价表中规定材料不一致时，不可以直接套用定额单价；需要按实际使用材料价格换算定额单价。故答案为B。

2.（2013）关于定额单价法编制施工图预算的说法，正确的有(　　)。

A. 当分项工程的名称、规格、计量单位与定额单价中所列内容完全一致时，可直接套用定额单价

B. 当分项工程的主要材料的品种与定额单价中规定材料不一致时，应按实际使用材料价格换算定额单价

C. 当分项工程施工工艺条件与定额单价不一致而造成人工、机械的数量增减时，应调价不换量

D. 当分项工程不能直接套用定额、不能换算和调整时，应编制补充单位估价表

E. 当本地区统一的定额单价表中没有与本项目分项工程相应的内容时，可套用邻近地区的单位估价表

【答案】ABD

3.（2014）实物量法编制施工图预算时，计算并复核工程量后紧接着进行的工作是(　　)。

A. 套定额单价，计算人料机费用　　B. 汇总人料机费用

C. 套消耗定额，计算人料机消耗量　D. 计算管理费等其他各项费用

【答案】C

4.（2015）实物量法编制施工图预算所用的材料单价应采用(　　)。

A. 当时当地的实际价格　　B. 网上咨询厂家的报价

C. 编制预算定额时采用的单价　　D. 预算定额中采用的单价加上运杂费

【答案】A

【解析】本题考查的是利用实物量法编制施工图预算。用实物量法编制施工图预算，主要是先用计算出的各分项工程的实物工程量，分别套取预算定额中工、料、机消耗指标，并按类相加，求出单位工程所需的各种人工、材料、施工机械台班的总消耗量，然后分别乘以当时当地各种人工、材料、机械台班的单价，求得人工费、材料费和施工机械使用费，再汇总求和。对于企业管理费、利润等费用的计算则根据当时当地建筑市场供求情况予以具体确定。故答案为A。

【同步系统训练】

1. 定额单价法编制施工图预算的过程包括：①计算工程量；②套用定额单价，计算

直接工程费；③按计价程序计取其他费用，并汇总造价；④编制工料分析表；⑤准备资料，熟悉施工图纸。正确的排列顺序是（　　）。

A. ④⑤②①③　　B. ④⑤①②③

C. ⑤②①③④　　D. ⑤①②④③

【答案】D

1Z103055　施工图预算的审查内容

【近年考情分析】

近年考试题量及分值统计表　　表 1Z103055

年　　份	单选题量	多选题量	合计分值
2012	1	0	1
2013	1	0	1
2014	1	0	1
2015	1	0	1
2016	1	0	1

【核心考点解析】

施工图预算审查方法的适用范围：

（1）全面审查法

缺点是工作量大，时间较长。这种方法适合于一些工程量较小、工艺比较简单的工程。

（2）标准预算审查法

标准预算审查法的优点是时间短、效果好、易定案。其缺点是适用范围小，仅适用于采用标准图纸的工程。

（3）分组计算审查法

分组计算审查法特点是审查速度快、工作量小。

（4）对比审查法

对比审查法是当工程条件相同时，用已完工程的预算或未完但已经过审查修正的工程预算对比审查拟建工程的同类工程预算的一种方法。

（5）筛选审查法

“筛选法”的优点是简单易懂，便于掌握，审查速度快，便于发现问题。但问题出现的原因尚需继续审查。该方法适用于审查住宅工程或不具备全面审查条件的工程。

（6）重点审查法

审查的重点一般是工程量大或者造价较高的各种工程、补充定额、计取的各项费用（计费基础、取费标准）等。重点审查法的优点是突出重点，审查时间短、效果好。

【历年真题精选】

1.（2013） 对采用通用图纸的多个工程施工图预算进行审查时，为节省时间，宜采用的审查方法是（　　）。

A. 标准预算审查法　　B. 全面审查法

C. 筛选审查法　　D. 对比审查法

【答案】A

2.（2016） 当拟建工程与已完工程的建设条件和工程设计相同时，用已完工程的预算审查拟建工程的同类工程预算的方法是(　　)。

A. 标准预算审查法　　B. 分组审查法

C. 重点审查法　　D. 对比审查法

【答案】D

【解析】本题考核的是对施工图预算审查方法的理解。施工图预算的审查可采用全面审查法、标准预算审查法、分组计算审查法、对比审查法、筛选审查法、重点审查法、分解对比审查法等。其中，对比审查法是当工程条件相同时，用已完工程的预算或未完但已经过审查修正的工程预算对比审查拟建工程的同类工程预算的一种方法。采用该方法一般须符合下列条件。

（1）拟建工程与已完或在建工程预算采用同一施工图，但基础部分和现场施工条件不同，则相同部分可采用对比审查法。

（2）工程设计相同，但建筑面积不同，两工程的建筑面积之比与两工程各分部分项工程量之比大体一致。此时可按分部分项工程量的比例，审查拟建工程各分部分项工程的工程量，或用两工程每平方米建筑面积造价、每平方米建筑面积的各分部分项工程量对比进行审查。

（3）两工程面积相同，但设计图纸不完全相同，则相同的部分可进行工程量的对照审查。对不能对比的分部分项工程可按图纸计算。

故本题答案为D。

3.（2014） 施工图预算审查时，利用房屋建筑工程标准层建筑面积数对楼面找平层、顶棚抹灰等工程量进行审查的方法，属于（　　）。

A. 重点审查法　　B. 筛选审查法

C. 对比审查法　　D. 分组计算审查法

【答案】D

4.（2015） 对于设计方案比较特殊，无同类工程可比，且审查精度要求高的施工图预算，适宜采用的审查方法是(　　)。

A. 标准预算审查法　　B. 对比审查法

C. 重点审查法　　D. 全面审查法

【答案】D

【解析】本题考查的是施工图预算审查的方法。施工图预算的审查可采用全面审查法、标准预算审查法、分组计算审查法、对比审查法、筛选审查法、重点审查法、分解对比审查法等。题干中要求设计方案比较特殊，无同类工程可比且审查精度较高，而全面审查法是按定额顺序或施工顺序，对各项工程细目逐项全面详细审查的一种方法，具有全面、细致，审查质量高、效果好的特点。所以应当采用全面审查法。故答案为D。

【同步系统训练】

1. 当建设工程条件相同时，用同类已完工程的预算或未完但已经过审查修正的工程预算审查拟建工程预算的方法是（　　）。

A. 标准预算审查法　　B. 筛选审查法

C. 全面审查法　　D. 对比审查法

【答案】 D

1Z103060　工程量清单编制

1Z103061　工程量清单的作用

【近年考情分析】

近年考试题量及分值统计表　　表 1Z103061

年　份	单选题量	多选题量	合计分值
2012	0	0	0
2013	0	0	0
2014	0	0	0
2015	0	0	0
2016	0	0	0

【核心考点解析】

1. 工程量清单的作用

（1）工程量清单为投标人的投标竞争提供了一个平等和共同的基础；

（2）工程量清单是建设工程计价的依据；

（3）工程量清单是工程付款和结算的依据；

（4）工程量清单是调整工程价款、处理工程索赔的依据。

1Z103062　工程量清单编制的方法

【近年考情分析】

近年考试题量及分值统计表　　表 1Z103062

年　份	单选题量	多选题量	合计分值
2012	2	0	2
2013	2	0	2
2014	2	0	2
2015	1	0	1
2016	4	1	6

【核心考点解析】

1. 招标工程量清单的编制依据

招标工程量清单必须作为招标文件的组成部分，由招标人提供，并对其准确性和完整性负责。招标工程量清单应以单位（项）工程为单位编制，应由分部分项工程量清单、措施项目清单、其他项目清单、规费和税金项目清单组成。

招标工程量清单编制的依据有：

(1)《建设工程工程量清单计价规范》GB 50500—2013 和相关工程的国家计量规范；

(2) 国家或省级、行业建设主管部门颁发的计价定额和办法；

(3) 建设工程设计文件及相关材料；

(4) 与建设工程有关的标准、规范、技术资料；

(5) 拟定的招标文件；

(6) 施工现场情况、地勘水文资料、工程特点及常规施工方案；

(7) 其他相关资料。

2. 分部分项工程项目清单的编制

分部分项工程项目工程量清单应确定项目编码、项目名称、项目特征、计量单位，并按不同专业工程量计量规范给出的工程量计算规则，进行工程量的计算。

(1) 项目编码的设置

项目编码是分部分项工程量清单项目名称的数字标识。分部分项工程量清单项目编码以五级编码设置，采用十二位阿拉伯数字表示。一至九位应按《计量规范》的规定设置，十至十二位应根据拟建工程的工程量清单项目名称和项目特征设置，同一招标工程的项目编码不得有重码。

(2) 项目名称的确定

分部分项工程量清单的项目名称应根据《计量规范》的项目名称结合拟建工程的实际确定。“项目名称”为分项工程项目名称，一般以工程实体命名。

(3) 项目特征的描述

项目特征是指构成分部分项工程量清单项目、措施项目自身价值的本质特征。

(4) 计量单位的选择

当计量单位有两个或两个以上时，应根据所编工程量清单项目的特征要求，选择最适宜表述该项目特征并方便计量的单位。

(5) 工程量的计算

所有清单项目的工程量以实体工程量为准，并以完成后的净值来计算。

(6) 补充项目

编制工程量清单时如果出现《计量规范》附录中未包括的项目，编制人应做补充，并报省级或行业工程造价管理机构备案。补充项目的编码由对应计量规范的代码X（即01～09）与B和三位阿拉伯数字组成，并应从×B001起顺序编制，同一招标工程的项目不得重码。工程量清单中需附有补充项目的名称、项目特征、计量单位、工程量计算规则、工作内容。

3. 措施项目清单的编制

措施项目清单是指为完成工程项目施工，发生于该工程施工准备和施工过程中的技术、生活、安全、环境保护等方面的项目清单。

4. 其他项目清单的编制

其他项目清单应根据拟建工程的具体情况，参照下列 4 项内容列项：1）暂列金额；2）暂估价：包括材料暂估单价、工程设备暂估价、专业工程暂估价；3）计日工；4）总承包服务费。

（1）暂列金额

暂列金额是招标人暂定并包括在合同中的一笔款项。用于施工合同签订时尚未确定或者不可预见的所需材料、设备、服务的采购，施工中可能发生的工程变更、合同约定调整因素出现时的工程价款调整以及发生的索赔、现场签证确认等的费用。

（2）暂估价

暂估价是指招标人在工程量清单中提供的用于支付必然发生但暂时不能确定价格的材料价款、工程设备价款以及专业工程金额。

（3）计日工

计日工是为了解决现场发生的零星工作的计价而设立的。计日工适用的所谓零星工作一般是指合同约定之外的或者因变更而产生的、工程量清单中没有相应项目的额外工作，尤其是那些时间不允许事先商定价格的额外工作。

（4）总承包服务费

5. 规费项目清单的编制

规费项目清单应按照下列内容列项：（1）社会保险费：包括养老保险费、失业保险费、医疗保险费、工伤保险费、生育保险费；（2）住房公积金；（3）工程排污费。

出现《建设工程工程量清单计价规范》GB 50500—2013 未列的项目，应根据省级政府或省级有关部门的规定列项。

6. 税金项目清单的编制

税金是指国家税法规定的应计入建筑安装工程造价内的营业税、城市维护建设税及教育费附加等。税金项目清单应包括下列内容：（1）营业税；（2）城市维护建设税；（3）教育费附加；（4）地方教育附加。

【历年真题精选】

1.（2016） 根据《建设工程工程量清单计价规范》GB 50500－2013，下列费用可用暂列金额支付的是（　　）。

A. 业主提供了暂估价的材料采购费用

B. 因承包人原因导致隐蔽工程质量不合格的返工费用

C. 固定总价合同中材料价格上涨费用

D. 业主提出设计变更增加的费用

【答案】 D

【解析】 本题考核的是对暂列金额的理解。暂列金额是招标人暂定并包括在合同中的一笔款项。用于施工合同签订时尚未确定或者不可预见的所需材料、设备、服务的采购，施工中可能发生的工程变更、合同约定调整因素出现时的工程价款调整以及发生的索赔、现场签证确认等的费用。

故本题答案为D。

2.（2016）根据《建设工程工程量清单计价规范》GB 50500－2013，关于分部分项工程量清单中项目名称的说法，正确的是（　　）。

A.《计量规范》中的项目名称是分项工程名称，以工程主要材料命名

B.《计量规范》中的项目名称是分部工程名称，以工程实体命名

C. 编制清单时，项目名称应根据《计量规范》的项目名称结合拟建工程实际确定

D. 编制清单时，《计量规范》中的项目名称不能变化，但应补充项目规格、材质

【答案】C

【解析】本题考核的是工程量清单编制中项目名称的确定。分部分项工程量清单的项目名称应根据《计量规范》的项目名称结合拟建工程的实际确定。《计量规范》中规定的"项目名称"为分项工程项目名称，一般以工程实体命名。编制工程量清单时，应以附录中的项目名称为基础，考虑该项目的规格、型号、材质等特征要求，并结合拟建工程的实际情况，对其进行适当的调整或细化，使其能够反映影响工程造价的主要因素。

故本题答案为C。

3.（2016）根据《建设工程工程量清单计价规范》GB 50500－2013，不能列入其他项目清单的是（　　）。

A. 专业工程暂估价　　B. 计日工

C. 总承包服务费　　D. 总承包人自行分包管理费

【答案】D

【解析】本题考核的是其他项目清单的编制。其他项目清单是指分部分项工程量清单、措施项目清单所包含的内容以外，因招标人的特殊要求而发生的与拟建工程有关的其他费用项目和相应数量的清单。工程建设标准的高低、工程的复杂程度、工程的工期长短、工程的组成内容、发包人对工程管理的要求等都直接影响其他项目清单的具体内容。因此，其他项目清单应根据拟建工程的具体情况，参照《建设工程工程量清单计价规范》GB 50500－2013提供的系列4项内容列项：（1）暂列金额；（2）暂估价，包括材料暂估单价、工程设备暂估价、专业工程暂估价；（3）计日工；（4）总承包服务费。

出现《建设工程工程量清单计价规范》GB 50500－2013未列的项目，可根据工程实际情况补充。故本题答案为D。

4.（2016）根据《建设工程工程量清单计价规范》GB 50500－2013，编制措施项目清单时，措施项目设置的依据有（　　）。

A. 投标企业的资质等级与规模　　B. 拟建工程的常规施工组织设计

C. 拟建工程的常规施工技术方案　　D. 实施中因变更可能产生的零星工作

E. 招标文件中需要通过一定技术措施才能实现的要求

【答案】BCE

【解析】本题考核的是措施项目清单的编制。措施项目清单的编制应考虑多种因素，除了工程本身的因素外，还要考虑水文、气象、环境、安全和施工企业的实际情况。措施项目清单的设置，需要：

（1）参考拟建工程的常规施工组织设计；

（2）参考拟建工程的常规技术方案；

（3）参阅相关的施工规范与工程验收规范；

（4）确定设计文件中不足以写进施工方案，但要通过一定的技术措施才能实现的内容；

（5）确定招标文件中提出的某些需要通过一定的技术措施才能实现的要求。

故本题答案为 BCE。

5.（2014） 采用工程量清单招标时，提供招标工程量清单并对其完整性和准确性负责的单位是（　　）。

A. 发放招标文件的招标代理人　　B. 编制清单的工程造价咨询人

C. 发布招标文件的招标人　　D. 招标人的上级管理单位

【答案】 C

6.（2014） 某分部分项工程的清单编码为 010302004014，则该分部分项工程的清单项目顺序码为（　　）。

A. 01　　B. 03　　C. 004　　D. 014

【答案】 D

7.（2015） 招标人编制工程量清单时，对各专业工程现行《计量规范》中未包括的项目应作补充，则关于该补充项目及其编码的说法，正确的是（　　）。

A. 该项目编码应由对应《计量规范》的代码和三位阿拉伯数字组成

B. 清单编制人在最后一个清单项目后面自行补充该项目，不需编码

C. 该项目按《计量规范》中相近或相似的清单项目编码

D. 清单编制人应将补充项目报省级或行业工程造价管理机构备案

【答案】 D

【解析】 本题考查的是分部分项工程项目清单的编制。编制工程量清单时如果出现《计量规范》附录中未包括的项目，编制人应做补充，并报省级或行业工程造价管理机构备案。补充项目的编码由对应计量规范的代码 X（即 01～09）与 B 和三位阿拉伯数字组成，并应从 XB001 起顺序编制，同一招标工程的项目不得重码。故答案为 D。

8.（2016） 根据《建设工程工程量清单计价规范》GB 50500－2013，关于分部分项工程量清单中工程量计算的说法，正确的是（　　）。

A. 实际施工中的各种损耗应列入措施项目费中

B. 所有招标清单项目工程量按实际施工工程量计算

C. 计算综合单价时需考虑施工方案增加的工程量，但不考虑施工中的材料损耗

D. 采用工程量清单计算规则计算时，工程实体的工程量是唯一的

【答案】 D

【解析】 本题考核的是分部分项工程量的计算。分部分项工程量清单中所列工程量应按《计量规范》的工程量计算规则计算。工程量计算规则是指对清单项目工程量计算的规定。除另有说明外，所有清单项目的工程量以实体工程量为准，并以完成后的净值来计算。因此，在计算综合单价时应考虑施工中的各种损耗和需要增加的工程量，或在措施费清单中列入相应的措施费用。采用工程量清单计算规则，工程实体的工程量是唯一的。统一的清单工程量为各投标人提供了一个公平竞争的平台，也方便招标人对各投标人的报价

进行对比。

故本题答案为D。

【同步系统训练】

1. 根据《建设工程工程量清单计价规范》GB 50500—2013，应列入规费清单的费用是（　　）。

A. 上级单位管理费　　B. 大型机械进出场及安拆费

C. 危险作业意外伤害保险费　　D. 住房公积金

【答案】 D

2. 根据《建设工程工程量清单计价规范》GB 50500—2013，关于工程量清单编制的说法，正确的是（　　）。

A. 同一招标工程的项目编码不能重复

B. 措施项目都应该以“项”为计量单位

C. 所有清单项目的工程量都应以实际施工的工程量为准

D. 暂估价是用于施工中可能发生工程变更时的工程价款调整的费用

【答案】 A

1Z103070　工程量清单计价

1Z103071　工程量清单计价的方法

【近年考情分析】

近年考试题量及分值统计表　　表 1Z103071

年　份	单选题量	多选题量	合计分值
2012	3	0	3
2013	3	0	3
2014	2	1	4
2015	1	1	3
2016	3	1	5

【核心考点解析】

1. 工程量清单计价的方法

分部分项工程费＝∑分部分项工程量×分部分项工程综合单价

措施项目费＝∑单价措施项目工程量×单价措施项目综合单价＋∑总价措施项目费

单位工程造价＝分部分项工程费＋措施项目费＋其他项目费＋规费＋税金

单项工程造价＝∑单位工程造价

建设项目总造价＝∑单项工程造价

2. 分部分项工程费计算

1）分部分项工程量的确定

2）综合单价的编制：a. 确定组合定额子目；b. 计算定额子目工程量；c. 测算人、料、机消耗量；d. 确定人、料、机单价；e. 计算清单项目的人、料、机总费用；f. 计算清单项目的管理费和利润；g. 计算清单项目的综合单价。

3. 措施项目费计算

措施项目清单计价应根据建设工程的施工组织设计，可以计算工程量的措施项目，应按分部分项工程量清单的方式采用综合单价计价；其余的不能算出工程量的措施项目，则采用总价项目的方式，以“项”为单位的方式计价，应包括除规费、税金外的全部费用。措施项目清单中的安全文明施工费应按照国家或省级、行业建设主管部门的规定计价，不得作为竞争性费用。

措施项目费的计算方法一般有以下几种：

1）综合单价法

2）参数法计价

3）分包法计价

4. 其他项目费计算

其他项目费由暂列金额、暂估价、记日工、总承包服务费等内容构成。

暂列金额和暂估价由招标人按估算金额确定，记日工和总承包服务费由承包人根据招标人提出的要求，按估算的费用确定。

5. 规费与税金的计算

规费和税金应按国家或省级、行业建设主管部门的规定计算，不得作为竞争性费用。

6. 风险费用的确定

建设工程发承包，必须在招标文件、合同中明确计价中的风险内容及其范围，不得采用无限风险、所有风险或类似语句规定计价中的风险内容及范围。

【历年真题精选】

1.（2015） 施工现场设立的安全警示标志、现场围挡等所需的费用应计入（　　）费用。

A. 分部分项工程　　　　B. 规费项目

C. 其他项目　　　　D. 措施项目

【答案】 D

【解析】 本题考查的措施项目费。措施项目费是指为完成工程项目施工，而用于发生在该工程施工准备和施工过程中的技术、生活、安全、环境保护等方面的非工程实体项目所支出的费用。而施工现场设立的安全警示标志、现场围挡等所需费用属于施工现场安全文明施工所需费用，安全文明施工费属于措施项目费。故答案为 D。

2.（2016） 某土方工程，招标工程量清单中挖土方工程数量为 3000m^3。投标人依据地质资料和施工方案计算的实际挖土方量为 3600m^3，挖土方的人、料、机费为 65000 元；人工运土的人、料、机费用 25000 元，机械运土的人、料、机费用 58000 元。企业管理费取人、料、机总费用的 14%，利润率取人、料、机总费用与管理费和的 8%，不考虑其他因素，则投标人挖土方的投标综合单价为(   )元。

A. 60.74 B. 60.19 C. 50.62 D. 50.16

【答案】 A

【解析】 本题考核的是投标综合单价的计算。《计价规范》规定，分部分项工程量清单应采用综合单价计价。综合单价＝人工费＋材料费＋施工机具使用费＋管理费＋利润。同时，招标文件中的工程量清单标明的工程量是招标人编制招标控制价和投标人投标报价的共同基础。因此，该投标人挖土方的投标综合单价计算过程如下：

(1) 招标工程量清单中挖土方工程量为：$3000m^3$；

(2) 人、料、机费用合计：65000＋25000＋58000＝148000元；

(3) 管理费：148000×14%＝20720元；

(4) 利润：(148000＋20720)×8%＝13497.6元；

(5) 投标综合单价：(148000＋20720＋13497.6)÷3000＝60.74元。

故本题答案为A。

3.（2016） 根据《建设工程工程量清单计价规范》GB 50500－2013，施工企业综合单价的计算有以下工作：①确定组合定额子目并计算各子目工程量；②确定人、料、机单价；③测算人、料、机的数量；④计算清单项目的综合单价；⑤计算清单项目的管理费和利润；⑥计算清单项目的人、料、机总费用。正确的步骤是(   )。

A. ②－③－①－⑤－⑥－④ B. ③－①－②－⑥－⑤－④

C. ①－③－②－⑥－⑤－④ D. ①－③－②－④－⑥－⑤

【答案】 C

【解析】 本题考核的是工程量清单综合单价的编制。《建设工程工程量清单计价规范》中的工程量清单综合单价是指完成一个规定清单项目所需的人工费、材料和工程设备费、施工机具使用费和企业管理费、利润以及一定范围内的风险费用。综合单价的计算可以概括为以下步骤：

(1) 确定组合定额子目；

(2) 计算定额子目工程量；

(3) 测算人、料、机消耗量；

(4) 确定人、料、机单价；

(5) 计算清单项目的人、料、机总费用；

(6) 计算清单项目的管理费和利润；

(7) 计算清单项目的综合单价。

故本题答案为C。

4.（2016） 工程量清单招标时，投标人编制投标报价前应认真复核工程量清单中的分部分项工程量，因为该工程量会影响(   )。

A. 施工方法选择 B. 劳动力和机具安排

C. 投标综合单价报价 D. 投标总价的计算

E. 结算工程量的确定

【答案】 ABC

【解析】 本题考核的是投标价的编制。在编制投标报价之前，需要先对清单工程量进行审核。因为工程量清单中的各分部分项工程量并不十分准确，若设计深度不够则可能有较大的误差，而工程量的多少是选择施工方法、安排人力、机械、准备材料必须考虑的因素，自然也影响分项工程的单价。

故本题答案为 ABC。

5.（2015） 适宜用参数法计价的措施项目费有(　　)。

A. 混凝土模板费　　B. 二次搬运费

C. 安全文明施工费　　D. 垂直运输费

E. 已完工程及设备保护费

【答案】 BCE

【解析】 本题考查的是参数法计价。参数法计价是指按一定的基数乘系数的方法或自定义公式进行计算。这种方法简单明了，但最大的难点是公式的科学性、准确性难以把握。这种方法主要适用于施工过程中必须发生，但在投标时很难具体分项预测，又无法单独列出项目内容的措施项目。如安全文明施工费、夜间施工费、二次搬运费、冬雨期施工增加费、已完工程及设备保护费的计价均可以采用该方法。故答案为 BCE。

6.（2016） 根据《建设工程工程量清单计价规范》GB 50500—2013，适宜采用综合单价法计价的措施项目费是(　　)。

A. 脚手架工程费　　B. 夜间施工增加费

C. 冬雨季施工增加费　　D. 二次搬运费

【答案】 A

【解析】 本题考核的是措施项目费的计算。措施项目费事指为完成工程项目施工，而用于发生在该工程施工准备和施工过程中的技术、生活、安全、环境保护等方面的非工程实体项目所支出的费用。措施项目清单计价应根据建设工程的施工组织设计，可以计算工程量的措施项目，应按分部分项工程量清单的方式采用综合单价计价；其余的不能算出工程量的措施项目，则采用总价项目的方式，以“项”为单位的方式计价，包括除规费、税金外的全部费用。其中，综合单价法，就是根据需要消耗的实物工程量与实物单价计算措施费，适用于可以计算工程量的措施项目，主要是指一些与工程实体有紧密联系的项目，如混凝土模板、脚手架、垂直运输等。故本题答案为 A。

【同步系统训练】

1. 根据《建设工程工程量清单计价规范》GB 50500—2013 计价的某土方工程，业主方提供的清单工程量为 3951m^3。施工企业预计的实际施工量为 7902m^3，预计完成该分项工程的直接工程费为 115265.27 元，管理费为 39190.19 元，利润为 9221.22 元，不考虑风险费和其他因素，则该分项工程的综合单价应为（　　）元/m^3。

A. 20.71　　B. 29.17　　C. 41.43　　D. 94.48

【答案】 C

【解析】 综合单位＝（人、料、机总费用＋管理费＋利润）/清单工程量

＝（115265.27＋39190.19＋9221.22）/3951

＝41.43 元/m^3

2. 根据《建设工程工程量清单计价规范》GB 50500—20138，采用工程量清单招标的

工程，投标人在投标报价时不得作为竞争性费用的是（　　）。

A. 安全文明施工费　　B. 二次搬运费

C. 夜间施工费　　D. 总承包服务费

【答案】A

3. 根据《建设工程工程量清单计价规范》GB 50500—2013，投标企业可以根据拟建工程的具体施工方案进行列项的清单是（　　）。

A. 措施项目清单　　B. 分部分项工程量清单

C. 其他项目清单　　D. 规费项目清单

【答案】A

1Z103072　招标控制价的编制方法

【近年考情分析】

近年考试题量及分值统计表　　表 1Z103072

年　份	单选题量	多选题量	合计分值
2012	0	1	2
2013	2	1	4
2014	2	0	2
2015	3	0	3
2016	0	1	2

【核心考点解析】

1. 招标控制价的理解

（1）国有资金投资的建设工程招标，招标人必须编制招标控制价；

（2）招标控制价超过批准的概算时，招标人应将其报原概算审批部门审核；

（3）投标人的投标报价高于招标控制价的，其投标应予以拒绝；

（4）招标控制价应由具有编制能力的招标人或受其委托具有相应资质的工程造价咨询人编制和复核；

（5）招标控制价应在招标文件中公布，不应上调或下浮，招标人应将招标控制价及有关资料报送工程所在地工程造价管理机构备查。

2. 招标控制价的计价依据

（1）《建设工程工程量清单计价规范》GB 50500—2013；

（2）国家或省级、行业建设主管部门颁发的计价定额和计价办法；

（3）建设工程设计文件及相关资料；

（4）拟定的招标文件及招标工程量清单；

（5）与建设项目相关的标准、规范、技术资料；

（6）施工现场情况、工程特点及常规施工方案；

（7）工程造价管理机构发布的工程造价信息，当工程造价信息没有发布时，参照市场价；

（8）其他的相关资料。

3. 招标控制价的编制内容

采用工程量清单计价时，招标控制价的编制内容包括：分部分项工程费、措施项目费、其他项目费、规费和税金。

4. 其他项目费

（1）暂列金额

应按招标工程量清单中列出的金额填写。

（2）暂估价

暂估价中的材料、工程设备单价、控制价应按招标工程量清单列出的单价计入综合单价；暂估价专业工程金额应按招标工程量清单中列出的金额填写。

（3）计日工

编制招标控制价时，对计日工中的人工单价和施工机械台班单价应按省级、行业建设主管部门或其授权的工程造价管理机构公布的单价计算；材料应按工程造价管理机构发布的工程造价信息中的材料单价计算，工程造价信息未发布材料单价的材料，其价格应按市场调查确定的单价计算。

（4）总承包服务费

编制招标控制价时，总承包服务费应按照省级或行业建设主管部门的规定，并根据招标文件列出的内容和要求估算。

5. 编制招标控制价应注意的问题

招标控制价编制时，应该注意以下问题：

（1）《建设工程工程量清单计价规范》GB 50500—2013 将原规范中“国有资金投资的工程建设项目应实行工程量清单招标，并应编制招投标控制价……”上升为强制性条文，即：国有资金投资的工程建设招投标，必须编制招投标控制价。

（2）招标控制价编制的表格格式等应执行《建设工程工程量清单计价规范》GB 50500—2013 的有关规定。

（3）一般情况下，编制招标控制价，采用的材料价格应是工程造价管理机构通过工程造价信息发布的材料单价，工程造价信息未发布材料单价的材料，其材料价格应通过市场调查确定。另外，未采用工程造价管理机构发布的工程造价信息时，需在招标文件或答疑补充文件中对招标控制价采用的与造价信息不一致的市场价格予以说明，采用的市场价格则应通过调查、分析确定，有可靠的信息来源。

（4）施工机械设备的选型直接关系到基价综合单价水平，应根据工程项目特点和施工条件，本着经济实用、先进高效的原则确定。

（5）应该正确、全面地使用行业和地方的计价定额以及相关文件。

（6）不可竞争的措施项目和规费、税金等费用的计算均属于强制性条款，编制招标控制价时应该按国家有关规定计算。

（7）不同工程项目、不同施工单位会有不同的施工组织方法，所发生的措施费也会有所不同。因此，对于竞争性的措施费用的编制，应该首先编制施工组织设计或施工方案，然后依据经过专家论证后的施工方案，合理地确定措施项目与费用。

6. 投诉与处理

《建设工程工程量清单计价规范》GB 50500—2013 新增了投标人对招标人不按规范的规定编制招标控制价进行投诉的权利。具体规定如下：

（1）投标人经复核认为招标人公布的招标控制价未按照《建设工程工程量清单计价规范》的规定进行编制的，应在招标控制价公布后5天内向招投标监督机构和工程造价管理机构投诉。

（2）投诉人投诉时，应当提交由单位盖章和法定代表人或其委托人签名或盖章的书面投诉书。投诉书包括下列内容：

①投诉人与被投诉人的名称、地址及有效联系方式；

②投诉的招标工程名称、具体事项及理由；

③投诉依据及有关证明材料；

④相关的请求及主张。

（3）投诉人不得进行虚假、恶意投诉，阻碍招投标活动的正常进行。

（4）工程造价管理机构在接到投诉书后应在2个工作日内进行审查，对有下列情况之一的，不予受理：

①投诉人不是所投诉招标工程招标文件的收受人；

②投诉书提交的时间不符合上述第（1）条规定的；

③投诉书不符合上述第（2）条规定的；

④投诉事项已进入行政复议或行政诉讼程序的。

（5）工程造价管理机构应在不迟于结束审查的次日将是否受理投诉的决定书面通知投诉人、被投诉人以及负责该工程招投标监督的招投标管理机构。

（6）工程造价管理机构受理投诉后，应立即对招标控制价进行复查，组织投诉人、被投诉人或其委托的招标控制价编制人等单位人员对投诉问题逐一核对。有关当事人应当予以配合，并应保证所提供资料的真实性。

（7）工程造价管理机构应当在受理投诉的10天内完成复查，特殊情况下可适当延长，并作出书面结论通知投诉人、被投诉人及负责该工程招投标监督的招投标管理机构。

（8）当招标控制价复查结论与原公布的招标控制价误差＞±3%的，应当责成招标人改正。

（9）招标人根据招标控制价复查结论需要重新公布招标控制价的，其最终公布的时间至招标文件要求提交投标文件截止时间不足15天的，应相应延长投标文件的截止时间。

【历年真题精选】

1.（2013） 根据《建设工程工程量清单计价规范》GB 50500—2013，招标人委托工程造价咨询人编制的招标工程量清单，其封面应由招标人和（　　）盖章确认。

A. 编制清单的造价员　　　　B. 造价咨询人的造价工程师

C. 工程造价咨询人　　　　　D. 工程造价咨询人的法人代表

【答案】 C

2.（2013） 关于工程量清单招标中计日工报价技巧的说法，正确的是（　　）。

A. 单纯对计日工报价应报高价

B. 单纯对计日工报价应报低价

C. 招标文件中有名义工程量的计日工应报高价

D. 招标文件中有名义工程量的计日工应报低价

【答案】A

3.（2014）根据《建设工程工程量清单计价规范》GB 50500—2013，关于投标报价的说法，错误的是（　　）。

A. 暂列金额应按照招标工程量清单中列出的金额填写，不得变动

B. 专业工程暂估价必须按照招标工程量清单中列出的金额填写

C. 计日工应按照招标文件中的数量和单价计算总费用

D. 总承包服务费应按照招标人的要求和现场管理需要自主确定

【答案】C

4.（2014）投标人经复核，认为招标人公布的招标控制价未按照《建设工程工程量清单计价规范》GB 50500—2013 的规定进行编制的，应在招标控制价公布后（　　）天内向招投标监督机构和工程造价管理机构投诉。

A. 3　　B. 5　　C. 7　　D. 10

【答案】B

5.（2016）根据《建设工程工程量清单计价规范》（GB 50500－2013），关于招标控制价的说法，正确的有(　　)。

A. 国有资金投资的建设工程招标，必须编制招标控制价

B. 国有资金投资的建设工程招标，招标控制价应控制在已批准的投资概算内

C. 招标控制价应在招标文件中公布，不得变动

D. 投标人的投标报价若高于招标控制价，其投标应被拒绝

E. 招标控制价只能由具有编制能力的招标人自行编制

【答案】ABCD

【解析】本题考核的是对招标控制价的理解。招标控制价是招标人根据国家以及当地有关规定的计价依据和计价方法、招标文件、市场行情，并按工程项目设计施工图纸等具体条件调整编制的，对招标工程项目限定的最高工程造价，也可称其为拦标价、预算控制价或最高报价等。对于招标控制价的理解及其规定，应注意从以下方面理解：

（1）国有资金投资的建设工程招标，招标人必须编制招标控制价。

（2）招标控制价超过批准的概算时，招标人应将其报原概算审批部门审核。

（3）投标人的投标报价高于招标控制价的，其投标应予以拒绝。

（4）招标控制价应由具有编制能力的招标人或受其委托具有相应资质的工程造价咨询人编制和复核。

（5）招标控制价应在招标文件中公布，不应上调或下浮，招标人应将招标控制价及有关资料报送工程各所在地工程造价管理机构备查。故本题答案为 ABCD。

6.（2015）根据《建设工程工程量清单计价规范》GB 50500—2013，编制工程量清单时，计日工表中的人工应按(　　)列项。

A. 职称　　B. 工种　　C. 职务　　D. 技术等级

【答案】B

【解析】本题考查的是其他项目清单的编制。编制工程量清单时，计日工表中的人工应按工种，材料和机械应按规格、型号详细列项。答案为 B。

7.（2015） 根据《建设工程工程量清单计价规范》GB 50500—2013，编制分部分项工程量清单时，编制人必须确定项目名称、项目编码、计量单位、工程数量和（　　）。

A. 填表须知　　　　B. 项目特征

C. 项目总说明　　　　D. 项目工程内容

【答案】 B

【解析】本题考查的是分部分项工程量清单的编制。分部分项工程量清单应包括项目编码、项目名称、项目特征、计量单位和工程量。答案为 B。

8.（2015） 根据《建设工程工程量清单计价规范》GB 50500—2013，工程造价管理机构受理投标人对招标控制价投诉并组织复查后，发现招标控制价复查结论与招标人原公布的招标控制价误差超过（　　）以上时，应当责成招标人改正。

A. ±2%　　B. ±3%　　C. ±4%　　D. ±5%

【答案】 B

【解析】本题考查的是对招标人不按规定编制招标控制价的投诉与处理。当招标控制价复查结论与原公布的招标控制价误差>±3%的，应当责成招标人改正。答案为 B。

【同步系统训练】

1. 根据《建设工程工程量清单计价规范》GB 50500—2013，编制投标文件时，招标文件中已提供暂估价的材料价格应根据（　　）填报。

A. 招标文件提供的价格　　　　B. 投标人自主确定价格

C. 投标时当地的市场价格　　　　D. 政府主管部门公布的价格

【答案】 A

2. 建设工程项目招标控制价的编制主体是（　　）。

A. 招标人或受其委托的工程造价咨询人

B. 项目监理机构

C. 项目建设主管部门

D. 工程所在地政府造价管理机构

【答案】 A

3. 根据《建设工程工程量清单计价规范》GB 50500—2013，关于全额政府投资项目招标控制价的说法，正确的有（　　）。

A. 招标控制价可以在公布后上调或下浮

B. 招标控制价是对招标工程限定的最高限价

C. 招标控制价超过批准的概算时，招标人应将其报原概算审批部门审核

D. 招标控制价的作用与标底完全相同

E. 投标人的投标报价高于招标控制价的，其投标应予以拒绝

【答案】 BCE

4. 关于招标控制价中“暂列金额”的说法，正确的有（　　）。

A. 设计图纸详细深入的工程，可适当降低暂列金额

B. 暂列金额由材料暂估价和专业工程暂估价两部分组成

C. 暂列金额应根据拟采用的施工方案估算

D. 复杂工程的暂列金额可适当提高

E. 暂列金额的估算要考虑工程环境条件

【答案】ADE

1Z103073　投标报价的编制方法

【近年考情分析】

近年考试题量及分值统计表　　**表 1Z103073**

年　份	单选题量	多选题量	合计分值
2012	4	0	4
2013	2	0	2
2014	0	0	0
2015	2	1	4
2016	1	0	1

【核心考点解析】

1. 投标价的编制原则：

（1）投标报价由投标人自主确定，但必须执行《建设工程工程量清单计价规范》的强制性规定。投标价应由投标人或受其委托具有相应资质的工程造价咨询人编制。

（2）投标人的投标报价不得低于工程成本；

（3）投标人必须按招标工程量清单填报价格；

（4）投标报价要以招标文件中设定的承发包双方责任划分，作为设定投标报价费用项目和费用计算的基础；

（5）应该以施工方案、技术措施等作为投标报价计算的基本条件；

（6）报价计算方法要科学严谨，简明适用。

2. 投标价的编制依据

（1）《建设工程工程量清单计价规范》GB 50500—2013；

（2）国家或省级、行业建设主管部门颁发的计价办法；

（3）企业定额，国家或省级、行业建设主管部门颁发的计价定额和计价办法；

（4）招标文件、招标工程量清单及其补充通知、答疑纪要；

（5）建设工程设计文件及相关资料；

（6）施工现场情况、工程特点及投标时拟定的施工组织设计或施工方案；

（7）与建设项目相关的标准、规范等技术资料；

（8）市场价格信息或工程造价管理机构发布的工程造价信息；

（9）其他的相关资料。

3. 清单报价注意事项

(1) 综合单价

综合单价中应包括招标文件中划分的应由投标人承担的风险范围及其费用，招标文件中没有明确的，应提请招标人明确。

(2) 单价项目

分部分项工程和措施项目中的单价项目中最主要的是确定综合单价，应根据拟定的招标文件和招投标工程清单项目中的特征描述及有关要求确定综合单价计算，包括：1）工程量清单项目特征描述；2）企业定额；3）资源可获取价格；4）企业管理费费率、利润率；5）风险费用；6）材料、工程设备暂估价。

(3) 总价项目

由于各投标人拥有的施工设备、技术水平和采用的施工方法有所差异，因此投标人应根据自身编制的投标施工组织设计或施工方案确定措施项目，投标人根据投标施工组织设计或施工方案调整和确定的措施项目应通过评标委员会的评审。

(4) 规费和税金

规费和税金必须按国家或省级、行业建设主管部门规定的标准计算，不得作为竞争性费用。

4. 投标总价

投标人的投标总价应当与组成招标工程量清单的分部分项工程费、措施项目费、其他项目费和规费、税金的合计金额相一致，即投标人在进行工程项目工程量清单招标的投标报价时，不能进行投标总价优惠（或降价、让利），投标人对投标报价的任何优惠（或降价、让利）均应反映在相应清单项目的综合单价中。

【历年真题精选】

1.（2013）根据《建设工程工程量清单计价规范》GB 50500—2013，采用工程量清单招标的工程，投标人在投标报价时不得作为竞争性费用的是（ ）。

A. 工程定位复测费　　B. 冬雨期施工增加费

C. 税金　　D. 总承包服务费

【答案】C

2.（2012）招标人编制招标控制价与投标人报价的共同基础是（ ）。

A. 工料单价　　B. 综合单价

C. 拟采用施工方案计算的工程量　　D. 工程量清单标明的工程量

【答案】D

3.（2016）投标过程中，若投标人发现招标工程量清单项目特征描述与施工图纸不符时，应以（ ）为准进行报价。

A. 招标工程量清单的项目特征　　B. 招标文件中的施工图纸说明

C. 实际施工的项目特征　　D. 投标人按规范修正后的项目特征

【答案】A

【解析】本题考核的是投标价的编制。投标报价编制过程中确定分部分项工程和措施项目中的单价项目综合单价的最重要依据之一是该清单项目的特征描述。投标人投标报价时应依据招标工程量清单项目的特征描述确定清单项目的综合单价。在招投标过程中，若出现工程量清单特征描述与设计图纸不符，投标人应以招标工程量清单的项目特征为准，确定投标报价的综合单价；若施工中施工图纸或设计变更与招标工程量清单项目特征描述不一致，发承包双方应按实际施工的项目特征依据合同约定重新确定综合单价。

故本题答案为A。

4.（2015）关于工程量清单招标方式下投标人报价的说法，正确的是（　　）。

A. 暂估价中的材料应按暂估单价计入综合单价

B. 专业工程暂估价中的专业工程应由投标人自主确定价格并计入报价

C. 措施项目中的总价项目应包括规费和税金

D. 投标人报价时可以给予一定幅度的总价优惠

【答案】A

【解析】本题考查的是投标价的编制与审核。投标价中其他项目费暂估价中的材料、工程设备必须按照暂估单价计入综合单价；专业工程暂估价必须按照招标工程量清单中列出的金额填写。故选项A正确，B错误。而措施项目中的总价项目应采用综合单价方式报价，包括除规费、税金外的全部费用。所以选项C错误。而投标人的投标总价应当与组成招标工程量清单的分部分项工程费、措施项目费、其他项目费和规费、税金的合计金额相一致，即投标人在进行工程项目工程量清单招标的投标报价时，不能进行投标总价优惠（或降价、让利），投标人对投标报价的任何优惠（或降价、让利）均应反映在相应清单项目的综合单价中，所以选项D错误。故本题正确选项为A。

5.（2015）某工程项目土方工程采用人工挖土方、人工运输和机械运输，招标工程量清单中的挖土方数量为2000m^3，投标人计算的施工挖土方数量为3500m^3，余土外运。投标人计算的人工挖土方费用为42000元，人工运土费用为15000元，机械运土费用为38000元，管理费用取人、料、机之和的14%，利润取人、料、机与管理费之和的8%。根据《建设工程工程量清单计价规范》GB 50500—2013，不考虑其他因素，投标人报价时挖土方综合单价为（　　）元/m^3。

A. 33.41　　B. 58.48　　C. 61.56　　D. 73.10

【答案】B

【解析】本题考查的是清单项目综合单价的计算。计算公式为：综合单价＝（人、料、机总费用＋管理费＋利润）÷清单工程量。

人、料、机总费用＝42000＋15000＋38000＝95000元

管理费＝人、料、机总费用×管理费费率＝95000×14%＝13300元

利润＝（人、料、机总费用＋管理费）×利润率＝（95000＋13300）×8%＝8664元

综合单价＝（95000＋13300＋8664）÷2000＝58.48元/m^3

故本题正确选项为B。

6.（2015）关于工程量清单计价下施工企业投标报价原则的说法，正确的有（　　）。

A. 投标报价由投标人自主确定

B. 投标报价不得低于工程成本

C. 投标人应该以施工方案、技术措施等作为投标报价计算的基本条件

D. 投标报价要以招标文件中设定的发承包双方责任划分作为基础

E. 确定投标报价时不需要考虑发承包模式

【答案】ABCD

【解析】本题考查的是投标价的编制原则。工程量清单计价下编制投标报价的原则如下：

(1) 投标报价由投标人自主确定，但必须执行《建设工程工程量清单计价规范》GB 50500—2013 的强制性规定；

(2) 投标人的投标报价不得低于工程成本；

(3) 投标人必须按招标工程量清单填报价格；

(4) 投标报价要以招标文件中设定的承发包双方责任划分，作为设定投标报价费用项目和费用计算的基础；

(5) 应该以施工方案、技术措施等作为投标报价计算的基本条件；

(6) 报价计 算方法要科学严谨，简明适用。

故答案为 ABCD。

【同步系统训练】

1. 在招投标过程中，若招标文件某分部分项工程量清单项目特征描述与设计图纸不符，投标人报价时应按（　　）确定综合单价。

A. 设计图纸　　B. 工程量清单

C. 预算定额　　D. 企业定额

【答案】B

2. 根据《建设工程工程量清单计价规范》GB 50500—2013，投标时可由投标企业根据其施工组织设计自主报价的是（　　）。

A. 安全文明施工费　　B. 大型机械设备进出场及安拆费

C. 规费　　D. 税金

【答案】B

3. 某采用工程量清单招标的工程，评标委员会发现某投标书漏填了分部分项工程量清单中“地面找平”一项的综合单价和合价，则评标委员会的正确处理方式是（　　）。

A. 认定该标书为废标

B. 视为该项费用已包含在工程量清单的其他单价和合价中

C. 要求投标人就此项进行单独报价，补充到原报价书中

D. 由评标委员会认定一个合理价格补充到原报价书中

【答案】B

4. 根据《建设工程工程量清单计价规范》GB 50500—2013，关于投标人投标报价编制的说法，正确的有（　　）。

A. 投标报价应根据投标人的投标战略确定，必要的时候可以低于成本

B. 投标报价应以投标人的企业定额为依据编制

C. 投标中若发现清单中的项目特征与设计图纸不符，应以项目特征为准

D. 招标文件中要求投标人承担的风险费用，投标人应在综合单价中予以考虑

E. 投标人可以根据项目的复杂程度调整招标人清单中的暂列金额的大小

【答案】BCD

1Z103074 合同价款的约定

【近年考情分析】

近年考试题量及分值统计表　　表 1Z103074

年　份	单选题量	多选题量	合计分值
2012	0	0	0
2013	1	0	1
2014	2	0	2
2015	1	1	3
2016	1	0	1

【核心考点解析】

1. 合同计价方式的选择

实行工程量清单计价的工程，应采用单价合同；建设规模较小，技术难度较低，工期较短，且施工图设计已审查批准的建设工程可以采用总价合同；紧急抢险、救灾以及施工技术特别复杂的建设工程可以采用成本加酬金合同。

2. 单价合同与总价合同的主要区别

实践中常见的单价合同和总价合同两种主要合同形式，均可以采用工程量清单计价，区别仅在于工程量清单中所填写的工程量的合同约束力。采用单价合同形式时，工程量清单是合同文件必不可少的组成内容，其中的工程量一般不具备合同约束力（量可调），工程款结算时按照合同中约定应予计量并实际完成的工程量计算进行调整。而对总价合同形式，工程量清单中的工程量具备合同约束力（量不可调），工程量以合同图纸的标示内容为准，工程量以外的其他内容一般均赋予合同约束力，以方便合同变更的计量和计价。

总体上来说，采用单价合同符合工程量清单计价模式的基本要求，并且单价合同在合同管理中具有便于处理工程变更及索赔的特点，在工程量清单计价模式下，应采用单价合同。而且在实践中最常用的是固定单价合同，即合同约定的工程价款中所包含的工程量清单项目综合单价在约定条件内是固定的，不予调整，工程量允许调整；工程量清单项目综合单价在约定的条件外，允许调整，但调整的方式、方法应在合同中约定。

3. 合同价款的约定

根据《建设工程价款结算暂行办法》，实行招标的工程合同价款应在中标通知书发出之日起 30 天内，由发承包双方依据招标文件和中标人的投标文件在书面合同中约定。合同约定不得违背招、投标文件中关于工期、造价、质量等方面的实质性内容。招标文件与中标人投标文件不一致的地方应以投标文件为准。不实行招标的工程合同价款，应在发承包双方认可的工程价款基础上，由发承包双方在合同中约定。发承包双方认可的工程价款的形式可以是承包方或设计人编制的施工图预算，也可以是承发包双方认可的其他形式。

【历年真题精选】

1. (2016) 下列四种情形中，适宜采用固定总价合同的工程是(　　)。

A. 采用某种新技术且较复杂，工期 5 年的海底隧道工程

B. 采用工程量清单计价，只有初步设计图纸，工期 2 年的地铁站房建设工程

C. 特大暴雨过后的紧急抢险工程

D. 工期 6 个月，规模小且施工图设计已审查批准的办公楼工程

【答案】 D

【解析】 本题考核的是固定总价合同的适用特点。《建设工程工程量清单计价规范》GB 50500－2013 中规定：建设规模小，技术难度较低，工期较短，且施工图设计已审查批准的建设工程可以采用总价合同。按照财政部、建设部印发的《建设工程价款结算暂行办法》(财建［2004］369 号) 第八条规定：合同工期较短且合同总价较低的工程，可以采用固定总价合同方式。实践中，对此如何具体界定还须作出规定，如有的省就规定工期半年以内，工程施工合同总价 200 万元以内，施工图纸已经审查完备的工程施工发、承包可以采用总价合同。故本题答案为 D。

2. (2014) 因暴雨引发山体滑坡而实施的公路交通紧急抢修项目，其合同计价方式宜采用(　　)。

A. 固定总价合同　　B. 固定单价合同

C. 可调单价合同　　D. 成本加酬金合同

【答案】 D

3. (2014) 关于单价合同中工程计量的说法，正确的是(　　)。

A. 单价合同应予计量的工程量是承包人实际施工的工程量

B. 工程计量应以设计图纸为依据

C. 承包人因自身原因造成返工的工程量应予计量

D. 承包人为保证工程质量超过图纸要求的工程量应予计量

【答案】 B

4. (2015) 对建设规模较小、技术难度较低、施工工期较短，施工图设计已经审查批准的工程，从有利于业主方控制投资的角度，适宜采用的合同类型是(　　)。

A. 固定单价合同　　B. 固定总价合同

C. 成本加酬金合同　　D. 可调单价合同

【答案】 B

【解析】 本题考查的是合同类型的选择。具体工程项目选择何种合同计价形式，主要依据设计图纸深度、工期长短、工程规模和复杂程度进行确定。《建设工程工程量清单计价规范》GB 50500—2013 中规定：实行工程量清单计价的工程，应采用单价合同；建设规模较小，技术难度较低，工期较短，且施工图设计已审查批准的建设工程可以采用总价合同；紧急抢险、救灾以及施工技术特别复杂的建设工程可以采用成本加酬金合同。总价合同是指总价包干或总价不变的合同，适用于规模不大、技术难度低、工期短、施工图纸已审查批准的工程项目。故本题正确选项为 B。

5.（2015）根据《建设工程价款结算暂行办法》（财建［2004］369号），发承包双方应在施工合同中约定的合同价款事项有（　　）。

A. 工程价款的调整因素、方法、程序、支付方式及时间

B. 承担计价风险的内容、范围以及超出约定内容、范围的调整方法

C. 投标保证金的数额、支付方式及时间

D. 工程竣工价款结算编制与核对、支付方式及时间

E. 违约责任以及发生合同价款争议的解决方法及时间

【答案】ABDE

【解析】本题考查的是合同价款的约定。承发包双方应在合同条款中，对下列事项进行约定：

（1）预付工程款的数额、支付时间及抵扣方式；

（2）安全文明施工措施的支付计划，使用要求等；

（3）工程计量与支付工程进度款的方式、数额及时间；

（4）工程价款的调整因素、方法、程序、支付及时间；

（5）施工索赔与现场签证的程序、金额确认与支付时间；

（6）承担计价风险的内容、范围以及超出约定内容、范围的调整办法；

（7）工程竣工价款结算编制与核对、支付及时间；

（8）工程质量保证（保修）金的数额、预扣方式及时间；

（9）违约责任以及发生工程价款争议的解决方法及时间；

（10）与履行合同、支付价款有关的其他事项等。

故答案为ABDE。

1Z103080　计量与支付

1Z103081　工程计量

【近年考情分析】

近年考试题量及分值统计表　　　　表1Z103081

年　份	单选题量	多选题量	合计分值
2012	0	0	0
2013	1	0	1
2014	0	0	0
2015	1	0	1
2016	2	1	4

【核心考点解析】

1. 工程计量的原则

（1）按合同文件中约定的方法进行计量；（2）按承包人在履行合同义务过程中实际完成的工程量计算；（3）对于不符合合同文件要求的工程，承包人超出施工图纸范围或因承

包人原因造成返工的工程量，不予计量；（4）若发现工程量清单中出现漏项、工程量计算偏差，以及工程变更引起工程量的增减变化，应据实调整，正确计量。

2. 工程计量的依据

包括：（1）质量合格证书；（2）《计量规范》和技术规范；（3）设计图纸。

3. 单价合同的计量

工程量必须以承包人完成合同工程应予计量的工程量确定。施工中进行工程量计量时，当发现招标工程量清单中出现缺项、工程量偏差，或因工程变更引起工程量增减时，应按承包人在履行合同义务中完成的工程量计量。

（1）计量程序

1）承包人应当按照合同约定的计量周期和时间向发包人提交当期已完工程量报告。发包人应在收到报告后7天内核实，并将核实计量结果通知承包人。发包人未在约定时间内进行核实的，则承包人提交的计量报告中所列的工程量应视为承包人实际完成的工程量。

2）发包人认为需要进行现场计量核实时，应在计量前24小时通知承包人，承包人应为计量提供便利条件并派人参加。当双方均同意核实结果时，双方应在上述记录上签字确认。承包人收到通知后不派人参加计量，视为认可发包人的计量核实结果。发包人不按照约定时间通知承包人，致使承包人未能派人参加计量，计量核实结果无效。

3）当承包人认为发包人核实后的计量结果有误时，应在收到计量结果通知后的7天内向发包人提出书面意见，并附上其认为正确的计量结果和详细的计算资料。发包人收到书面意见后，应在7天内对承包人的计量结果进行复核后通知承包人。承包人对复核计量结果仍有异议的，按照合同约定的争议解决办法处理。

4）承包人完成已标价工程量清单中每个项目的工程量并经发包人核实无误后，发承包人应对每个项目的历次计量报表进行汇总，以核实最终结算工程量，并应在汇总表上签字确认。

（2）工程计量的方法

监理工程师一般只对以下三方面的工程项目进行计量：工程量清单中的全部项目；合同文件中规定的项目；工程变更项目。一般可按照以下方法进行计量：

1）均摊法；2）凭据法；3）估价法；4）断面法；5）图纸法；6）分解计量法。

4. 总价合同的计量

采用经审定批准的施工图纸及其预算方式发包形成的总价合同，除按照工程变更规定的工程量增减外，总价合同各项目的工程量应为承包人用于结算的最终工程量。此外，总价合同约定的项目计量应以合同工程经审定批准的施工图纸为依据，发承包双方应在合同中约定工程计量的形象目标或事件节点进行计量。承包人应在合同约定的每个计量周期内对已完成的工程进行计量，并向发包人提交达到工程形象目标完成的工程量和有关计量资料的报告。发包人应在收到报告后7天内对承包人提交的上述资料进行复核，以确定实际完成的工程量和工程形象目标。对其有异议的，应通知承包人进行共同复核。

【历年真题精选】

1.（2016）根据《建设工程工程量清单计价规范》GB 50500－2013，关于施工中工程计量的说法，正确的是（　　）。

A. 发包人应在收到承包人已完工程量报告后 14 天内核实工程量

B. 总价合同结算时的工程量必须按实际工程量计量

C. 对质量不合格的工程，承包人承诺返工的工程量给予计量

D. 单价合同的工程量必须以承包人完成合同工程应予计量的工程量确定

【答案】D

【解析】本题考核的是对工程计量的理解。承包人应当按照合同约定的计量周期和时间向发包人提交当期已完工程量报告，发包人应在收到报告后 7 天内核实，并将核实计量结果通知承包人，故选项 A 错误。采用工程量清单方式招标形成的总价合同，其工程量的计算应按照单价合同的计量规定计算，即以实际完成的工程量进行结算，但被监理工程师计量的工程数量，并不一定是承包人实际施工的数量，计量的几何尺寸要以设计图纸为依据，监理工程师对承包人超出设计图纸要求增加的工程量和自身原因造成返工的工程量，不予计量。

故正确选项为 D。

2.（2013）根据《建设工程工程量清单计价规范》GB 50500—2013，因不可抗力事件导致的损害及其费用增加，应由承包人承担的是（　　）。

A. 工程本身的损害　　B. 承包人的施工机械损坏

C. 发包方现场的人员伤亡　　D. 工程所需修复费用

【答案】B

3.（2015）某灌注桩计量支付条款约定工程量按图示尺寸以米计算，若设计长度为 20 米的灌注桩承包人做了 21m，监理工程师对施工质量未表示异议，则发包人应按（　　）m 支付价款。

A. 19　　B. 20　　C. 21　　D. 22

【答案】B

【解析】本题考查的是工程计量的依据。对于不符合合同文件要求的工程，承包人超出施工图纸范围或因承包人原因造成返工的工程量，不予计量。故答案为 B。

4.（2016）施工过程中，可以作为工程量计量依据的资料有（　　）。

A. 质量合格证书　　B.《计量规范》

C. 技术规范　　D. 设计图纸

E. 招标工程量清单

【答案】ABCD

【解析】本题考核的是对工程计量依据的理解。计量依据一般有质量合格书、《计量规范》、技术规范中的“计量支付”条款和设计图纸。也就是说，计量时必须以这些资料为依据。

故本题答案为 ABCD。

5.（2016）根据《建设工程工程量清单计价规范》GB 50500—2013，关于单价合同计量的说法，正确的是（　　）。

A. 发包人应在计量前 24 小时通知承包人，无论承包人是否参加，计量结果有效

B. 承包人为保证施工质量超出施工图纸范围实施的工程量，应该予以计量

C. 承包人收到计量的通知后不派人参加计量，则发包人的计量结果无效

D. 发包人可以在任何方便的时候计量，计量结果有效

【答案】 A

【解析】 本题考核的是对单价合同计量的理解。单价合同以实际完成的工程量进行结算，但被监理工程师计量的工程数量，并不一定是承包人实际施工的数量。计量的几何尺寸要以设计图纸为依据，监理工程师对承包人超出设计图纸要求增加的工程量和自身原因造成返工的工程量，不予计量。监理工程师一般只对以下三方面的工程项目进行计量：

(1) 工程量清单中的全部项目；

(2) 合同文件中规定的项目；

(3) 工程变更项目。

按照《建设工程工程量清单计价规范》GB 50500—2013 的规定，单价合同工程计量的一般程序如下：

(1) 承包人应当按照合同约定的计量周期和时间向发包人提交当期已完工程量报告。发包人应在收到报告后 7 天被核实，并将核实计量结果通知承包人。发包人未在约定时间内进行核实的，则承包人提交的计量报告中所列的工程量应视为承包人实际完成的工程量。

(2) 发包人认为需要进行现场计量核实时，应在计量前 24 小时通知承包人，承包人应为计量提供便利条件并派人参加。当双方均同意核实结果时，双方应在上述记录上签字确认。承包人收到通知后不派人参加计量，视为认可发包人的计量核实结果。发包人不按照约定时间通知承包人，致使承包人未能派人参加计量，计量核实结果无效。

(3) 当承包人认为发包人核实后的计量结果有误时，应在收到计量结果通知后的 7 天内向发包人提出书面意见，并附上其认为正确的计量结果详细的计算资料。发包人收到书面意见后，应在 7 天内对承包人的计量结果进行复核后通知承包人。承包人对复核计量结果仍有异议的，按照合同约定的争议解决方法处理。

(4) 承包人完成已标价工程量清单中每个项目的工程量并经发包人核实无误后，发承包人应对每个项目的历次计量报表进行汇总，以核实最终结算工程量，并应在汇总表上签字确认。

故本题答案为 A。

【同步系统训练】

1. 工程施工中，监理工程师月末进行填筑路堤土方工程计量，适合采用的计量方法是（　　）。

A. 均摊法　　B. 凭据法　　C. 估价法　　D. 断面法

【答案】 D

2. 关于单价合同计量的说法，正确的是（　　）。

A. 发包人应在计量前 24 小时通知承包人，无论承包人是否参加，计量结果有效

B. 承包人为保证施工质量超出施工图纸范围的工程量，应该予以计量

C. 承包人收到通知后不派人参加计量，则发包人的计量结果无效

D. 发包人没有在计量前 24 小时通知承包人，导致承包人无法参加，计量结果有效

【答案】 A

1Z103082　合同价款调整

【近年考情分析】

近年考试题量及分值统计表　　　　表 1Z103082

年　份	单选题量	多选题量	合计分值
2012	0	0	0
2013	2	0	2
2014	2	0	2
2015	4	1	6
2016	5	0	5

【核心考点解析】

1. 合同价款调整的程序

（1）出现合同价款调增事项（不含工程量偏差、计日工、现场签证、索赔）后的 14 天内，承包人应向发包人提交合同价款调增报告并附上相关资料；承包人在 14 天内未提交合同价款调增报告的，应视为承包人对该事项不存在调整价款请求。

（2）出现合同价款调减事项（不含工程量偏差、施工索赔）后的 14 天内，发包人应向承包人提交合同价款调减报告并附相关资料；发包人在 14 天内未提交合同价款调减报告的，应视为发包人对该事项不存在调整价款请求。

（3）发(承)包人应在收到承(发)包人合同价款调增(减)报告及相关资料之日起 14 天内对其核实，予以确认的应书面通知承(发)包人。发(承)包人在收到合同价款调增(减)报告之日起 14 天内未确认也未提出协商意见的，应视为承(发)包人提交的合同价款调增(减)报告已被发(承)包人认可。发(承)包人提出协商意见的，承(发)包人应在收到协商意见后的 14 天内对其核实，予以确认的应书面通知发(承)包人。承(发)包人在收到发(承)包人的协商意见后 14 天内既不确认也未提出不同意见的，应视为发(承)包人提出的意见已被承(发)包人认可。

如果发包人与承包人对合同价款调整的不同意见不能达成一致，只要对承发包双方履约不产生实质影响，双方应继续履行合同义务，直到其按照合同约定的争议解决方式得到处理。

2. 法律法规变化

招标工程以投标截止日前 28 天，非招标工程以合同签订前 28 天为基准日，其后因国家的法律、法规、规章和政策发生变化引起工程造价增减变化的，发承包双方应当按照省级或行业建设主管部门或其授权的工程造价管理机构据此发布的规定调整合同价款。但因承包人原因导致工期延误的，按上述规定的调整时间，在合同工程原定竣工时间之后，合同价款调增的不予调整，合同价款调减的予以调整。

3. 项目特征不符

若在合同履行期间出现设计图纸（含设计变更）与招标工程量清单任一项目的特征描述不符，且该变化引起该项目工程造价增减变化的，应按照实际施工的项目特征，按规范中工程变更相关条款的规定重新确定相应工程量清单项目的综合单价，并调整合同价款。

4. 工程量清单缺项

（1）合同履行期间，由于清单缺项，新增分部分项工程量清单项目的，应按照规范中工程变更相关条款确定单价，并调整合同价款。

（2）新增分部分项工程量清单项目后，引起措施项目发生变化的，应按照规范中工程变更相关规定，在承包人提交的实施方案被发包人批准后调整合同价款。

（3）由于招标工程量清单中措施项目缺项，承包人应将新增措施项目实施方案提交发包人批准后，按照规范相关规定调整合同价款。

5. 工程量偏差

对于任一招标工程量清单项目，如果因工程量偏差和工程变更等原因导致工程量偏差超过15％时，可进行调整。当工程量增加15％以上时，增加部分的工程量的综合单价应予调低；当工程量减少15％以上时，减少后剩余部分的工程量的综合单价应予调高。

如果工程量出现超过15％的变化，且该变化引起相关措施项目相应发生变化时，按系数或单一总价方式计价的，工程量增加的措施项目费调增，工程量减少的措施项目费调减。

6. 计日工

在施工过程中，承包人完成发包人提出的工程合同范围以外的零星项目或工作，应以计日工方式执行。

采用计日工计价的任何一项变更工作，在该项变更的实施过程中，承包人应按合同约定提交相关报表和有关凭证送发包人复核。

7. 物价变化

承包人采购材料和工程设备的，应在合同中约定主要材料、工程设备价格变化的范围或幅度；当没有约定，且材料、工程设备单价变化超过5％时，超过部分的价格应按照价格指数调整法或造价信息差额调整法计算调整材料、工程设备费。

发生合同工程工期延误的，应按照下列规定确定合同履行期应予调整的价格：

（1）因非承包人原因导致工期延误的，计划进度日期后续工程的价格，应采用计划进度日期与实际进度日期两者的较高者；

（2）因承包人原因导致工期延误的，计划进度日期后续工程的价格，应采用计划进度日期与实际进度日期两者的较低者。

发包人供应材料和工程设备的，不适用上述规定，应由发包人按照实际变化调整，列入合同工程的工程造价内。

8. 暂估价

发包人在招标工程量清单中给定暂估价的材料、工程设备属于依法必须招标的，由发承包双方以招标的方式选择供应商，确定价格，并应以此为依据取代暂估价，调整合同价款。实践中，恰当的做法是仍由总承包中标人作为招标人，采购合同应由总承包人签订。

9. 不可抗力的分担原则

（1）合同工程本身的损害、因工程损害导致第三方人员伤亡和财产损失以及运至施工场地用于施工的材料和待安装的设备的损害，由发包人承担；

（2）发包人、承包人人员伤亡由其所在单位负责，并应承担相应费用；

（3）承包人的施工机械设备损坏及停工损失，应由承包人承担；

（4）停工期间，承包人应发包人要求留在施工场地的必要的管理人员及保卫人员的费用，应由发包人承担；

（5）工程所需清理、修复费用，应由发包人承担。

不可抗力解除后复工的，若不能按期竣工，应合理延长工期。发包人要求赶工的，赶工费用应由发包人承担。

10. 提前竣工（赶工补偿）

（1）工程发包时，招标人应当依据相关工程的工期定额合理计算工期，压缩的工期天数不得超过定额工期的20%，将其量化。超过者，应在招标文件中明示增加赶工费用。

（2）工程实施过程中，发包人要求合同工程提前竣工的，应征得承包人同意后与承包人商定采取加快工程进度的措施，并应修订合同工程进度计划。发包人应承担承包人由此增加的提前竣工（赶工补偿）费用。

（3）发承包双方应在合同中约定提前竣工每日历天应补偿额度，此项费用应作为增加合同价款列入竣工结算文件中，应与结算款一并支付。

11. 暂列金额

已签约合同价中的暂列金额由发包人掌握使用。发包人按照合同的规定作出支付后，如有剩余，则暂列金额余额归发包人所有。

【历年真题精选】

1.（2015）根据《建设工程施工合同（示范文本）》GF—2013—0201，承包人采购材料和工程设备的，应在合同中约定主要材料、工程设备价格变化的范围或幅度。若合同没有约定，则材料、工程设备单价变化比例最低超过（　　）时，超过部分的价格应按照价格指数调整法或造价信息差额调整法计算调整材料、工程设备费。

A. 3%　　B. 4%　　C. 5%　　D. 10%

【答案】C

【解析】本题考查的是物价变化。承包人采购材料和工程设备的，应在合同中约定主要材料、工程设备价格变化的范围或幅度；当没有约定，且材料、工程设备单价变化超过5%时，超过部分的价格应按照价格指数调整法或造价信息差额调整法计算调整材料、工程设备费。故答案为C。

2.（2016）某独立土方工程，根据《建设工程工程量清单计价规范》GB 50500—2013签订了固定单价合同，招标工程量为3000m^3，承包人标书中土方工程报价为55元/m^3。合同约定：当实际工程量超过估计工程量15%时，超过部分工程量单价调整为50元/m^3。工程结束时实际完成并经监理确认的土方工程量为4500m^3，则土方工程总价为（　　）元。

A. 240000　　B. 247500

C. 242250　　D. 225000

【答案】C

【解析】本题考核的是合同价款调整的计算。《建设工程工程量清单计价规范》GB 50500—2013中规定：对于任一招标工程量清单项目，如果因工程量偏差和工程变更等原因导致工程量偏差超过15%时，可进行调整。当工程量增加15%以上时，增加部分的工程量的综合单价应予调低；当工程量减少15%以上时，减少后剩余部分的工程量的综合单价应予以调高。同时，单价合同是以实际完成的工程量进行结算。

因此该土方工程总价为：

$$3000\times(1+15\%)\times55+[4500-3000\times(1+15\%)]\times50=242250\text{元。}$$

故本题答案为C。

3.（2016）根据《建设工程工程量清单计价规范》GB 50500—2013，采用清单计价的某分部分项工程，招标控制价的综合单价为350元，承包人投标报价的综合单价为300元，该工程投标报价总的下浮率为5%。结算时，该分部分项工程工程量比清单工程量增加了16%，且合同未确定综合单价调整方法，则对该综合单价的正确处理方式是（　　）。

A. 不做任何调整　　B. 调整为257元

C. 调整为282.63元　　D. 调整为345元

【答案】A

【解析】本题考核的工程量偏差引起综合单价的调整。若合同中没有约定时，工程量偏差超过15%时，增加部分的工程量或减少后剩余部分的工程量的综合单价的确定方法有：一是发承包双方协商确定；二是与招标控制价相联系，当工程量偏差项目出现承包人在工程量清单中填报的综合单价与发包人招标控制价相应清单项目的综合单价偏差超过15%时，工程量偏差项目综合单价的调整可参考一下公式：

（1）当 $P_0 < P_2\times(1-L)\times(1-15\%)$ 时，该类项目的综合单价：

P_1 按照 $P_2\times(1-L)\times(1-15\%)$ 调整

（2）当 $P_0 > P_2\times(1+15\%)$ 时，该类项目的综合单价：

P_1 按照 $P_2\times(1+15\%)$ 调整

（3）当 $P_0 > P_2\times(1-L)\times(1-15\%)$ 或 $P_0 < P_2\times(1+15\%)$ 时，可不调整。

式中　P_0——承包人在工程量清单中填报的综合单价；

P_1——按照最终完成工程量重新调整后的综合单价；

P_2——发包人在招标控制价相应项目的综合单价；

L——计价规范中定义的承包人报价浮动率。

而该工程招标控制价与投标报价综合单价偏差 $1-300\div350=14.29\%<15\%$，则必然有 $P_0 > P_2\times(1-L)\times(1-15\%)$，则该工程综合单价可不调整。

故本题答案为A。

4.（2016）根据《建设工程工程量清单计价规范》GB 50500—2013，由于承包人原因未在约定的工期内竣工的，则对原约定竣工日期后继续施工的工程，在采用价格调整公式进行价格调整时，应采用的现行价格指数是（　　）。

A. 原约定竣工日期的价格指数

B. 实际竣工日期的价格指数

C. 原约定竣工日期与实际竣工日期的两个价格指数中较低者

D. 原约定竣工日期与实际竣工日期的两个价格指数中较高者

【答案】C

【解析】本题考核的是合同工期延误后的价格调整。《建设工程工程量清单计价规范》

GB 50500—2013 中规定：由于承包人原因未在约定的工期内竣工的，则对原约定竣工日期后继续施工的工程，在使用价格调整公式时，应采用原约定竣工日期与实际竣工日期的两个价格指数中较低的一个作为现行价格指数。

故本题答案为 C。

5.（2015） 根据《建设工程工程量清单计价规范》GB 50500—2013，签约合同中的暂估材料在确定单价以后，其相应项目综合单价的处理方式是（　　）。

A. 在综合单价中用确定单价代替原暂估价，不再调整企业管理费和利润

B. 在综合单价中用确定单价代替原暂估价，并调整企业管理费，不调整利润

C. 在综合单价中用确定单价代替原暂估价，并调整企业管理费和利润

D. 综合单价不做调整

【答案】 A

【解析】 本题考查的是对暂估价的理解。暂估材料或工程设备的单价确定后，在综合单价中只应取代原暂估单价，不应再在综合单价中涉及企业管理费或利润等其他费的变动。答案为 A。

6.（2015） 根据《建设工程工程量清单计价规范》GB 50500—2013，工程发包时，招标人要求压缩的工期天数超过定额工期的（　　）时，应当在招标文件中明示增加赶工费用。

A. 5%　　B. 10%　　C. 15%　　D. 20%

【答案】 D

【解析】 本题考查的是关于提前竣工的规定。为了保证工程质量，承包人除根据标准规范、施工图纸进行施工外，还应当按照科学合理的施工组织设计，按部就班地进行施工作业。因为有些施工流程必须有一定的时间间隔，例如现浇混凝土必须有一定时间的养护、刷油漆必须等上道工序干燥才能继续进行等。所以《建设工程质量管理条例》规定"建设单位不得迫使承包方以低于成本价格竞标，不得任意压缩合理工期"。据此，《建设工程工程量清单计价规范》GB 50500—2013 规定招标人应当依据相关工程工期定额合理计算工期，压缩的工期天数不得超过定额工期的 20%，将其量化。超过者，应在招标文件中增加赶工费用。故答案为 D。

7.（2015） 根据《建设工程工程量清单计价规范》GB 50500—2013，施工过程中发生的计日工，应按照（　　）计价。

A. 已标价工程量清单中的计日工单价

B. 计日工发生时承包人提出的综合单价

C. 计日工发生当月市场人工工资单价

D. 计日工发生当月造价管理部门发布的人工指导价

【答案】 A

【解析】 本题考查的是计日工的计价。计日工是指在施工过程中，承包人完成发包人提出的工程合同范围以外的零星项目或工作，按合同中约定的综合单价计价，即应按招标工程量清单中列出的项目根据工程特点和有关计价依据确定的综合单价计算。故答案为 A。

8.（2015） 施工合同履行过程中，导致工程量清单缺项并应调整合同价款的原因有（　　）。

A. 承包人投标漏项　　B. 设计变更

C. 施工条件改变　　D. 施工技术进步

E. 工程量清单编制错误

【答案】BCE

【解析】本题考查的是工程量清单缺项的原因。施工过程中，工程量清单项目的增减变化必然带来合同价款的增减变化。而导致工程量清单缺项的原因，一是设计变更，二是施工条件改变，三是工程量清单编制错误。故答案为BCE。

9.（2016）根据《建设工程工程量清单计价规范》GB 50500—2013，关于合同工期的说法，正确的是(　　)。

A. 招标人压缩的工期天数不得超过定额工期的30%

B. 招标人压缩的工期天数超过定额工期的20%但不超过30%时，不额外支付赶工费用

C. 工程实施过程中，发包人要求合同工程提前竣工的，承包人必须采取加快工程进度的措施

D. 发包人要求合同工程提前竣工的，应承担承包人由此增加的提前竣工费用

【答案】D

【解析】本题考核的对合同工期的理解。《建设工程质量管理条例》第十条规定："建设工程发包单位不得迫使承包方以低于成本的价格竞标，不得任意压缩合理工期"，据此，《建设工程工程量清单计价规范》GB 50500—2013作了以下规定：

(1) 工程发包时，招标人应当依据相关工程的工期定额合理计算工期，压缩的工期天数不得超过定额工期的20%，将其量化。超过者，应当在招标文件中明示增加赶工费用。

(2) 工程实施过程中，发包人要求合同工程提前竣工的，应征得承包人同意后与承包人商定采取加快工程进度的措施，并应修订合同工程进度计划。发包人应承担承包人由此增加的提前竣工（赶工补偿）费用。

(3) 发承包双方应在合同中约定提前竣工每日历天应补偿额度，此项费用应作为增加合同价款列入竣工结算文件中，应与结算款一并支付。

故本题答案为D。

10.（2016）根据《建设工程工程量清单计价规范》GB 50500—2013，在合同履行期间，由于招标工程量清单缺项，新增了分部分项工程量清单项目，关于其合同价款确定的说法，正确的是(　　)。

A. 新增清单项目的综合单价应由监理工程师提出

B. 新增清单项目的综合单价应由承包人提出，但相关措施项目费不能再做调整

C. 新增清单项目应按额外工作处理，承包人可选择做或者不做

D. 新增清单项目导致新增措施项目的，承包人应将新增措施项目实施方案提交发包人批准

【答案】D

【解析】本题考核的是工程量清单缺项情况下合同价款的调整。施工过程中，工程量清单项目的增减变化必然带来合同价款的增减变化。根据《建设工程工程量清单计价规范》GB 50500—2013中相关规定如下：

（1）合同履行期间，由于招标工程量清单中缺项，新增分部分项工程量清单项目的，应按照规范中工程变更相关条款确定单价，并调整合同价款。

（2）新增分部分项工程量清单项目后，引起措施项目发生变化的，应按照规范中工程变更相关规定，在承包人提交的实施方案被发包人批准后调整合同价款。

（3）由于招标工程量清单中措施项目缺项，承包人应将新增措施项目实施方案提交发包人批准后，按照规范相关规定调整合同价款。

故本题答案为D。

【同步系统训练】

1. 某独立土方工程，招标文件中估计工程量为1000万m^3，合同中规定：土方工程单价为25元/m^3，当实际工程量超过估计工程量15%时，超过部分的工程量单价调为23元/m^3。工程结束时实际完成土方工程量为1500万m^3，则土方工程款总共为（　　）万元。

A. 34500　　B. 35000　　C. 36500　　D. 36800

【答案】 D

【解析】 合同约定范围内（15%以内）的工程款为：

$$1000\times(1+15\%)\times25=28750\text{ 万元}$$

超过15%之后部分工程量的工程款为：

$$(1500-1150)\times23=8050\text{ 万元}$$

$$\text{则土方工程款合计}=28750+8050=36800\text{ 万元}$$

2. 某工程在施工期间，因特大台风导致施工现场承包商的起重机械受到严重损害，修复费用20万元，承包商一方人员伤亡30万元，业主方一方人员伤亡10万元，台风过后承包商修复被损毁的道路花费2万元，则根据现行规范，承包商可以索赔的费用是（　　）万元。

A. 2　　B. 22　　C. 50　　D. 52

【答案】 A

【解析】 根据不可抗力的分担原则：（1）承包人的施工机械设备损坏及停工损失，应由承包人承担；（2）业主方、承包人人员伤亡由其所在单位负责，并承担相应费用；（3）工程所需清理、修复费用，应由发包人承担。

故承包商可以向业主索赔的费用只有承包商修复被损毁道路花费的2万元。

1Z103083　工程变更价款的确定

【近年考情分析】

近年考试题量及分值统计表　　表1Z103083

年　份	单选题量	多选题量	合计分值
2012	2	0	2
2013	2	0	2
2014	0	0	0
2015	2	1	4
2016	0	0	0

【核心考点解析】

1.《建设工程施工合同（示范文本）》条件下的工程变更

（1）发包人对原设计进行变更。施工中发包人如果需要对原工程设计进行变更，应提前14天以书面形式向承包人发出变更通知。承包人对于发包人的变更通知没有拒绝的权利，这是合同赋予发包人的一项权利。

（2）承包人对原设计进行变更。施工中承包人不得为了施工方便而要求对原工程设计进行变更，承包人应当严格按照图纸施工，不得随意变更设计。施工中承包人提出的合理化建议涉及对设计图纸或者施工组织设计的更改及对原材料、设备的更换，须经监理工程师同意。监理工程师同意变更后，也须经原规划管理部门和其他有关部门审查批准，并由原设计单位提供变更的相应图纸和说明。

（3）其他变更。从合同角度看，除设计变更外，其他能够导致合同内容变更的都属于其他变更。

2. 工程变更价款的确定方法

根据现行计价规范，因工程变更引起已标价工程量清单项目或其工程数量发生变化，应按照下列规定调整：

（1）已标价工程量清单中有适用于变更工程项目的，应采用该项目的单价；但当工程变更导致该清单项目的工程数量发生变化，且工程量偏差超过15%。此时，调整的原则为：当工程量增加15%以上时，其增加部分的工程量的综合单价应予调低；当工程量减少15%以上时，减少后剩余部分的工程量的综合单价应予调高。

（2）已标价工程量清单中没有适用但有类似于变更工程项目的，可在合理范围内参照类似项目的单价。

（3）已标价工程量清单中没有适用也没有类似于变更工程项目的，应由承包人根据变更工程资料、计量规则和计价办法、工程造价管理机构发布的信息价格和承包人报价浮动率提出变更工程项目的单价，报发包人确认后调整。

3. 措施项目费的调整

工程变更引起施工方案改变并使措施项目发生变化时，承包人提出调整措施项目费的，应事先将拟实施的方案提交发包人确认，并应详细说明与原方案措施项目相比的变化情况。

4. 工程变更价款调整方法的应用

（1）直接采用适用的项目单价的前提是其采用的材料、施工工艺和方法相同，也不因此增加关键线路上工程的施工时间。

（2）采用适用的项目单价的前提是其采用的材料、施工工艺和方法基本类似，不增加关键线路上工程的施工时间，可仅就其变更后的差异部分，参考类似的项目单价由承发包双方协商新的项目单价。

（3）无法找到适用和类似的项目单价时，应采用招投标时的基础资料和工程造价管理机构发布的信息价格，按成本加利润的原则由发承包双方协商新的综合单价。

（4）无法找到适用和类似的项目单价、工程造价管理机构也没有发布此类信息价格，由发承包双方协商确定。

【历年真题精选】

1.（2013）采用定额单价法计算工程费用时，若分项工程施工工艺条件与定额单价不一致而造成人工、机械的数量增减时，对定额的处理方法一般是（　　）。

A. 编制补充单价表　　B. 直接套用定额单价

C. 按实际价格换算定额单价　　D. 调量不换价

【答案】D

2.（2013）根据《建设工程工程量清单计价规范》GB 50500—2013，若合同未约定，当工程量清单项目的工程量偏差在（　　）以内时，其综合单价不作调整，执行原有的综合单价。

A. 5%　　B. 10%　　C. 15%　　D. 20%

【答案】C

3.（2015）根据《建设工程工程量清单计价规范》GB 50500—2013，工程变更引起施工方案改变并使措施项目发生变化时，承包人提出调整措施项目费用的，应事先将（　　）提交发包人确认。

A. 索赔意向通知　　B. 拟申请增加的费用明细

C. 拟实施的施工方案　　D. 工程变更的内容

【答案】C

【解析】本题考查的是工程变更价款的确定方法。工程变更引起施工方案改变并使措施项目发生变化时，承包人提出调整措施项目费的，应事先将拟实施的方案提交发包人确认，并应详细说明与原方案措施项目相比的变化情况。答案为C。

4.（2015）根据《建设工程工程量清单计价规范》GB 50500—2013，已标价工程量清单中没有适用也没有类似于变更工程项目的，变更工程项目单价应由（　　）提出。

A. 监理人　　B. 发包人　　C. 承包人　　D. 设计人

【答案】C

【解析】本题考查的是工程变更价款的确定方法。已标价工程量清单中没有适用也没有类似于变更工程项目的，应由承包人根据变更工程资料、计量规则和计价办法、工程造价管理机构发布的信息价格和承包人报价浮动率提出变更工程项目的单价，报发包人确认后调整。故答案为C。

5.（2015）根据《建设工程工程量清单计价规范》GB 50500—2013，工程变更引起施工方案改变并使措施项目发生变化时，关于措施项目费调整的说法，正确的有（　　）。

A. 安全文明施工费按实际发生变化的措施项目调整，不得浮动

B. 安全文明施工费按实际发生的措施项目，考虑承包人报价浮动因素进行调整

C. 对单价计算的措施项目费，按实际发生变化的措施项目和已标价工程量清单项目确定单价

D. 对总价计算的措施项目费一般不能进行调整

E. 对总价计算的措施项目费，按实际发生变化的措施项目并考虑承包人报价浮动因素进行调整

【答案】ACE

【解析】本题考查的是工程变更价款的确定方法。安全文明施工费应按照实际发生变化的措施项目调整，不得浮动；采用单价计算的措施项目费，应按照实际发生变化的措施项目按照前述已标价工程量清单项目的规定确定单价；按总价计算的措施项目费，按照实际发生变化的措施项目调整，但应考虑承包人报价浮动因素。故答案为ACE。

【同步系统训练】

1. 关于工程变更价款的说法，正确的是（　　）。

A. 已标价工程量清单中有适用于变更工程项目的，应采用该项目的单价

B. 已标价工程量清单中没有适用于变更工程项目的，应由监理工程师提出新的单价

C. 当工程变更导致该清单项目的工程数量变化超过15%，则全部工程量的综合单价应予调低

D. 当工程变更导致该清单项目的工程数量变化超过15%，则全部工程量的综合单价应予调高

【答案】A

1Z103084　施工索赔与现场签证

【近年考情分析】

近年考试题量及分值统计表　　表1Z103084

年　份	单选题量	多选题量	合计分值
2012	1	0	1
2013	0	0	0
2014	0	1	2
2015	0	0	0
2016	1	0	1

【核心考点解析】

1. 索赔的成立条件

任何索赔事件成立必须满足的三要素：正当的索赔理由；有效的索赔证据；在合同约定的时间内提出。

2. 承包人提出索赔的程序

a. 承包人应在知道或应当知道索赔事件发生后28天内，向发包人提交索赔意向通知书，说明发生索赔事件的事由。承包人逾期未发出索赔意向通知书的，丧失索赔的权利。

b. 承包人应在发出索赔意向通知书后28天内，向发包人正式提交索赔通知书。索赔通知书应详细说明索赔理由和要求，并应附必要的记录和证明材料。

c. 索赔事件具有连续影响的，承包人应继续提交延续索赔通知，说明连续影响的实际情况和记录。

d. 在索赔事件影响结束后的28天内，承包人应向发包人提交最终索赔通知书，说明

最终索赔要求，并应附必要的记录和证明材料。

3. 承包人索赔的处理程序

a. 发包人收到承包人的索赔通知书后，应及时查验承包人的记录和证明材料。

b. 发包人应在收到索赔通知书或有关索赔的进一步证明材料后的28天内，将索赔处理结果答复承包人，如果发包人逾期未作出答复，视为承包人索赔要求已被发包人认可。

c. 承包人接受索赔处理结果的，索赔款项应作为增加合同价款，在当期进度款中进行支付；承包人不接受索赔处理结果的，应按合同约定的争议解决方式处理。

4. 索赔费用的组成

索赔费用的组成与建筑安装工程造价的组成相似，一般包括以下几个方面。

1）分部分项工程量清单费用

a. 人工费。包括增加工作内容的人工费、停工损失费和工作效率降低的损失费等累计，其中增加工作内容的人工费应按照计日工费计算，而停工损失费和工作效率降低的损失费按窝工费计算。

b. 设备费。当工作内容增加引起设备费索赔时，设备费的标准按照机械台班费计算。因窝工引起的设备费索赔，当施工机械属于施工企业自有时，按照机械折旧费计算索赔费用；当施工机械是施工企业从外部租赁时，索赔费用的标准按照设备租赁费计算。

c. 材料费。包括索赔事件引起的材料用量增加、材料价格大幅度上涨、非承包人原因造成的工期延误而引起的材料价格上涨和材料超期存储费用。

d. 管理费。

e. 利润。对工程范围、工作内容变更等引起的索赔，承包人可按原报价单中的利润百分率计算利润。

f. 迟延付款利息。发包人未按约定时间进行付款的，应按约定利率支付迟延付款的利息。

2）措施项目费用

3）其他项目费

其他项目费中所涉及的人工费、材料费等按合同的约定计算。

4）规费与税金

除工程内容的变更或增加，承包人可以列入相应增加的规费与税金。其他情况一般不能索赔。索赔规费与税金的款额计算通常是与原报价单中的百分率保持一致。

5. 索赔的计算方法

索赔费用的计算方法主要有：实际费用法、总费用法和修正总费用法。

6. 现场签证

按照《建设工程价款结算暂行办法》的规定处理：1）承包人应在接受发包人要求的7天内向发包人提出签证，发包人签证后施工；2）发包人应在收到承包人的签证报告48小时内给予确认或提出修改意见，否则视为该签证报告已经认可；3）发承包双方确认的现场签证费用与工程进度款同期支付。

【历年真题精选】

1.（2012）因业主方修改设计导致现场停工而引起施工索赔时，承包商自有施工机械的索赔费用宜按机械（　　）计算。

A. 折旧费　　B. 租赁费　　C. 台班费　　D. 大修理费

【答案】A

2.（2014）根据《标准施工招标文件》，下列事件中，承包人向发包人既可索赔工期又可索赔费用的情形有（　　）。

A. 发包人原因导致的工程缺陷和损失　　B. 发包人要求向承包人提前交付工程设备

C. 承包人遇到不利物质条件　　D. 承包人遇到异常恶劣的气候条件

E. 施工过程发现文物

【答案】CE

3.（2016）某建设工程施工过程中，由发包人供应的材料没有及时到货，导致承包人的工人窝工5个工日，每个工日单价为200元；承包人租赁的一台挖土机窝工5个台班，台班租赁费为500元；承包人自有的一台自卸汽车窝工2个台班，该自卸汽车折旧费每台班300元，工作时燃油动力费每台班80元。则承包人可以索赔的费用是（　　）元。

A. 2500　　B. 3500

C. 4100　　D. 4260

【答案】C

【解析】本题考核的是索赔费用的计算。索赔是指在合同履行过程中，对于非己方的过错而应由对方承担责任的情况造成的损失，向对方提出补偿的要求。有关人工费、设备费索赔费用确定的原则如下：

（1）人工费。包括增加工作内容的人工费、停工损失费和工作效率降低的损失费等累计，其中增加的工作内容的人工费应按照计日工费计算，而停工损失费和工作效率降低的损失费按窝工费计算，窝工费的标准双方应在合同中约定。

（2）设备费。可采用机械台班费、机械折旧费、设备租赁费等几种形式。当工作内容增加引起设备费索赔时，设备费的标准按照机械台班费计算。因窝工引起的设备索赔，当施工机械属于施工企业自有时，按照机械折旧费计算索赔费用；当施工机械是施工企业从外部租赁时，索赔费用的标准按照设备租赁费计算。

同时，应注意机械台班单价中已经包含了台班燃料动力费。

因此，该承包人可以索赔的费用为：

（1）人工费：5×200＝1000元；

（2）设备费：5×500＋2×300＝3100元；

总的索赔费用为1000＋3100＝4100元。故本题答案为C。

【同步系统训练】

1. 某工程在施工过程中，由于业主方没有及时提供需要的图纸导致承包商的工人窝工6个工日，每个工日单价为200元，导致承包商租赁的一台挖土机窝工2个台班，挖土机台班单价为500元，承包商自有的一台自卸汽车窝工2个台班，该自卸汽车折旧费用每天250元，该机械工作每天燃油费等100元，则承包商可以索赔的费用是（　　）元。

A. 2200　　B. 2700　　C. 2900　　D. 1900

【答案】B

【解析】索赔费用＝6×200＋2×500＋2×250＝2700元

1Z103085　合同价款期中支付

【近年考情分析】

近年考试题量及分值统计表　　　　表 1Z103085

年　份	单选题量	多选题量	合计分值
2012	1	1	3
2013	1	0	1
2014	1	0	1
2015	1	0	1
2016	0	1	2

【核心考点解析】

1. 工程预付款的额度和支付时间

按照财政部、建设部印发的《建设工程价款结算暂行办法》，包工包料的工程原则上预付比例不低于合同金额（扣除暂列金额）的 10%，不高于合同金额（扣除暂列金额）的 30%；对重大工程项目，按年度工程计划逐年预付。

在具备施工条件的前提下，发包人应在双方签订合同后的一个月内或约定的开工日期前的 7 天内预付工程款。若发包人未按合同约定预付工程款，承包人应在预付时间到期后 10 天内向发包人发出要求预付的通知，发包人收到通知后仍不按要求预付，承包人可在发出通知 14 天后停止施工，发包人应从约定应付之日起按同期银行贷款利率计算向承包人支付应付预付款的利息，并承担违约责任。

2. 工程预付款的抵扣

从未完施工工程尚需的主要材料及构件的价值相当于工程预付款数额时起扣，从每次中间结算工程价款中，按材料及构件比重抵扣工程预付款，至竣工之前全部扣清。其基本计算公式如下：

起扣点的计算公式：

$$T = P - \frac{M}{N}$$

式中　T——起扣点，即工程预付款开始扣回的累计已完工程价值；

P——承包工程合同总额；

M——工程预付款数额；

N——主要材料及构件所占比重。

3. 安全文明施工费

发包人应在工程开工后的 28 天内预付不低于当年施工进度计划的安全文明施工费总额的 60%，其余部分应按照提前安排的原则进行分解，并应与进度款同期支付。发包人没有按时支付安全文明施工费的，承包人可催告发包人支付；发包人在付款期满后的 7 天内仍未支付的，若发生安全事故，发包人应承担相应责任。

承包人对安全文明施工费应专款专用，在财务账目中单独列项备查，不得挪作他用，否则发包人有权要求其限期改正；逾期未改正的，造成的损失和延误的工期由承包人承担。

4. 进度款

发包人应在收到承包人进度款支付申请后的14天内根据计量结果和合同约定对申请内容予以核实，确认后向承包人出具进度款支付证书。若发承包双方对有的清单项目的计量结果出现争议，发包人应对无争议部分的工程计量结果向承包人出具进度款支付证书。发包人应在签发进度款支付证书后的14天内，按照支付证书列明的金额向承包人支付进度款。若发包人逾期未签发进度款支付证书，则视为承包人提交的进度款支付申请已被发包人认可，承包人可向发包人发出催告付款的通知。发包人应在收到通知后的14天内，按照承包人支付申请的金额向承包人支付进度款。发包人未按规定支付进度款的，承包人可催告发包人支付，并有权获得延迟支付的利息；发包人在付款期满后的7天内仍未支付的，承包人可在付款期满后的第8天起暂停施工。发包人应承担由此增加的费用和延误的工期，向承包人支付合理利润，并应承担违约责任。发现已签发的任何支付证书有错、漏或重复的数额，发包人有权予以修正，承包人也有权提出修正申请。经发承包双方复核同意修正的，应在本次到期的进度款中支付或扣除。

【历年真题精选】

1.（2013）某工程合同总额300万元，工程预付款为合同总额的20%，主要材料、构件占合同总额的50%，则工程预付款的起扣点为（　　）万元。

A. 200　　B. 180

C. 150　　D. 140

【答案】B

【解析】按起扣点计算公式：$T=P-M/N=300-(300\times20\%)/(50\%)=180$ 万元

2.（2012）根据《建设工程价款结算暂行办法》，建设工程承发包双方未在合同中对工程进度款支付时间、支付比例等作约定的，发包人应该在批准工程进度款支付申请的（　　）天内，向承包人支付规定比例范围内的工程进度款。

A. 7　　B. 14

C. 28　　D. 56

【答案】B

3.（2016）根据《企业安全生产费用提取和使用管理办法》（财企［2012］16号），关于安全文明施工费的说法，正确的有（　　）。

A. 发包人应在开工后28天内预付不低于当年施工进度计划的安全文明施工费总额的60%

B. 发包人没有按时支付安全文明施工费的，承包人可以直接停工

C. 承包人对安全文明施工费应专款专用，不得挪作他用

D. 发包人在付款期满后7天内仍未支付安全文明施工费的，若发生安全事故，发包人承担全部责任

E. 承包人应将安全文明施工费在财务账目中单独列项备查

【答案】ACE

【解析】本题考核的是对安全文明施工费的理解。《企业安全生产费用提取和使用管理

办法》（财企［2012］16号）第十九条对企业安全费用的适用范围作了规定，建设工程施工阶段的安全文明施工费包括的内容和使用范围，应符合此规定。

鉴于安全文明施工的措施具有前瞻性，必须在施工前予以保证。因此，发包人应在工程开工后28天内预付不低于当年施工进度计划的安全文明施工费总额的60%，其余部分应按照提前安排的原则进行分解，并应与进度款同期支付。发包人没有按时支付安全文明施工费的，承包人可催告发包人支付；发包人在付款期满后的7天内仍未支付的，若发生安全事故，发包人应承担相应责任。

承包人对安全文明施工费应专款专用，在账务账目中单独列项备查，不得挪作他用，否则发包人有权要求其限期改正；逾期未改正的，造成的损失和延误的工期由承包人承担。

故本题答案为ACE。

4.（2014）某工程承包合同总额为9000万元，主要材料及构件所占比重为60%，工程预付款为合同总额的20%，则工程预付款起扣点为（　　）万元。

A. 6000　　B. 5400

C. 3600　　D. 1800

【答案】A

【解析】按起扣点计算公式：$T=P-M/N=9000-(9000\times20\%)/(60\%)=6000$万元

5.（2015）某工程项目预付款120万元。合同约定：每月进度款按结算价的80%支付；每月支付安全文明施工费20万元；预付款从开工的第4个月起分3个月等额扣回。开工后前6个月结算价如下表，则第5个月应支付的款项为（　　）万元。

月份	1	2	3	4	5	6
结算价（万元）	200	210	220	220	220	240

A. 136　　B. 160

C. 152　　D. 156

【答案】D

【解析】第五个月应支付款项＝结算价×支付比例＋安全文明施工费－预付款扣回部分＝220×80%＋20－120/3＝156万元。答案为D。

【同步系统训练】

1. 某包工包料工程合同总金额为1000万元，工程预付款的比例为20%，主要材料、构件所占比重为50%，按起扣点基本计算公式，则该工程累计完成至（　　）万元时业主方应开始扣回工程预付款。

A. 200　　B. 400

C. 600　　D. 80

【答案】C

【解析】按起扣点计算公式：$T=P-M/N=1000-(1000\times20\%)/(50\%)=600$万元

1Z103086　竣工结算与支付

【近年考情分析】

近年考试题量及分值统计表　　表 1Z103086

年　份	单选题量	多选题量	合计分值
2012	2	0	2
2013	0	1	2
2014	0	0	0
2015	0	0	0
2016	0	0	0

【核心考点解析】

1. 竣工结算的程序

(1) 承包人递交竣工结算书

承包人应在合同约定时间内编制完成竣工结算书，并在提交竣工验收报告的同时递交给发包人。

(2) 发包人进行结算审核

发包人在收到承包人递交的竣工结算书后，应按合同约定时间核对。

(3) 工程竣工结算价款的支付

竣工结算办理完毕，发包人应根据确认的竣工结算书在合同约定时间内向承包人支付工程竣工结算价款。

2. 竣工结算的依据

根据《建设工程工程量清单计价规范》的规定，工程竣工结算的主要依据有：(1)《建设工程工程量清单计价规范》GB 50500—2013；(2) 工程合同；(3) 发承包双方实施过程中已确认的工程量及其结算的合同价款；(4) 发承包双方实施过程中已确认调整后追加（减）的合同价款；(5) 建设工程设计文件及相关资料；(6) 投标文件；(7) 其他依据。

3. 竣工结算的编制

采用工程量清单计价，竣工结算编制的主要内容有：1) 工程项目的所有分部分项工程量，以及实施工程项目采用的措施项目工程量；为完成所有工程量并按规定计算的人工费、材料费、设备费、机具费、间接费、利润和税金；2) 分部分项工程和措施项目以外的其他项目所需计算的各项费用；3) 工程变更费用；索赔费用；合同约定的其他费用。

4. 竣工结算的计算方法

工程量清单计价法通常采用单价合同的合同计价方式，竣工结算的编制是采取合同价加变更签证的方式进行。

5. 发包人支付结算款

发包人应在收到承包人提交竣工结算款支付申请后 7 天内予以核实，向承包人签发竣工结算支付证书，并在签发竣工结算支付证书后的 14 天内，按照竣工结算支付证书列明的金额向承包人支付结算款。发包人在收到承包人提交的竣工结算款支付申请后 7 天内不予核实，不向承包人签发竣工结算支付证书的，视为承包人的竣工结算款支付申请已被发包人认可；发包人应在收到承包人提交的竣工结算款支付申请 7 天后的 14 天内，按照承包人提交的竣工结算款支付申请列明的金额向承包人支付结算款。

发包人未按照上述规定支付竣工结算款的，承包人可催告发包人支付，并有权获得延迟支付的利息。发包人在竣工结算支付证书签发后或者在收到承包人提交的竣工结算款支付申请 7 天后的 56 天内仍未支付的，除法律另有规定外，承包人可与发包人协商将该工程折价，也可直接向人民法院申请将该工程依法拍卖。承包人应就该工程折价或拍卖的价款优先受偿。

【历年真题精选】

1.（2012）工程竣工结算书编制与核对的责任分工是（　　）。

A. 发包人编制，承包人核对　　B. 承包人编制，发包人核对

C. 监理机构编制，发包人核对　　D. 造价咨询人编制，承包人核对

【答案】B

2.（2013）根据现行《建设工程价款结算暂行办法》，发包人未在合同约定的时间内向承包人支付工程竣工结算价款时，承包人可以采取的措施有（　　）。

A. 向发包人催促按约定支付工程结算价款

B. 向发包人要求按银行同期贷款利率支付拖欠工程价款的利息

C. 与发包人协商将该工程折价抵款

D. 向人民法院申请将该工程依法拍卖

E. 将该工程留置不予交付使用

【答案】ABCD

【同步系统训练】

1. 采用工程量清单计价的工程在竣工结算时，暂估价中的材料单价应按（　　）。

A. 承包方自行购买该材料的单价计入综合单价确定

B. 招标文件中的暂估价确定

C. 市场价格信息在综合单价中调整

D. 发、承包双方最终确认价在综合单价中调整

【答案】D

2. 受承包人委托编制的竣工结算应有工程造价咨询机构（　　）的签字、盖章。

A. 经营业务人员　　B. 法定代表人

C. 技术总监　　D. 财务总监

【答案】B

1Z103087　合同解除的价款结算与支付

【近年考情分析】

近年考试题量及分值统计表　　表 1Z103087

年　份	单选题量	多选题量	合计分值
2012	0	0	0
2013	0	0	0
2014	0	0	0
2015	0	0	0
2016	0	0	0

【核心考点解析】

1. 因不可抗力解除合同

由于不可抗力致使合同无法履行解除合同的，发包人应向承包人支付合同解除之日前已完成工程但尚未支付的合同价款，此外，还应支付下列金额：

①《建设工程工程量清单计价规范》中提前竣工相关条款中规定的应由发包人承担的费用；

② 已实施或部分实施的措施项目应付价款；

③ 承包人为合同工程合理订购且已交付的材料和工程设备货款；

④ 承包人撤离现场所需的合理费用，包括员工遣送费和临时工程拆除、施工设备运离现场的费用；

⑤ 承包人为完成合同工程而预期开支的任何合理费用，且该项费用未包括在本款其他各项支付之内。

发承包双方办理结算合同价款时，应扣除合同解除之日前发包人应向承包人收回的价款。当发包人应扣除的金额超过了应支付的金额，承包人应在合同解除后的 56 天内将其差额退还给发包人。

2. 因承包人违约解除合同

(1) 发包人应暂停向承包人支付任何价款。

(2) 发包人应在合同解除后 28 天内核实合同解除时承包人已完成的全部合同价款以及按施工进度计划已运至现场的材料和工程设备货款，按合同约定核算承包人应支付的违约金以及造成损失的索赔金额，并将结果通知承包人。

(3) 发承包双方应在 28 天内予以确认或提出意见，并办理结算合同价款。如果发包人应扣除的金额超过了应支付的金额，则承包人应在合同解除后的 56 天内将其差额退还给发包人。

(4) 发承包双方不能就解除合同后的结算达成一致的，按照合同约定的争议解决方式处理。

3. 因发包人违约解除合同

由于发包人违约解除合同，应依据以下价款结算与支付的原则：

(1) 发包人除应按照由于不可抗力解除合同的规定向承包人支付各项价款外，还应按合同约定核算发包人应支付的违约金以及给承包人造成损失或损害的索赔金额费用。该笔费用由承包人提出，发包人核实后与承包人协商确定后的 7 天内向承包人签发支付证书。

（2）发承包双发协商不能达成一致的，按照合同约定的争议解决方式处理。

1Z103090 国际工程投标报价

1Z103091 国际工程投标报价的程序

【近年考情分析】

近年考试题量及分值统计表 **表 1Z103091**

年　份	单选题量	多选题量	合计分值
2012	0	0	0
2013	0	0	0
2014	1	0	1
2015	0	0	0
2016	0	0	0

【核心考点解析】

1. 国际工程投标报价工作程序

国际工程投标报价工作程序如图 1Z103091 所示：

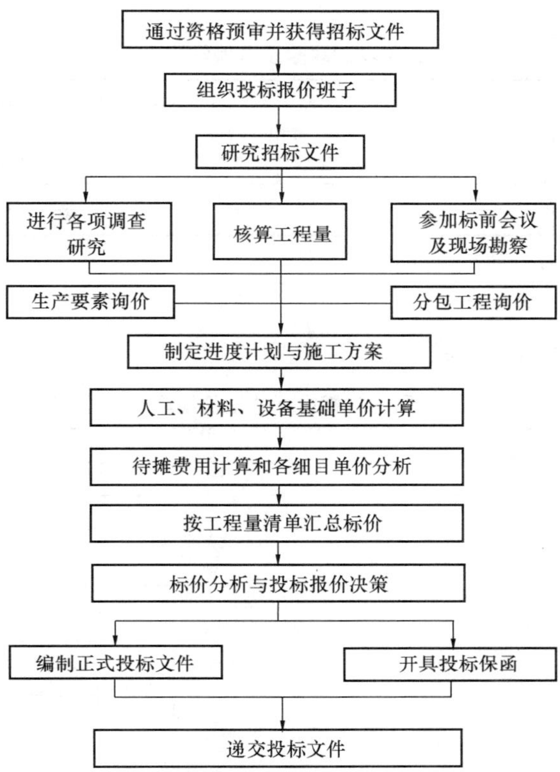

图 1Z103091 国际工程投标报价工作程序

2. 进行各项调查研究

开展各项调查研究主要内容包括以下方面：(1) 市场、政治、经济环境调查；(2) 施工现场自然条件调查；(3) 现场施工条件调查；(4) 劳务规定、税费标准和进出口限额调查；(5) 工程项目业主的调查；(6) 竞争对手的调查。

【历年真题精选】

1. (2011) 国际工程投标报价程序中，为了便于准确计算投标报价，并为今后在施工中测量每项工程量提供依据，投标人应当进行的工作是（　　）。

A. 分包工程询价　　　　B. 工程量复核

C. 出席标前会议　　　　D. 对工程项目业主进行调查

【答案】 B

2. (2014) 按照国际工程投标报价的程序，投标人在标前会议之前应该进行的工作是(　　)。

A. 进行各项调查研究　　　　B. 分包工程询价

C. 人工、材料、机械基础单价计算　　　　D. 生产要素询价

【答案】 A

1Z103092　国际工程投标报价的组成

【近年考情分析】

近年考试题量及分值统计表　　　　表 1Z103092-1

年　份	单选题量	多选题量	合计分值
2012	1	0	1
2013	0	0	0
2014	1	1	3
2015	1	0	1
2016	1	0	1

【核心考点解析】

1. 国际工程投标报价的组成（表 1Z103092-2）

国际工程投标总报价组成　　　　表 1Z103092-2

<table>
<tr><td rowspan="13">国际工程投标总报价组成</td><td colspan="3">人工费</td></tr>
<tr><td colspan="3">材料费</td></tr>
<tr><td colspan="3">施工机具使用费</td></tr>
<tr><td rowspan="10">待摊费</td><td rowspan="10">现场管理费</td><td>工作人员费</td></tr>
<tr><td>办公费</td></tr>
<tr><td>差旅交通费</td></tr>
<tr><td>文体宣教费</td></tr>
<tr><td>固定资产使用费</td></tr>
<tr><td>国外生活设施使用费</td></tr>
<tr><td>工具用具使用费</td></tr>
<tr><td>劳动保护费</td></tr>
<tr><td>检验试验费</td></tr>
<tr><td>其他费用</td></tr>
</table>

续表

<table>
<tr><td rowspan="15">国际工程投标总报价组成</td><td rowspan="10">待摊费</td><td rowspan="10">其他待摊费</td><td>临时设施工程费</td></tr>
<tr><td>保险费</td></tr>
<tr><td>税金</td></tr>
<tr><td>保函手续费</td></tr>
<tr><td>经营业务费</td></tr>
<tr><td>工程辅助费</td></tr>
<tr><td>贷款利息</td></tr>
<tr><td>总部管理费</td></tr>
<tr><td>利润</td></tr>
<tr><td>风险费</td></tr>
<tr><td colspan="3">开办费</td></tr>
<tr><td rowspan="2">分包工程费</td><td colspan="2">分包报价</td></tr>
<tr><td colspan="2">总包管理费和利润</td></tr>
<tr><td colspan="3">暂定金额（招标人备用金）</td></tr>
</table>

2. 人工、材料和施工机械基础单价计算

（1）工日基价的计算

工日基价是指国内派出的工人和在工程所在国招募的工人，每个工作日的平均工资。一般来说，在分别计算这两类工人的工资单价后，再考虑功效和其他一些有关因素以及人数，加权平均即可算出工日工资基价。

（2）材料、半成品和设备预算价格的计算

应按当地采购、国内供应和从第三国采购分别确定。

（3）施工机具使用费的计算

1）施工机械使用费

施工机械使用费由基本折旧费、场外运输费、安装拆卸费、燃料动力费、机上人工费、维修保养费以及保险费等组成。

2）仪器仪表使用费

仪器仪表使用费是指工程施工所需使用的仪器仪表的摊销及维修费用。

3. 待摊费

（1）现场管理费

现场管理费是指由于组织施工与管理工作而发生的各种费用。

（2）其他待摊费用

4. 开办费

有些招标项目的报价单中单列有开办费（或称初期费用）一项，指正式工程开始之前的各项现场准备工作所需的费用。

5. 暂定金额

暂定金额是业主在招标文件中明确规定了数额的一笔资金，标明用于工程施工，或供应货物与材料，或提供服务，或以应付意外情况，亦称待定金额或备用金。每个承包商在投标报价时均应将此暂定金额数计入工程总报价，但承包商无权做主使用此金额，这些项目的费用将按照业主工程师的指示与决定，全部或部分使用。

【历年真题精选】

1.（2016）国际工程投标报价时，对于预计施工现场发生的办公费，正确的做法是(　　)。

A. 作为待摊费用摊入到工程量表的各计价分项价格中

B. 作为待摊费用单列并计入投标总标价

C. 作为开办费单列并计入投标总报价

D. 按照其费用性质分别计入相应分项工程的人工费、材料费或机具费

【答案】A

【解析】本题考核的是国际工程投标报价的组成。国际工程投标报价的组成应根据投标项目和招标文件的要求进行划分。为了便于计算工程量清单中各个分项的价格，进而汇总整个工程报价，通常将国际工程投标报价分为以下各项费用：人工费、材料费、机械费、待摊费、开办费、分包工程费、暂定金额。其中，现场管理费、临时工程设施费、保险费、税金等是在工程量清单中没有单独列项的费用项目，需将其作为待摊费用分摊到工程量清单的各个报价分项中去。

而施工现场的办公费是属于现场管理费的一部分，故本题答案为A。

2.（2014）关于国际工程投标报价中暂定金额的说法，错误的是（　　）。

A. 暂定金额是业主在招标文件中明确规定了数额的一笔资金

B. 暂定金额等同于暂估价

C. 承包商在投标报价时应将暂定金额计入工程总报价

D. 承包商无权做主使用暂定金额

【答案】B

3.（2014）国际工程投标总报价组成中，应计入现场管理费的有（　　）。

A. 差旅交通费　　B. 临时设施工程费

C. 劳动保护费　　D. 工程辅助费

E. 检验试验费

【答案】ACE

4.（2015）关于国际工程投标报价的说法，错误的是(　　)。

A. 施工企业现场管理费应作为待摊费用分摊在各项综合单价中

B. 现场试验设施费作为开办费应依据招标文件决定是否单列

C. 暂定金额由业主工程师决定是否全部或部分使用

D. 人工费工日基价应按在工程所在国招募工人的平均日工资单价计算

【答案】D

【解析】本题考查的国际工程投标报价的组成。对于人工费工日基价，应该分为国内出国工人和当地聘用工人分别确认，所以选项D不正确。答案为D。

【同步系统训练】

1. 下列国际工程投标报价的各项费用中，应计入现场管理费的有（　　）。

A. 贷款利息　　B. 现场办公费

C. 固定资产使用费　　　　　　　　　D. 保险费
E. 保函手续费
【答案】BC

1Z103093　单价分析和标价汇总的方法

【近年考情分析】

近年考试题量及分值统计表　　　　表 1Z103093

年　　份	单选题量	多选题量	合计分值
2012	0	0	0
2013	0	0	0
2014	0	0	0
2015	0	0	0
2016	0	0	0

【核心考点解析】

1. 分项工程的单价分析

分项工程单价的计算是工程估价中最重要的基础工作，分项工程单价通常为综合单价。

单价分析就是对工程量清单中所列分项单价进行分析和计算，确定出每一分项的单价和合价。单价分析之前，应首先计算出工程中拟使用的人工、材料、施工机具使用费的基础单价，还要选择好适用的工程定额，然后对工程量清单中每一个分项进行分析与计算。

2. 标价汇总

将工程量清单中所有分项工程的合价汇总，即可算出工程的总标价。

$$总标价 = 分项工程合价 + 分包工程总价 + 暂定金额$$

1Z103094　国际工程投标报价的分析方法

【近年考情分析】

近年考试题量及分值统计表　　　　表 1Z103094

年　　份	单选题量	多选题量	合计分值
2012	0	1	2
2013	0	0	0
2014	0	0	0
2015	0	0	0
2016	0	1	2

【核心考点解析】

1. 国际工程投标报价的对比分析

标价的对比分析是依据在长期的工程实践中积累的大量的经验数据，用类比的方法，从宏观上判断计算标价的合理性。

2. 国际工程投标报价的动态分析

标价的动态分析是假定某些因素发生变化，测算标价的变化幅度，特别是这些变化对目标利润的影响。

（1）工期延误的影响

由于承包商自身的原因，如材料设备交货拖延、管理不善造成工程延误，质量问题造成返工等，承包商可能会增大管理费、劳务费、机具使用费以及占用的资金及利息，这些费用的增加不可能通过索赔得到补偿，而且还会导致误期赔偿损失。

（2）物价和工资上涨的影响

通过调整标价计算中材料设备和工资的上涨系数，测算其对工程目标利润的影响。

（3）其他可变因素的影响

影响标价的可变因素很多，而有些是投标人无法控制的，如汇率、贷款利率的变化、政策法规的变化等。

【历年真题精选】

1.（2012）国际工程投标报价前，对估价人员算出的暂时标价进行动态分析时要考虑的因素有（　　）。

A. 工期延误的影响　　B. 分项工程量变化的影响

C. 地质勘察资料错误的影响　　D. 物价和工资上涨的影响

E. 汇率、贷款利率变化的影响

【答案】ADE

2.（2016）关于国际工程招标中暂定金额的说法，正确的有（　　）。

A. 承包商在投标报价时应将暂定金额在总报价之外单列

B. 暂定金额的数量一般由业主在招标文件中明确

C. 承包商在施工中无权做主使用暂定金额

D. 暂定金额应按照业主工程师的指令与决定，全部或部分使用

E. 暂定金额只能用于应对意外情况引起的损失

【答案】BCD

【解析】本题考核的是对国际工程招标中暂定金额的理解。暂定金额是业主在招标文件中明确规定了数额的一笔资金，标明用于工程施工，或供应货物与材料，或提供服务，或以应付意外情况，亦称待定金额或备用金。每个承包商在投标报价时均应将此暂定金额数计入工程总报价，但承包商无权做主使用此金额，这些项目的费用将按照业主工程师的指示与决定，全部或部分使用。故本题答案为BCD。

1Z103095 国际工程投标报价的技巧

【近年考情分析】

近年考试题量及分值统计表　　表 1Z103095

年　份	单选题量	多选题量	合计分值
2012	0	0	0
2013	1	0	1
2014	0	0	0
2015	0	0	0
2016	0	0	0

【核心考点解析】

1. 根据招标项目的不同特点采用不同报价

（1）报价可高一些的工程：

1）施工条件差的工程；2）专业要求高的技术密集型工程，而本公司在这方面有专长，声望也较高；3）总价低的小型工程以及自己不愿做、又不方便不投标的工程；4）特殊的工程，如港口码头、地下开挖工程等；5）工期要求急的工程；6）竞争对手少的工程；7）支付条件不理想的工程。

（2）报价可低一些的工程：

1）施工条件好的工程；2）工作简单、工程量大而一般公司都可以做的工程；3）本公司目前急于打入某一市场、某一地区，或在该地区面临工程结束，机械设备等无工地转移时；4）本公司在附近有工程，而本项目又可利用该工地的设备、劳务，或有条件短期内突击完成的工程；5）竞争对手多，竞争激烈的工程；6）非急需工程；7）支付条件好的工程。

2. 适当运用不平衡报价法

一般可以在以下几个方面考虑采用不平衡报价法。

（1）能够早日结账收款的项目（如开办费、土石方工程、基础工程等）可以报得高一些，以利资金周转，后期工程项目（如机电设备安装工程，装饰工程等）可适当降低。

（2）经过工程量核算，预计今后工程量会增加的项目，单价适当提高，这样在最终结算时可获得超额利润，而将工程量可能减少的项目单价降低，工程结算时损失不大。

（3）设计图纸不明确，估计修改后工程量要增加的，可以提高单价，而工程内容说明不清的，则可降低一些单价。

3. 注意计日工的报价

如果是单纯对计日工报价，可以报高一些，以便在日后业主用工或使用机械时可以多盈利。但如果招标文件中有一个假定的“名义工程量”时，则需要具体分析是否报高价，以免提高总报价。

4. 适当运用多方案报价法

对一些招标文件，如果发现工程范围不很明确，条款不清楚或很不公正，或技术规范要求过于苛刻时，可在充分估计投标风险的基础上，按多方案报价法处理。

5. 注意暂定工程量的报价

暂定工程量有三种：一种是业主规定了暂定工程量的分项内容和暂定总价款，并规定所有投标人都必须在总报价中加入这笔固定金额，但由于分项工程量不很准确，允许将来按投标人所报单价和实际完成的工程量付款；投标时应当对暂定工程量的单价适当提高。

另一种是业主列出了暂定工程量的项目和数量，但并没有限制这些工程量的估价总价款，要求投标人既列出单价，也应按暂定项目的数量计算总价，当将来结算付款时可按实际完成的工程量和所报单价支付；一般来说，这类工程量可以采用正常价格。

第三种是只有暂定工程的一笔固定总金额，将来这笔金额做什么用，由业主确定，报价时按招标文件要求将规定的暂定款列入总报价即可。

【历年真题精选】

1.（2011） 国际工程投标报价时，企业要根据自身的优劣势和招标项目的特点来确定报价策略，通常情况下报价可适当高一些的工程有（　　）。

A. 施工条件差的工程

B. 工期要求特别急的工程

C. 技术含量不高且一般公司都可以做的工程

D. 支付条件不理想的工程

E. 竞争对手很少的工程

【答案】 ABDE

【同步系统训练】

1. 国际工程项目招标中，如果业主规定了暂定工程量的分项内容和暂定总价款，且规定所有投标人都必须在总报价中加入这笔固定金额。则投标人对该暂定工程的报价策略是（　　）。

A. 单价可适当降低　　B. 总价应适当降低

C. 单价可适当提高　　D. 总价可适当提高

【答案】 C

1Z103096　国际工程投标报价决策的影响因素

【近年考情分析】

近年考试题量及分值统计表　　表 1Z103096

年　份	单选题量	多选题量	合计分值
2012	0	0	0
2013	0	1	2
2014	0	0	0
2015	0	0	0
2016	0	0	0

【核心考点解析】

1. 国际工程投标报价决策的影响因素

影响国际工程投标报价决策的因素主要有成本估算的准确性、期望利润、市场条件、竞争程度、公司的实力与规模。此外，在投标报价决策时，还应考虑风险偏好的影响。

2. 国际工程投标报价的策略

(1) 生存策略

投标报价是以克服企业生存危机为目标，争取中标可以不考虑种种利益原则。

(2) 补偿策略

投标报价是以补偿企业任务不足，以追求边际效益为目标。以亏损为代价的低报价，具有很强的竞争力。

(3) 开发策略

投标报价是以开拓市场，积累经验，向后续投标项目发展为目标。投标带有开发性，以资金、技术投入手段，进行技术经验储备，树立新的市场形象，以便争得后续投标的效益。其特点是不着眼一次投标效益，用低报价吸引投标人。

(4) 竞争策略

投标报价是以竞争为手段，以低盈利为目标，报价是在精确计算报价成本基础上，充分估价各个竞争对手的报价目标，以有竞争力的报价达到中标的目的。

(5) 盈利策略

投标报价充分发挥自身优势，以实现最佳盈利为目标，投标人对效益无吸引力的项目热情不高，对盈利大的项目充满自信，也不太注重对竞争对手的动机分析和对策研究。

【历年真题精选】

1. **(2013)** 影响国际工程投标报价决策的因素主要有（　　）。

A. 成本估算的准确性　　B. 风险偏好

C. 市场条件　　D. 竞争程度

E. 评标人员组成

【答案】 ABCD

【同步系统训练】

1. 某国际工程投标报价，甲施工企业在这一领域有独到的技术优势，投标中充分发挥自身优势，以实现最佳盈利为目标，则该企业适合采取的报价策略是（　　）。

A. 生存策略　　B. 补偿策略

C. 竞争策略　　D. 盈利策略

【答案】 D